ZHONGGUOSHIFANJU

中国式饭局社交术

陈　南◎编著

北京理工大学出版社
BEIJING INSTITUTE OF TECHNOLOGY PRESS

图书在版编目(CIP)数据

中国式饭局社交术 / 陈南编著. —北京:北京理工大学出版社, 2012.6
ISBN 978-7-5640-5750-3

Ⅰ. ①中… Ⅱ. ①陈… Ⅲ. ①人际关系学—中国—通俗读物
Ⅳ. ①C912.1-49

中国版本图书馆 CIP 数据核字(2012)第 055176 号

出版发行 / 北京理工大学出版社
社　　址 / 北京市海淀区中关村南大街 5 号
邮　　编 / 100081
电　　话 / (010)68914775(总编室)　68944990(批销中心)　68911084(读者服务部)
网　　址 / http://www.bitpress.com.cn
经　　销 / 全国各地新华书店
印　　刷 / 三河市航远印刷有限公司
开　　本 / 710 毫米 × 1000 毫米　1/16
印　　张 / 17
字　　数 / 220 千字
版　　次 / 2012 年 6 月第 1 版　2012 年 6 月第 1 次印刷　责任校对/周瑞红
定　　价 / 29.80 元　责任印制/边心超

前言

几千年来，中国的传统文化中一直有这样一个潜规则：讲关系，讲人情。作为一名中国人，只要你想在社会立足，和谐的人际关系是不可或缺的。一说到关系，就不能不提饭局，饭局在中国的人际交往中起到了举足轻重的作用，从来没有哪个国家如中国这般，每个人的社交往来、人生成败，都与饭局有着千丝万缕的关系。

“饭局”一词的由来历史悠久，大约起源于宋代，距今已经有1000多年的历史。在此之前，“局”单纯只是下棋术语，引申出“情势、处境”的意思，后来再引申出“赌博、聚会、圈套”的意思。“饭”与“局”的组合，是宋代文人对汉语及中国文化的一大贡献。

所谓饭局，说得通俗一点就是请客吃饭。中国人的饭局，实在是玄妙得很。因为，中国人的饭局并不单纯在“饭”上，重点是在融合人情之道的人际关系上。一场饭局，既可以是亲朋故交之间的沟通交流，也可以是生意对手间的交锋谈判。中国人的人脉关系大都是在饭局中建立起来的。

因此，你可不能小看饭局。从小处讲，它可以影响个人的成败；从大处讲，它甚至能影响历史的进程。见诸二十四史之中的著名饭局更是不可胜数。中国历代的兴衰成败似乎都与饭局密切相关。饭局在中国承担了太多的功能，从来没有哪个国家如中国这般，整部历史都能与饭局联系起来。

春秋时代的齐相晏子，在饭局上“二桃杀三士”；蔺相如渑池会上智斗秦王，保赵国数十年之太平。此外，如“鸿门宴”“青梅煮酒论英雄”“杯酒释兵权”“火烧庆功楼”等历代著名饭局已是广为流传、妇孺皆知。

有人说：饭局之妙，不在“饭”而在“局”。一个完美的中国式饭局，设局人、局托儿、陪客、花瓶，众角色一个都不能少。有组织，有派系，有结交，有承诺，有阴谋，有昔日的兄弟，有新加盟的生面孔，有大碗喝酒大块吃肉，也有真心话与大冒险。

饭局是中国人生活与社交的一部分。结婚了，有饭局，名曰“婚宴”；生小孩，有饭局，名曰“喜宴”；过生日，有饭局，名曰“寿宴”；人去世了，有饭局，名曰“丧宴”；考上好学校了，有饭局，名曰“谢师宴”；没考上，也有饭局，名曰“辞师宴”；友人远行，有饭局，名曰“送行宴”；从远方回来，有饭局，名曰“洗尘宴”；分手了，有饭局，名曰“散伙饭”；高升了、调动工作了、退休了、搬家了等等，只要有充分的理由，都可以名正言顺地张罗饭局。

著名作家钱锺书先生说过：“吃饭还有许多社交的功用，譬如联络感情、谈生意经等等。”确实，对于中国人来说，所谓人脉，所谓圈子，所谓社会关系，所谓资源，所谓一个人的能量，所谓友谊，所谓生意和交易，最后通通绕不开饭局。酒肉虽然穿肠过，交情自在心中留。这就是饭局的力量。

饭局绝对是广交朋友的好地方，它不仅能快速缩短宾主之间的距离，有助于消除误解摩擦，而且可以扩大视野和社交圈子，展示一个人的素质和才华。然而，餐桌如战场，餐饮无小事，无论是宴请的理由、宴请的对象、赴宴的时间、赴宴的着装、订餐、点菜、点酒、排座次，还是祝酒、敬酒、劝酒、劝菜、席间话语以及结账、迎送等等都不或忽视，任何一个疏忽都有可能把饭局搞砸。

一个饭局，有时候可以改变一个人的一生；一桌筵席，甚至可以影响一个人职业生涯的成功与失败。本书全面归纳、详细介绍了请客吃饭的技巧和餐桌礼仪规则，并有针对性地分析、解答了请客吃饭中经常遇到的各种问题。不论你是一位刚踏入社会的职场新手，还是一位已经站稳脚跟的行家，或者是官场、商界精英，不论你在什么职位，做怎样的工作，这本书都可以助你在餐桌上游刃有余，在事业上一帆风顺。

目 录

第1章

吃饭事小，做“局”事大

中国式的饭局之妙，不在“饭”而尽在“局”。谁懂得巧夺天工的布局，谁就赢得了人脉和机会。成功的饭局，不仅体现了设局者的精心准备，也会显示局中人之间的精彩博弈。能够使宾主尽欢，才算得上一个完美的饭局。反之，如果这个“局”设得不好，输掉的不仅是一顿饭，很有可能是你的远大前程。

第2章

宴前绸缪到，有备方无患

古语说：“凡事预则立，不预则废。”做任何事，事先没有准备是很难成功的。请客吃饭看似简单，实际却不然。一场成功的饭局，需要周密的计划。因此，在宴请前你必须要未雨绸缪。饭前做好准备，考虑周全，力争做到万无一失，才能最后稳操胜券。例如不同民族的饮食风俗习惯各异，不同地域饮食也有差异，甚至性别不同、年龄不同都会造成饮食习惯不一样，这都是饭前应该仔细斟酌的问题。

第3章

邀请有诀窍，走好饭局第一步

请客吃饭是人际交往的重要手段之一，而请客吃饭的第一步就是邀请客人赴宴。如何邀请，并不是一件简单的事。邀请客人赴宴的时候，一定得懂方法和技巧，客人的身份不同就应该采取不同的方式邀请。如果邀请客人的时候不讲究技巧，不但客人请不来，还有可能得罪客人。所以，走好饭局的第一步棋是至关重要的。

第4章

宴前功课要做足，好形象价值百万

一个人的外表是给别人的第一印象，而超过九成的人会以第一印象来评断他人。因此，良好的形象在饭局中是至关重要的。在某些时候，形象的好坏往往决定了整个饭局的成败。这就要求你在赴宴前应把形象的准备工作做好。出门前要详细检查仪容仪表是否清洁、着装是否得体、发型是否合适等。一旦发现不妥之处及时修正，以免在宴会上使自己陷入尴尬的境地。

第5章

点菜如点兵，一着不慎全盘输

点菜是饭局的一个重要环节，决不可掉以轻心。如何能安排好一桌菜真的是一门艺术。一个真正的点菜高手，总能在宴会上点出一席让人满意的食物。日常要多了解一些有关菜式、风味、餐厅等方面的知识和信息，更要了解客人的身份地位以及饮食习惯，这样才能点到合适的菜。点菜绝对是个系统工程，只有需求摸得透，目标才能找得准。

第6章

细节决定全局，酒桌之上禁忌多

古语说：“泰山不让土壤，故能成其大；河海不择细流，故能就其深。”在饭局上，细节决定成败。许多赴宴者因不注意细节问题而败坏了整个饭局。人人都希望在宴会上给人留下好印象，这就要求你在宴会上时时小心，处处讲究礼节，绝不可以将一些不良习惯带到宴会中。

第7章

把酒畅谈天下事，敬拒有度尽同欢

俗话说：“无酒不成宴，无酒不成礼。”餐饮餐饮，有时候在宴席上，“饮”往往比“餐”还重要。中国自古就非常重视“酒礼”，现代社会更是如此，饮酒绝不是端起酒杯喝下去那么简单。从点酒到敬酒、拒酒，其中大有学问，如果把握不好可能会毁了整个饭局。

第8章

饭桌社交讲技巧，八面玲珑破困局

众所周知，中国人的社交大都在饭局上。在饭局上社交，稍有不慎，难免会陷入令人尴尬的困境。饭局上一旦遇到棘手的事情，不必心慌，一定要保持镇静，然后巧施妙计使自己摆脱困境，以挽救自己受损的形象。

第9章

醉翁之意不在酒，求人办事看时机

俗话说："一个篱笆三个桩，一个好汉三个帮。"不论你是谁，生活中总是离不开求人办事的。求人办事免不了要请客，如何在宴会上通过灵活的社交术让对方爽快答应你的请求，这需要动一番脑子。在宴席上，如果你懂得抓住求人的时机和说话的技巧，对方可能会主动帮你办成事，否则你可能会碰一鼻子灰。

第10章

看对象下菜碟，巧妙应对难应酬的人

饭局上，并不是每个人都好打交道，遇到一些刁钻的客人也在所难免，例如笑里藏刀的人、自私自利的人、深藏不露的人、自以为是的人、尖酸刻薄的人。刁钻的客人往往心机重重，故意使你在饭局上难堪、在众人面前丢脸。应对刁钻客人要随机应变，看对象下菜碟。

第11章 收局要精彩，买单是门大学问

一场饭局进行到最后是很不容易的，如果在最后一个环节——买单上出了问题，那就前功尽弃了。因此，饭局越是接近尾声，越要更加小心，买单的礼节一定要到位，力争为整个饭局画上一个完美的句号。

第一章

吃饭事小，做“局”事大

中国式的饭局之妙，不在“饭”而尽在“局”。谁懂得巧夺天工的布局，谁就赢得了人脉和机会。成功的饭局，不仅体现了设局者的精心准备，也会显示局中人之间的精彩博弈。能够使宾主尽欢，才算得上一个完美的饭局。反之，如果这个“局”设得不好，输掉的不仅是一顿饭，很有可能是你的远大前程。

饭局不在“饭”，而尽在“局”

饭局并不单纯在“饭”上，而重点是在“局”上。

从古到今，中国社会就有讲关系、讲人情的传统。作为一名中国人，在办事的时候，很多人都会先想到有没有关系；而一想到关系，首先想到的是饭局。饭局在中国人的人际交往中起到了举足轻重的作用，从来没有哪个国家如中国这般，每个人的社交往来、人生成败，都与饭局有着千丝万缕的关系。

所谓饭局，说得通俗一点就是请客吃饭。中国人的饭局，实在是玄妙得很。因为，大多数饭局主题并不单纯在“饭”上，而重点是在融合人情之道的人际关系上。一场饭局，既可以是亲朋故交之间的沟通交流，也可以是生意对手之间的交锋谈判。

因此，你可不能小看饭局，从小处讲，它可以影响个人的成败；从大处讲，它甚至能影响历史的进程。不信？请看中国古代最著名的饭局——“鸿门宴”。

秦朝末年，群雄并起，逐鹿中原，其中最重要的有两支队伍，一个是刘邦的汉军，一个是项羽的楚军。刘邦先破咸阳，驻军霸上。项羽得知后大怒，下令击败刘邦的军队，一场恶战眼看一触即发。刘邦从项羽的季父项伯口中得知此事后，大吃一惊，两手恭恭敬敬地给项伯捧上一杯酒，祝项伯身体健康长寿，并约为亲家。刘邦用感情一拉拢，说服了项伯，项伯答应在项羽面前说情，并让刘邦次日前来向项羽谢罪。

项羽当时驻军鸿门。得知刘邦自己送上门来，项羽设宴“招待”。鸿门宴上，虽不乏美酒佳肴，但却暗藏杀机。项羽的亚父范增，一直觉得刘邦是心腹大患，坚决主张杀掉刘邦。在酒宴上，他一再示意项羽发令，但项羽却犹豫不决，默然不应。范增召项庄舞剑为酒宴助兴，欲趁机杀掉刘邦，项伯为保护刘邦，也拔剑起舞，掩护了刘邦。在危急关头，刘邦的部下樊哙带剑拥兵闯入军门。樊哙还乘机说了一通刘邦的好话，并且质问项羽为何如此对待刘邦，项羽无言以对。宴会局势有所缓和，刘邦借口去厕所，乘机一走了之。

可以说，“鸿门宴”是决定中国历史进程的饭局。如果项羽在“鸿门宴”上杀掉对手刘邦，那么汉朝的历史就得改写了。结果项羽放走了刘邦，刘邦最终打败项羽，成为汉朝的开国皇帝。因此，有位深谙中国饭局之道的学者曾说：“政治既然即吃饭，则会不会吃、懂不懂吃、善不善于处理饮食问题，就关系到会不会做人、会不会做官、会不会打仗，甚至能不能得天下。”

当然，对普通人来说，我们更看重饭局的社会效应。吃饭还有许多社交的功用，譬如联络感情、谈生意经等等。

可以说，我们的日常生活、为人处世都离不开饭局：结婚有饭局，升职有饭局，赔礼有饭局，办事有饭局，过节有饭局，生意有饭局，开会有饭局，打球有饭局，电影收场有饭局，开业有饭局……

因此，现在愈来愈多的政界、商界人士相信，餐桌是最好的交流平台。宴席上，食物留存在口齿间的美妙感觉会使情绪愉悦放松。这样，人们就可以由不熟悉变成熟悉；一直心怀戒备的人可以变成知己。即使是简单的一顿饭，只要你精心布局，有时也能收到意想不到的效果。

小范在单位工作三年了，凭他的资历和学历，早就该晋升科长了，可事实上他还是个底层小科员。

这回晋升的事由钱主任负责，小范夫妻俩打算请钱主任吃饭，等酒过三巡，主任心情好且放松戒备时再提。

问题是，单位几个科员都想抓住这个机会晋升，自然会想到请钱主任帮忙，钱主任肯定“早有防范”，怎么才能请到钱主任呢？

两口子左思右想终于有了突破口。钱主任最喜欢红酒，并且对红酒颇有研究，夫妻俩一狠心花两千多元钱买了一瓶法国红葡萄酒，就去邀请钱主任了。小范丝毫未提晋升的事，而是说自己一同学从国外回来，送了瓶红酒，自己又不懂，恳请主任帮忙看看。钱主任果然爽快答应了。

在酒桌上，主任仔细看着那瓶酒，说是好东西。小范把酒拿到一边，便开始闲话家常，只在言语间谈到家里比较困难，父母希望自己有出息，自己的同学都混得比自己好，而自己却原地踏步走，觉得很惭愧。主任对此深表同情，说凭小范的条件，这次晋升应该没问题，还说会向上级领导推荐的。临走前，小范硬是将红酒赠与主任，说自己也喝不出什么味道，还得让懂它的人来品尝。主任半推半就收下了，承诺会向上级反映他的情况。

果然，一个月后，小范如愿晋升为科长，这其中钱主任发挥了很大的作用。

小范夫妻俩请钱主任吃饭，丝毫不提让钱主任帮忙的事，只是预先了解了对方的嗜好，先勾起对方的兴趣；然后在此基础上摆事，诉说家中的难处，对方自然不会无动于衷；最后再顺水推舟，送上对方喜欢的红酒，并得到了对方的承诺。小范晋升的事最终尘埃落定，这饭局的目的算是达到了。

一场完美的饭局，最重要的并不是你准备的饭菜可口不可口，而在于你精心布的这个“局”。因此，不管你是公务人员还是商界人士，或只是一名企业中的普通员工，如果你想在你所属的圈子里游刃有余，你就应该从布局成功的饭局开始。

“饭局”背后，玄机种种

饭桌是社会的缩影，饭桌上处处是玄机。只有参透饭局背后的玄机，你才是真正的赢家。

中国人的一句老话“民以食为天”，意思是说，人民以粮食为自己生活的根本，说明了吃的重要。当然，吃饭不仅是人类生存的第一需要，它还是一种生活方式。仅通过对吃饭方式的分析，我们就能发现许多有趣的现象。在推行市场经济、社会趋向多元的今天，吃饭作为一种重要的交际方式，被赋予了更为复杂的含义。

鲁迅曾经将中国比作一个巨大的厨房。言下之意，国民们不过是这个大厨房里的食客。中国人的人际关系在很多方面和“吃”有关，比如把不认识的人叫做“生人”，把相互了解的人叫做“熟人”。不仅如此，生活的种种似乎都可以和“吃”搭上关系：受重视叫“吃香”，混得好叫“吃得开”，嫉妒别人叫“吃醋”，拿佣金叫“吃回扣”，长得漂亮叫“秀色可餐”，觊觎某物叫“垂涎三尺”。“吃”这个词以其多义性在中国人的社会生活里被发挥得淋漓尽致。

在商界混迹多年的小韩说：“到北京后我所学的其中一件要事，就是请客吃饭，还有被请吃饭。许多活动都在饭桌边，边吃边进行——交流信息、办事情、分享生活情趣等等。说是吃饭，其实重点是联络感情，饭桌上的交谈提供了超越白纸黑字的模糊空间和诠释天地。感情联系了，许多事情根据感情联系的程度、彼此的舒适与自在程度而轻重缓急地发展。”

中国人习惯于把饭桌摆在社交的核心地位，使得本来功能单一的饭桌成了纷繁复杂的社会万象的一个缩影。

现代社会，如果你问城市里的上班族下班后做什么，回答大概不外乎两种：参加饭局，或在去饭局的路上。这样说或许有些夸张。2005年，零点公司调查了北京、上海、广州、洛阳、绵阳五城市，以及浙江绍兴、诸暨等五个小城镇及其下辖农村，抽样3785个15至65岁的当地常住居民。其编制发布的《零点中国居民沟通指数2005年度报告》显示：中国居民最为普及的三种社交活动是聚餐、体育运动和卡拉OK。在3785名受访者中，参加以上三种社交活动的比例分别是46.4%、13%和12.12%。在注重饮食文化的中国，“饭桌社交”仍是中国百姓最常采用的社交方式。

可以说，在中国，饭桌是社会的缩影，饭桌上处处是玄机。以社交为目的的“饭”不是那么好吃的。

有时候，被人请也不见得都是好事，反而会给自己带来苦恼：明知人家的饭不是随便吃的，但又不好拒绝，于是计划“还席”。受了人家的好处，再奉还若干好处给人家，这样就算两相抵消，不再负报答的责任。

参加饭局的人数也是请客吃饭时不得不考虑的一个问题。一顿饭请一两个人还好，请的人多了最忌讳漏人。一旦漏了人，饭桌社交还没开始就已经宣告失败，而且后患无穷。

话说整部《西游记》其实就是一场饭桌社交的“恶果”史。孙悟空历经千辛万苦，终于成为第一个上天堂的非主流神仙——当了一个不痛不痒的“弼马温”。优哉游哉的孙先生听说西王母举办蟠桃盛宴没有邀请他，于是冲冠一怒，大闹天宫。

而在西王母看来，自己大宴众仙，孙悟空官职低微，不请也罢。孙悟空来到天上本来也很知足了，不料安逸的生活反让他的自尊心暴涨。如今被王母娘娘排除在蟠桃盛宴这个饭桌社交之外，于是他造反了，乱瑶池，踢丹炉。虽说后来如来佛出手降伏了孙悟空，但孙悟空在西去的路上仍反复找众仙的麻烦。这些不正是一场不周到的饭桌外交带来的“恶果”吗？

据说，中国的饭局是世界上繁文缛节最多的饭局，例如“排座次”。任何饭局都有主座，主座是指正对门口的中央位置。主座一定是主人来坐的。主座对面坐的是邀请人的“主陪”。主宾和副宾分别坐在邀请人左右两侧，位居第三位、第四位的客人分别坐在助理的右侧和左侧。让邀请人和客人面对而坐或让客人坐在主座上，都算失礼。通过分配座位，中国人暗示谁对自己最重要。座位安排是社会关系的一种反映。

在职场上，有一种宴请体现了饭桌社交的真谛，那就是老板宴请将被辞退的员工的饭局。老板在这种场合一般会点“炒鱿鱼卷”这道菜，其寓意就是暗示员工“卷起行李卷走人”，简称“炒鱿鱼”。老板通过这道菜表明要辞退员工的意思，员工参加了这样的饭局，最好主动提出辞职，避免撕破脸皮。一顿饭能起到如此的作用，足见饭局的玄机有多深。

和不同的人吃饭，能看出饭桌社交更多的玄机。

知心朋友一起吃饭，不必拘束，口无遮拦，爽声大笑，从容轻松，是一种快乐。和领导吃饭就难多了。“领导敬酒你不喝，领导夹菜你转桌，领导讲话你啰唆”，是谓“八大糗事”之一。

至于操办“公宴”，主人如果没有过硬的社交能力很难吃消。如何选择档次合适的酒店、门口是否有停车位、怎么排座位、如何点菜，都要煞费苦心；酒席中，如何把握气氛、调动来宾情绪，男女客人之间的交流、主客之间的沟通，都要殚精竭虑。宾客尽兴而归，主人才能长出一口气。一旦出现纰漏，该达到的效果没有达到，那主人估计连跳河的心都有。

参加别人的“公宴”，你不过是饭桌上的道具。若是当贵客，你应尽量矜持，但不能谦虚过头；若是陪客，千万得记住自己只是个配角，安分守已，不能喧宾夺主，抢了风头。

饭局的玄机是说不尽的，只有针对不同的境况灵活应变，才能在饭局上立于不败之地。

饭局就是一场利益的角逐

一场饭局联系着错综复杂的关系网和利益链，围绕餐桌展开的是一场利益的争夺。

现代社会人们越来越看重关系网、社会资源、人脉，因为它能给人们带来利益，而且越来越多的人都喜欢选择在饭桌上解决这个问题，饭局很自然就成为目前国人社交的方式。人们在“饭局社交”中相互联系、互通信息、互相依存、守望相助，形成饭桌上的“熟人同盟”，所以才有了“一切情谊尽在酒中”“酒逢知己千杯少”“谈事儿要饭局，没事儿更要饭局”等这样一些耳熟能详的口头禅。

俗话说得好：“天下熙熙，皆为利来；天下攘攘，皆为利往。”复杂的人际交往，无非是围绕一个“利”字。不论是直接的也好，间接的也好，饭局终归绕不开一个“利”字的。所谓“利益角逐”，就是指在饭局上想方设法争取自己的利益。

人们之所以如此看重饭局，就是因为在人际交往中，饭局从来就不是单纯的吃饭而已，而是联系着错综复杂的关系网和利益链。在饭局上，谁都想得到自己的利益，一不小心也有弄巧成拙的时候，因此，如何在饭局中最大限度地争取自己的利益，这需要你随机应变。

宋代的开国皇帝赵匡胤天生就爱摆饭局，可以说，有那么多人拥立他当皇帝，都是他请客吃饭的功劳。

在当上皇帝后，他摆饭局的习惯仍旧没有改。三天一小局，五天一大局，宋朝初年，武将们跟这位皇帝似乎有着吃不完的饭局。

皇帝这个工作不好干，除了要解决全国各地递上来的问题，还有最重要的一点，就是处理好与臣下的关系。

所以赵匡胤有压力。有一天，他问谋士赵普：“唐代结束以来的数十年，皇帝已经换了八姓十二君，可战乱不已，百姓生不如死，这到底是怎么回事?”

赵普回答：“很简单，方镇太重，兵权旁落。做皇帝的太弱，而做臣子的又太强。怎么能不乱?”

赵匡胤想到了自己的现状：“那么，我该怎么办?”

赵普回答：“夺其权。”

赵匡胤心领神会，但是，该从哪里入手呢？夺取自己好兄弟的兵权？赵匡胤实在拉不下脸来。在赵普的周密计划下，赵匡胤决定摆一个饭局。

这天，他专门设宴，将高级将领石守信、高怀德、王审琦、张令铎、赵彦徽等请入宫中。饭饱酒酣之时，宋太祖说：“我当上皇帝，全靠你们。可当了皇帝以后，晚上却经常失眠。”石守信等忙问其故。宋太祖答道：“你们都对我忠心耿耿，并无异心；我担心的是如果你们部下有贪图富贵之人，有朝一日也对你们黄袍加身，你们就是不想当皇帝也不行了。”石守信等人惶恐万分，请太祖指点一条生路。太祖便委婉地诱导他们交出兵权，让他们多购良田美宅，为自己着想；还可多养些歌女，每日饮酒取乐，以尽天年。如果能这样的话，君臣之间互不猜疑，上下相安。石守信等人大悟，第二天便上表假称有病，请求解除兵权。太祖欣然同意，罢免了他们的军职。

过了几天，太祖以同样的方法罢免了各藩镇的节度使。这就是历史上有名的“杯酒释兵权”。至此，禁军与藩镇的兵权都集中到了赵匡胤手里。为了避免“君弱臣强”局面的出现，宋太祖又在宰相之下设参知政事若干人以削弱宰相权力，并改变以前皇帝与宰相共同商讨国事的规矩，改为由皇帝批阅再给宰相处理。

这些开国功臣本来得蒙圣恩，饕餮天下珍肴，不料却在酒过三巡之后让自己手中大权尽失，糊里糊涂提前退休了。宋太祖赵匡胤，借宴请大臣的机会收缴了他们的兵权，巩固了宋王朝的中央集权。赵匡胤对宋代历史的发展有着深远的影响，而“杯酒释兵权”也成为人尽皆知的典故。

宋太祖与赵普作为设局者，可以说是用心良苦。他在酒桌上，晓之以理，动之以情，不费一兵一卒，就让手下大将心甘情愿地交出兵权。而作为参局者，石守信等人也十分识趣。他们多年混迹官场与战场，不会不明白“伴君如伴虎”“功高震主”的道理，既然皇帝开始猜忌了，不如顺水推舟，放弃自己的兵权，过自由自在的富足生活。不然，这场饭局就可能变成要他们脑袋的死局。因为跟皇帝争利益是没有好下场的，毕竟胳膊拧不过大腿。

当然，你不要忘了，酒能成事，也能败事。无心的人只知道喝酒，往往败事；而对有心人来说，酒能成事。

利益的角逐不是靠蛮力而要靠技巧。因此，你想玩转这个“酒桌”，在饭局上游刃有余，就首先要做好全面的准备。其次，单打独斗是不行的，要讲究合作。俗话说：“三个臭皮匠，顶个诸葛亮。”在饭局上结成同盟，获利的概率会更高。再次，共赢是最好的局，你不能私心太重，只考虑自己的利益而毫不顾及对方的利益，为了更长远的利益，你可以适当放弃眼前利益。

布局巧妙，目的才能达到

布局的关键是从对方身上找到最好的切入点，并且做得滴水不漏，这样对方才会在不知不觉间“上”你的“钩”。

现代社会，人们无论干什么，要想达到目的，首先得请客吃饭。虽然请客吃饭不是办成事的唯一手段，可它是必不可少的手段。小到落户口转关系、办证件，大到就业升迁，都离不开请客吃饭这道程序。求人办事，请客是拉开了序幕，目的能不能达到，要看你的局布得如何。这就像演戏，看主演的演艺如何、唱腔怎样，主演就是请客者，戏演得好坏决定这事情成功与否。唱好一台戏，有主角也有配角，请客也是这样，有主人客人，也像说相声有逗哏和捧哏。

所谓布局就是以整个饭局为出发点，进行全方位的考虑并巧妙安排。布局的关键就体现在你安排得巧妙与不巧妙上，看你能不能让这个“局”转起来。一个好的饭局，就是让他人在不知不觉、舒舒服服当中入饭局，并且愿意顺着你的意思开开心心地“吃”下去。布置饭局要求天衣无缝、圆润自然却又水到渠成，一切都在设局者的把握中。如果你的宴请一开始就引起了对方的怀疑或警觉，那你就“打草惊蛇”了，不能成功不说，更有可能让对方将计就计，让你入了他的“局”，后果就难以预料了。

布局不妨从对方的嗜好入手，抓住对方的特点，特别是对方的弱点或者是感兴趣的东西加以巧妙利用，环环相扣，犹如天罗地网，令对方防不胜防。如此巧妙的布局再加上你的主动出击，往往能一举获胜，很容易达到你的宴请目的。

小魏夫妻在单位工作三年了，还住在廉租房里。这次单位分房，怎么也得争取到一套房子；不然，错过这次机会，等下次分房还不知道得什么时候呢。

这回单位分房的事归李经理管，小魏夫妻俩便打算请李经理吃饭，在饭桌上瞅准机会向李经理提起此事。

令人头疼的是，大家都想争取套房子，肯定会想到请李经理帮忙，李经理肯定早有准备了，如何顺利请到贵客呢？

经过一番打探，小魏得知李经理最喜欢字画，并且对字画颇有研究。正巧小魏家有幅祖传的画，小魏便以此为诱饵“钓”经理去了。

小魏说：“李经理，我有点事想请你帮忙，不知道经理有时间没？”

“啥事儿，若是分房的事，你就不要再提了。”李经理果然早有防备。

“经理你误会了，我可不是为这事来的。我一个老朋友送我一幅山水画，我也看不大懂，就想请经理帮忙看看。”

“这行，我给你看看吧。”

“那就先谢谢经理了。明天我让我老婆做桌下酒菜，等候经理光临啊。”

在酒桌上，经理仔细看着那幅画，说从风格看应该是清代的，从笔法看是学唐寅的，很具有收藏价值。小魏把画拿到一边，便开始闲话家常。席间小魏注意到经理的眼睛不时瞄向那幅画，心中有底了，却也不道破，只在言语间谈到两人难处，说是父母还在乡下，没法接到城里来尽孝道。经理对此深表同情，说是知道他的难处，还说会将他的特殊情况向上级领导反映。临走前，小魏硬是将画赠与经理，说自己也不懂，还得让懂艺术的人欣赏。经理推辞一番也就“勉强”收下了。

果然，两个月后，小魏夫妻俩如愿搬进了宽敞的新房子——单位分给他们的一套两室一厅的房子。

小魏夫妻想分套房子，必须找李经理帮忙。小魏知道这个饭局的难点在“邀请”上，他经过一番考虑，最终利用对方的嗜好提起对方的兴趣，而并不提自己的真实目的，结果对方慨然应允。在餐桌上，小魏瞅准机会诉说家中的难处，以此感动对方，最后再顺水推舟，送上对方喜欢的古画，对方也答应帮忙，这饭局的目的算是达到了。

求人帮忙，请人吃饭肯定是免不了的，问题的关键是布局一定要巧妙。“投其所好”是你布局时首先要遵循的原则，只有这样你才能取得事半功倍的效果。脱离了这个原则，贵客连请都请不来，更别谈请人家帮忙了。如何让贵客心甘情愿地来赴宴，甚至主动提出帮你成事，作为“局”长的你得费一番脑筋。否则你即便再怎么投入，对方也不一定会领情，这样你的设宴就会变得毫无意义，你的最终结局可能就是“赔了夫人又折兵”。因此，请客吃饭要仔细斟酌，自己实在想不出招来，也可以向爱人或朋友请教，没有把握，切不可贸然行事。

饭局是一场博弈，看你如何对局

饭局就是博弈的战场，只有选择有利于自己的策略才不会被淘汰出局。

中国式的饭局一向是：费九牛二虎之力都摆不平的事，往往一顿饭就搞定了。但在饭局上，酒过三巡，过关斩将，你退我进，你进我退……这个局简直就是博弈的战场，不拼出你死我活，恐怕谁都不能离席。

因此，在饭局中你要想取胜，就应该懂得如何博弈。所谓博弈，是指在多决策主体之间行为具有相互作用时，各主体根据所掌握信息及对自身能力的认知，做出有利于自己决策的一种行为。

在博弈中，一切应变策略都是有针对性的，你必须将他人的决策纳入自己的决策考虑中，根据对手的策略做出决策，最终选择最有利于自己的战略。因此，在饭局中就是要选择最有利于自己的策略，否则最终吃亏的还是你自己。

一次，某单位的大领导请员工吃饭，在席间，领导敬完酒后，很诚恳地询问大家对公司发展现状的看法。

小胡素来与部门主管不合，想趁机在领导面前下点“料”，扳倒其上级主管小王。

因此，别人还未开口，他就一口气说了自己部门的若干不是。当然，小王被自己下属说不是也显得很尴尬。领导听着连连点头，只是在酒桌上说小王应该做好自己的工作，员工提出意见要虚心接受。小胡自鸣得意，以为这下让主管在领导面前难堪了。谁知小王与领导是亲戚，领导听后表面上是劝说小王，心里对小胡十分不满。不久之后，小胡就被调到边缘部门，理由是“不能胜任目前工作”。

小胡没搞清局势就出招，未免显得鲁莽。在对局中，要充分考虑双方的实力，千万不要拿鸡蛋碰石头。

现代社会，请客吃饭大多是为了社交目的。或是为了联络感情，或是为了商业经营，或是为了对外宣传，或是为了对内激励，总之，像鸿门宴上的针锋相对、剑拔弩张实在是太少了。如今的饭局更像是一场博弈，人们由于不同的目的聚到一起，希望通过餐桌这个平台获得更多的利益。

在中国，办事不靠设饭局请喝酒几乎是办不成的。在饭局之上，主宾双方你来我往，不断利用自己的智慧与谋略争取渴望得到的利益。在双方陷入僵局的时候，谁能够借用新的外部力量来帮助自己，那么谁就会取得明显的优势。当然，宴会之上更多的是寻求一种共赢，这样彼此才能不断合作，在共同前行的道路上走得更远更好。

在饭局中，敬酒也是一件大事。举杯之际，敬酒词的恰当巧妙，对答词的诙谐幽默，酒不醉人人自醉。宴会中随机应变的人往往能给人留下深刻的印象，使人无形中对其产生好感。

陈明在某公司任公关部经理，因此陪老总应酬是理所当然的事。一天，公司举办酒会，由于赴宴的大多是生意上往来频繁的客户，人实在太多了，公司所有中层以上的干部几乎人人是以一当十。几十桌下来，放眼望去，那真是酒的海洋，每人跟前一红一白，红白相间，很是惹眼。“这酒咋喝呢？真要喝了，宴后怎么回家？”陈明在一旁发着愁。突然，他脑中灵光一闪，举杯对所有客户说：“来，在座的所有老总都是白手起家，从今以后红红火火，喝白的都没意思了，请喝红酒。”此语一出，一位客户立即插上话：“是啊，这里谁不是白手起家啊！从今以后红红火火，干杯！”说着客户举起了一杯红酒，原来的白酒就被换掉了……

任何一个公司都是慢慢成长起来的，而且大多数都是白手起家的。所以当陈明临场不惧，巧妙地以白手起家为托词给在场的所有人解围时，大家都顺水推舟，顺着台阶下了，毕竟谁也不希望喝醉酒。陈明的灵活机智不仅打破了僵局，还给在座的所有人留下了深刻印象。

人们常说："台上一分钟，台下十年功。"饭局也是如此。参加宴会必须根据场合和目的的不同，巧妙利用各种手段，什么时候说什么话。要知道在某些场合你是代表公司的形象，酒不能不喝，但更要学会主动出击，最好的办法是用语言打动别人，灵活运用，从容地游走于饭局之间，成为饭局上最受欢迎的人。

玩转职场饭局，成为职场赢家

"工作在职场，社交在酒场"，职场有饭局尽量参加，避免成为"职场边缘人"。

目前，我们正处在一个"饭局时代"。对于大多数职场人来说，饭局不可避：谈生意，要请客吃饭；找工作，要请客吃饭；升迁调动，要请客吃饭；联络感情，要请客吃饭；领了红包，更要请客吃饭……只要有事相求或需要建立人脉关系，都离不开饭局。

正所谓"工作在职场，社交在酒场"，职场饭局可谓是职场交际的一部分。对职场人士而言，吃饭看似简单的事情，里面却蕴含着诸多智慧。

蔡超在公司并不起眼，他一直喜欢唐诗宋词，喜欢时不时地"吟风弄月"一番。他同时是个宅男，加上不善饮酒，还是个热爱妻儿的好男人，同事间的饭局，他自然兴味阑珊，或者借故早退，或者推脱不参加，渐渐地就从职场饭局中淡出。

开始的时候，蔡超不觉得有什么问题，慢慢地问题就出现了。

职场饭局免不了说些同事间的八卦，在座诸君自然是不能说的，蔡超素不参加饭局，说起他大家就开始肆无忌惮了：他的爱好、孤僻，甚至恋家，都成了大家茶余饭后的笑谈。久而久之，蔡超成了话题人物，而这些话题多少带有夸张的色彩。后来，蔡超辞职了，虽然他的离开与他成为职场边缘人不一定有直接关联，但老被人说闲话，也是很郁闷的一件事。所以职场饭局，吃还是不吃，都蕴含着智慧。

蔡超可以算是“职场边缘人”的典型人物。因为疏远职场饭局，蔡超成为饭局上人们谈笑的中心。人都是有缺点的，怕就怕缺点被放大，更怕被放大的缺点成为集体印象，贴在身上成为经久不衰的标签。久而久之，蔡超发现自己被贴上别扭可笑的标签，同事看自己的眼光总隐藏着一丝异样，才惊觉大事不妙。

大多数人认为：“酒喝了，感觉来了，谈家庭，谈人生，啥都可以谈。只要条件允许，应该多一些工作之外的交流，增进同事感情，工作起来也会更有默契，容易配合协作。”

所以职场饭局最大的功能是加深感情，融洽关系。

杜鹏就向自己的老同学吐苦水：“我是一个‘中层’，所谓中层，就是能干事儿。上司需要，但又上不了台阶，是没有级别更没有人事权和财权的小头目。要喊底下的弟兄们干事儿，总有偷懒的人。我没有制约他们的手段，不制约又会影响其他干事儿的人。所以只有经常借吃饭喝酒沟通，希望干事儿的理解，不干事儿的干点自己力所能及的事。”

身为职场中人，不参加饭局是很危险的。饭局中既然有一个个的圈子，拒绝职场饭局，自然就是疏离圈子。不要小看圈子，圈子就是隐权力。如果大家都知道你不属于任何一个圈子倒还好，怕就怕张三认为你在李四的圈子，李四怀疑你在张三的圈子，身在圈外反而成了是非不断的圈内人。

因此，作为职场人士，不参加饭局是不可取的。既然参加饭局，接下来又衍生出一系列问题：和谁吃？去哪吃？吃什么？怎么吃？……

职场饭局，一种是有上司在场的饭局。遇到这种饭局你应该格外打起精神来，毕竟上司是对你的前途命运有决定权的人。饭局是上司考察下属忠诚度、为人处世能力的一个重要场合。

在纽约一家华人企业任职的小王颇有心得地说：“在领导参加的饭局上，会察言观色、见机行事很重要，说得好了，一句顶一万句，日后也会受到领导重用。”

因此，跟上司用餐，言行举止要谨慎，不该说的话憋回肚子里；要腿脚勤快，肯当“服务员”。

职场上，还有一种就是同事间的饭局。如果是同事请客，尽量不久就回请，一定要慷慨。别说其他同事坏话，否则总有一天会传到这名同事或者领导耳朵里。同事也是千人千面，当面恭维你的，背地里也许对你并不了解。即使你不知道别人对你真实的看法，在大家一起吃饭的场合也要尽量保持良好的形象。很难想象，一个连同事间饭局都处理不好的人，还能处理好人际关系、工作关系。所以，职场饭局考验的其实是智慧。

在职场上，跟人吃好饭还真不是一件简单事儿。你利用饭局还是被饭局利用，就在几个关键点上。要想在职场饭局上游刃有余，还要多多“修炼”。

当然，不同的企业，氛围也不同。有的企业职场饭局很常见，从高管到基层员工，不同的圈子都有很多饭局。有饭局尽量参加，除了解决了吃饭问题，还能看到职场百态；最重要的是，也许还会是一个表现自我的机会。

好人脉是“吃”出来的

在中国，很多重要事情，他们并不在办公室解决，而是通过在酒宴上痛快喝酒解决。

在中国，要想建立良好的人脉关系，请客吃饭是少不了的。一位著名的谈判专家说过，请你把会议地点搬离办公室，在办公室以外的地方，人们比较容易释放信息。如果你可以邀请买主一起用餐，或一起打高尔夫球，将更容易和他建立情感联系。甚至只要和他到办公室附近的咖啡店或对街的麦当劳小小闲聊一下，他都会比较容易卸下防范之心，向你透漏一些信息，并跟你建立特殊的联系。

有一份报道称，中国加入世贸组织后，美国国务院印发给本国中小企业介绍中国的小册子中，有专门一节介绍吃饭。该小册子说，吃饭是中国最常见而普遍的交际方式，上至京城都市，下至穷乡僻壤，除了吃饭，有时找不到第二种交际方式。拒绝吃饭邀请，会被认为是很无礼、很不给面子的行为，而面子对中国人是极为要紧的。除非你拒绝的理由足以让对方原谅你，对方才不会感觉到丢了面子。在中国，很多重要事情，他们并不在办公室解决，而是通过在酒宴上痛快喝酒解决。

1. 社交离不开请客吃饭

社交就是请客吃饭这一点，在农村表现得尤为突出。新年节庆、婚丧嫁娶、孩子上学、参军入伍等等，摆酒宴客是首选的社交方式。云南纳西人一眼望不到头的长桌筵，可谓农村“饭桌社交”的极致。

2005 年 4 月，某省各村村民投票选举新一届村民委员会。就在这“敏感”时刻，该省某村的两派候选人雇用 20 多辆中巴车，争相宴请全村 9000 多名村民吃饭，宴请活动持续 10 余天，花费上百万元。这可谓当今“饭桌政治”的一个经典案例。

如今，城市里的中小学生们经常会想出各种各样的由头，诸如过生日、当了班干部、考了好成绩，召集一帮小伙伴大摆筵席，联络感情。风气一开，不按规则办事的自然成了另类，家长们既皱眉又无法拒绝。大学校园里，老乡会、同学会、生日会更是司空见惯，拿了奖学金、找了好工作，统统饭桌上见。难怪中国大学的伴生物，就是“饮食一条街”呢。

职场和官场更不待言，饭局几乎就是第二工作。著名出版家沈昌文先生说起和作者打交道的经历时说：“我是主张吃的。跟文化人或者思想家要搞好关系，我没别的手段，只有一条——吃。饮食便于进入主题，就有话可谈了嘛。”

漫漫人生路，一眼望去，饭桌简直比长城还长：谈情说爱请客吃饭，结婚生子请客吃饭，升官晋职请客吃饭，转行跳槽请客吃饭，乔迁新居请客吃饭……举凡涉及社交的事都能归结到请客吃饭上。离了饭桌，离开了请客吃饭，想在中国社会行走真是寸步难行。

2. 请客吃饭有助于协调人际关系

《礼记》说：“君子有礼，则外谐而内无怨。”餐桌是人际关系的润滑剂和调节器。由于餐饮礼仪的基本原则是敬人律己、真诚友善，因而它能联络人们相互间的感情，架设友谊的桥梁，协调各种人际关系，营造一个和谐友善的社交氛围；也有助于建立和发展人与人之间相互尊重和友好合作的新型关系。即使在人与人之间发生了某种不快、误会和碰撞时，通过一句礼貌用语、一种礼仪形式，便会化干戈为玉帛，重新获得彼此的理解和尊重；在餐桌上初次相遇的陌生人，只要礼节周全，也会很快成为好朋友。

3. 请客吃饭有利于塑造良好形象

“形象”一词的本意，是人们通过视觉、听觉、触觉、味觉等各种感觉器官在大脑中形成的关于某种事物的整体印象。在社交中，“形象”是指参与交往的主客双方在心目中对对方的总的评价和基本印象。在社交活动中，人们常常根据对方的外貌、举止、谈吐、服饰和应对进退等表面特征，对对方做出初步的评价，形成某种印象，即第一印象。这种人际认知的第一印象虽然具有表面性和片面性，但一旦形成以后，往往使人产生某种心理定势，对人际交往的成败和人际关系融洽与否起着重要作用。

在餐桌上，你的形象定位随着身份的不同而不同。如果你是以个人身份去赴宴，此时表现的纯粹是个人形象；如果你是以个人形式代表组织或单位去赴宴，此时个人代表的则是组织或单位的形象；而在国际交往中，你的言谈举止则被外界视为一个民族、一个国家的形象。所以欧洲旅游总局制定的“旅游者应遵循的9条基本准则”中，第一条就这样写道：“你不要忘记，你在自己的国度里不过是成千上万同胞中的一名普通公民，而在国外你就是‘西班牙人’或‘法国人’。你的言谈举止决定着他国人士对你的国家的评价。”

不管以什么身份，只要具有良好的餐饮礼仪，应对自如，表现不俗，在餐桌上自然会给大家留下好印象。

完美的收宴，宾主尽欢

一场完美的饭局，重点不在桌子上的饭菜如何，关键是能否取得“宾主尽欢”的效果。

所谓收宴是指宴会的收尾工作。一场完美的宴会，从开宴到收宴力争做到滴水不漏，才能算过关。有好的开头，结尾却是败笔，那也就前功尽弃了。

请客吃饭，费尽心思点了一桌子价格不菲的好菜，却不见得能达到目的。因此，饭局上最重要的是收到“宾主尽欢”的效果。如果你不能讨得客人的欢心，甚至给客人留下很坏的印象，点再好的菜又有什么意义呢？

所谓宾主尽欢，就是指主人的目的也达到了，客人也觉得很开心。宾主尽欢不仅在于一个“吃”。当然点一桌客人喜欢的饭菜也是必需的。如果客人觉得饭菜不可口，或者触犯了客人的饮食禁忌，自然就得罪了客人；得罪了客人，主人的目的也难以实现。

凡是请客吃饭都是有目的的。你付出了心血，自然想得到回报。如何不让煮熟的鸭子飞走，以最小的代价获得最大的胜利，就在于你能不能做到“宾主尽欢”。

不是每一场饭局结尾时都能收获果实，不是每一种果实都意味着胜利的甜美滋味，它也可能是酸楚与苦涩。所以在饭局上收局注重的是双赢，要求宾主双方都能获得一定利益。如果局势只倾向于一面，那么居于下风的一方难免心存不满，从而为以后的交流合作、生意往来埋下隐患。

如何在饭局中达到自己的目的？是为了自身获得更高的利益而将对方逼至退无可退的境地吗？当然不是！或许你可以和对方打心理战，也可以通过威慑来牵制对方，也可以挑拨对方内部纷争以坐收渔翁之利，或者是利用以逸待劳的战术……但你必须注意一点，那就是不能将对方一棍打死，必须留有余地，以备日后长期合作。所以你只能在尽量减少自身牺牲的基础上，追求双方共赢。那么如何做到这一点呢？首先，你必须表现出你的诚意；其次，你要做好后续的工作，给对方留下一个完美的印象，切忌在对方心目中留下“虎头蛇尾”的印象。

小马请客户去一家饭店吃饭，希望客户从他手里购买一批原材料。席间大家聊得十分愉快，到了结账的时候，由于人太多，服务员忙不过来，一时顾不上给他们结账。由于喊了几次也没有得到服务员的回应，小马不免有些着急，就对着服务台大呼小叫起来，引起了服务员的强烈反感，双方产生了争执。

客户本来对小马的印象很不错，可一看到小马跟服务员真吵起来，小马还脏话连篇，甚至要跟服务员动粗。客户十分厌恶小马的这种行为，因此连告辞都没说一声就走了。最后，小马只顾着和饭店的服务人员吵架，连客户什么时候走的都不知道，更谈不上安排车送客户离开了。后来，这位客户没有买小马的原材料，也没有再与小马联系。

小马只要有风度一点，这场饭局算是比较成功的。可惜因为小马的鲁莽，功败垂成。像小马这样请客户吃了饭，不但没谈成生意，反而还从此丢了这个客户，实在是“赔了夫人又折兵”。要知道“一步走错，满盘皆输”，一定要在最后的时候收好局，并为下一次布局做好铺垫，这样才算是给饭局画下了一个完美的句号。

因此，不仅在饭局上你要注意细节问题，即便是饭局结束时也不要掉以轻心，不要以为吃完饭就能成事了。在饭局之上你除了要顾及对方的感受，注意现场的氛围，关注对方的需求外，还要为对方提供一些力所能及的宴后服务，比如给客人安排回家的车辆等。总之，不可有丝毫的疏忽大意，更不可急功近利，以为吃过一顿饭，别人就有义务帮你办事，并以此强要别人帮忙，反而让煮熟的鸭子飞了。只有善始善终，才能取得宾主尽欢的效果。

一场完美的饭局，进行到最后很不容易，所以越到最后越要小心谨慎，要力求宾主尽欢，切忌因小失大。在饭局上，你要时刻牢记，讨得客人的欢心是关键。客人欢心了，你提出请求客人也容易接受，也乐意为你效劳，你自然也就欢心了，“宾主尽欢”的效果也就达到了。

第二章

宴前绸缪到，有备方无患

古语说:“凡事预则立,不预则废。”做任何事,事先没有准备是很难成功的。请客吃饭看似简单,实际却不然。一场成功的饭局,需要周密的计划。因此,在宴请前你必须要未雨绸缪。饭前做好准备,考虑周全,力争做到万无一失,才能最后稳操胜券。例如不同民族的饮食风俗习惯各异,不同地域饮食也有差异,甚至性别不同、年龄不同都会造成饮食习惯不一样,这都是饭前应该仔细斟酌的问题。

考虑周全，方可着手备饭局

俗话说："宜未雨而绸缪，毋临渴而掘井。"在很大程度上，你准备的充分不充分直接决定了整个饭局的成败。

备局就是为自己的饭局做准备。作为设局者，绝不能小看饭前的准备工作。一位著名的军事家曾经说："不打无准备之仗。"在战场上没有准备的军队肯定要惨败。同样，在饭局上，不做准备的"局"长肯定要倒霉。

请客吃饭就是做局，如何将这场局做得滴水不漏，是宴请者的必修功课。一个善于做局的宴请者，必须懂得如何巧做饭前准备，力争每一个细节都达到完美，从而帮助自己成事。

众所周知，在中国，请客吃饭是人们交往中最常见的交际形式，它是广交朋友、建立联系的媒介，也是了解情况、解决问题的场所，所以饭前必须做好一些准备。比如，宴请的类型有很多，不同的宴请在菜肴、人数、时间、赴宴着装等方面有着不同的要求。而且具体采用哪种形式的邀请也应根据你宴请的目的、邀请的对象以及活动经费等有所区别和选择。

如果有一个细节做得不到位或者出现问题，就可能使这种请客吃饭的好事变成坏事，甚至造成客户流失、被人小看、领导不满、职位不保、生意泡汤等恶劣后果。

小周在深圳一家公司任经理。一次，他宴请一位重要客户。为了给客户留下一个好印象，小周特意在一家有名的酒店预订包间并点了菜。

为了体现出自己宴请的诚意，小周点的都是酒店的特色菜，天上飞的、水里游的、地上跑的，无一不全。尤其值得一提的是，为了让来自异乡的客户感受到本地的特色，小周更是特意点了一份烤乳猪。

傍晚，小周领着客户来到饭店，饭店富丽堂皇的装修让客户很是满意。接着，服务员上的菜也让客户赞不绝口。等到那份烤乳猪上桌时，客户的脸色却一下子变得极为难看。可是，小周丝毫没有注意到客户的反常，还一个劲儿地夸赞乳猪做得地道。最后客户实在忍受不了了，借口有事提前离席。小周不明白明明不错的气氛怎么突然急转直下了，后来才知这位客户原来是一名多年的素食主义者。生意没谈成，小周后悔不已，直呼："都是这顿饭闹的啊！"

这个案例给我们很多启示。小周宴请客户犯了一个致命的错误——触犯了客户的忌讳。如果小周事先打听一下客户的饮食习惯，就不会犯如此重大的错误了。

饭局之中，要想安排令宾主满意的饭菜，吃得既美味又舒适，并不是一件容易的事，绝对不能想当然地随便处理。也许你的好意安排，反而触犯了别人的忌讳。因此，一定要在宴请之前对所请客人的民族习惯和宗教信仰进行一番较为详细的了解，这样在宴请的时候才能做到有的放矢，避免还没做局就已"出局"的事情发生。

随着经济全球化的进程，国与国之间打交道越来越频繁。有许多企业与国外企业都有生意来往。由于东西方文化的差别，中外饮食习惯也不一样。请外国人与请中国人的规则是完全不同的。这个问题也应该慎重考虑。

东北某企业与一家美国大公司商谈合作问题，这家企业花了大量工夫做前期准备工作。在一切准备就绪之后，该企业邀请美国公司代表来考察。前来考察的美国公司老板在这家企业领导的陪同下，参观了企业的生产车间、技术中心等一些场所，对中方的设备、技术水平以及工人操作水平等，都表示了相当程度的认可。

中方企业非常高兴，设宴招待美方老板。宴会选在一家十分豪华的大酒楼，有 20 多位企业中高层领导及市政府的官员前来作陪。美方老板原以为中方还有其他客人及活动，当知道设宴只为招待他一人之后，感到不可理解，当即表示与中方的合作要进一步考虑。美国老板回国之后，发来一份传真，拒绝与这家中国企业的合作。美方老板认为：中方连吃一顿饭都如此浪费，要是把大笔的资金投进去，说不定怎样挥霍呢！于是一笔巨额投资就因这顿饭的“小节”而付诸东流。

中方企业之所以失败，是因为事先没考虑到中西方饭局的差别，只是想当然地按中国人的饭局规则处理，最终丢掉了生意。

此外，宴请准备的失败，不仅是一顿饭的失败，更是你人际交往的失败，它会使他人对你的诚意和能力产生怀疑。所以，无论你是为了求人办事还是因为其他原因宴请别人时，一定要做好宴请的准备工作，不可有丝毫的大意。

细节不能忽视，东西南北饮食有差异

客观环境决定了饮食习惯，请客吃饭时，必须考虑来自不同地区人们的饮食差异。

俗话说：“十里不同风，百里不同俗。”中国幅员辽阔，不同地区的地理环境不同，其饮食习惯也是有很大的差异。比如北方人吃面，南方人吃米。南方人认为面只能拿来做点心，永远吃不饱；北方人则认为吃大米既奢侈，又不顶饿。这是南北主食的差异。东西南北，不同地区除了主食的差异，还有口味的差异。这些在请客吃饭前都要考虑周全，否则你点了一桌子不合客人饮食习惯的菜，客人心里就会很不舒服，你请客的目的也就泡汤了。

赵岩是地道的湖南人，平时特别喜欢吃辣。一天，他请部门的几个负责人吃饭。在餐桌上他请几位负责人点菜，几位负责人互相推辞，最后就让赵岩来决定。赵岩便问大家喜欢吃什么菜，结果都说“随便点吧”。赵岩就没有多想，竟然忘记询问负责人的饮食忌讳。他根据自己的喜好，点了一桌湖南菜，每样菜里都可以看到一堆红红的辣椒。

赵岩吃得挺香，而几位负责人傻眼了。他们都是北方人，不习惯吃太辣的菜。赵岩一个人也吃不了多少，结果剩了一桌子菜。几位负责人吃得很不舒服，在餐桌上就连声抱怨。赵岩本来请客的目的是想让部门负责人提携一下，比如升职的事别落下他。餐桌上，他看到自己请的贵客很不满意，心里十分后悔，因此请负责人帮忙的话到了嘴边又不得不收回去了。

赵岩就是因为忽略了不同地区的饮食差异而搞砸了饭局。在点菜之前，赵岩如果不了解不同地区之间的饮食差异，可以试探着问一下。比如问下在座各位能不能吃辣？如果客人说可以，就可以适当地点几个辣菜；如果客人忌讳吃辣，就要跟服务员说一下不要在菜里放辣椒。因此，请客之前，了解一下东西南北方的不同饮食习惯是非常必要的。

1. 华南地区的饮食特点

我们通常所说的华南地区包括广东省、广西壮族自治区、海南省、福建省等地。由于“花草虫鱼，可为上菜；飞禽走兽，皆成佳肴”，所以该地区居民几乎不忌口，食性普遍偏杂。在膳食结构中，每天必食新鲜蔬菜；水产品所占比重较高，尤为喜爱淡水鱼和生猛海鲜；饮食开支大，烹调审美能力强。由于早起晚睡、生活节奏紧张，不少人有喝早茶与吃夜宵的习惯，一日三至五餐。这一带“吃”具有比较丰富的社会意义，是人们调剂生活、社会交际的重要媒介。它不仅体现人与人之间的情感，有时还是身份、地位、财富的象征，故尚食之风甲于全国。

2. 华北地区的饮食特点

华北地区主要包括北京市、天津市、河北省、山东省、山西省以及内蒙古自治区等地。这些地方的民风俭朴，饮食不尚奢华，讲求实惠。多数地区一日三餐，以面食为主，小麦与杂粮间吃，偶有稻米；馒头、面条、玉米粥、烙饼、素饺子、窝窝头等，是其常餐。

3. 西南地区的饮食特点

西南地区主要包括四川省、重庆市、贵州省、云南省和西藏自治区等地。主食大米和糯米，兼食小麦、红薯、蚕豆、青稞、荞麦、大豆、红稗和高粱。米制品小吃很有名气，米线鲜香，糌粑特异，糌粑、粽粑、荷叶包饭都用于待客。普遍嗜辣，“宁可无菜，不可缺辣”；大多喜酸，“三天不吃酸，走路打转转（不稳之意）”。肴馔具有平民的饮食文化色彩，价廉物美，“杂烩席”“火锅席”风靡当地。

4. 华中地区的饮食特点

华中地区主要包括湖南省、湖北省和河南省，主食多为大米，部分山区兼食番薯、木薯、蕉芋、土豆、玉米、小麦、高粱等。鄂、湘的小吃均以精巧多变取胜；壮、苗、黎、瑶、毛南、土家等族，善于制作粉丝、糍粑和竹筒饭，京族习惯用鱼汁调羹。

5. 华东地区的饮食特点

华东地区位于我国东南部，主要包括上海市、浙江省、江苏省、安徽省、江西省、福建省、台湾地区等。以大米为主食，偶食面粉，杂粮很少，擅长炊制糕、团，其中宁波汤圆颇具特色。一日三餐，有荤有素，干稀调配。四时蔬果、鸡鸭鱼肉供应充裕，嗜好海鲜与野味，还有吃零食的习惯。口味大多清淡（徽、赣两省山区和浙江沿海渔村偏咸），略带微甜，一般少吃或不吃辣椒、大葱、生蒜和老醋；有生食、冷食之古风，炝虾、醉蟹、生鱼片都受欢迎。家庭饭菜丰俭视经济状况而定，一般是菜、汤、主食结合的格局，饭碗小而菜盘大，餐具精致。

6. 西北地区的饮食特点

西北地区位于我国西北边陲，包括甘肃省、陕西省、新疆维吾尔自治区、宁夏回族自治区以及青海省。与其他大区相比，西北一带的食风显得古朴、粗犷、自然、厚实，主食是玉米和小麦并重，也吃其他杂粮，如小米、油茶与莜麦等。家常食馔多为汤面辅以蒸馍、烙饼，粗粮精做，花样繁多。该地区的少数民族，在饮食风味上，肉食以羊、鸡为大宗，兼有山珍野味，而淡水鱼和海鲜甚少，果蔬菜品亦不多。

7. 东北地区的饮食特点

东北地区位于我国的东北部，主要包括吉林、辽宁、黑龙江等省。东北地区一日三餐，杂粮和米麦兼备，高粱米饭和黏豆包最具特色。主食还爱吃窝窝头、饺子、蜂糕、冷面、豆粥和面包；满族的宴席茶点久享盛名。菜肴原料以白菜、土豆、大豆、粉条、黄瓜、菌类为主，近年来引进不少南方时令鲜菜，市场供应充裕。爱吃白肉、鱼虾和野味，嗜肥浓，口味重油偏咸。制菜习惯用豆油与葱蒜，或是紧烧、慢煮，使其酥烂入味，或是盐渍、生拌，取其酸脆甘香。

由此可知，客观环境决定了饮食习惯。比如北方人的生活环境决定了他们以咸为主的饮食习惯。而且我们还可以在北方人中根据地区性环境差异对他们的饮食消费习惯进行探讨。如华北地区中河北省大部分人喜吃咸，天津人口味咸中微甜，山西人口味咸中带酸辣。当然，地域决定饮食习惯并不是绝对的。同一地域的人饮食习惯也有差别，但地域差异的总体特点是值得参考借鉴的。

宴请要看场合，吃饭要分档次

宴请不仅仅是为了“吃东西”，更应该看重的是吃的档次。

在人际交往中，饭局是聚会时必不可少的一项内容，也可以称得上是一门艺术。看似简单的一顿饭，里面却有很多学问和讲究。

现代人讲究“吃文化”，所以宴请不仅仅是为了“吃东西”，更注重吃的档次。所谓“档次”是指按照一定标准分类排列的等级次序。显然，吃饭的地点以及饭菜本身都是讲究档次的。

一般来说，要是在高档豪华酒店请客，一定是尊贵的朋友或腾达显赫之人，通常请客的人越是客客气气，表示宾主间的关系越远，或地位相差越远，或要办的事越重要；而通常越是熟知的朋友，请客吃饭就越随意。同样的酒菜，在不同档次的酒店，身价也是不同的，酒店档次越高，酒菜的价格越高，请客者就越有大事相求。

要是用餐地点档次过低，环境不佳，即便菜肴再有特色，也会令宴请结果大打折扣。因此，在可能的情况下，一定要争取选择清静、幽雅的用餐地点，要让被宴请者吃出档次，吃出身份。

具体来讲，宴请贵宾，可以到具有古朴装修以及精致菜品的高档饭店，那里的环境、服务还有口碑应该都会让其感受到你对他的重视；宴请川西情结颇浓的客人，具有巴蜀风情的旗舰店更能让人过目难忘；宴请喜欢欧式风格的客人，精致的西餐厅是个不错的选择；宴请喜欢清静、对菜品也十分讲究的客人，典雅的农家食府就可以了；想让客人在平和中感受一份大气，满庭芬芳的酒楼他应该会喜欢；想给客人呈上一次视觉盛宴，花园式的餐厅是个好去处；如果客人对传统文化感兴趣，“御膳房”既能让人感受宫廷的大气，又能让人享受到各种“御膳”；要是客人非常注重商务宴请的私密性，高级酒店很适合；如果客人比较小资，喜欢时尚，那么尽可以邀请他到时下流行的餐厅或饭店就餐。

如果你宴请的对象是你的客户，饭前你更要斟酌档次的问题。邀请客户吃饭和给客户送礼一样，要注意档次的安排，才能起到事半功倍的效果。饭局档次安排太高，顾客觉得受之有愧，吃着也不踏实，觉得“吃人的嘴软”；档次太低，会觉得看不起他。如果是销售人员请顾客请饭，其实就是商务工作餐。这类就餐不应该过于繁琐，像宴会那样的话会让顾客心理压力大；但也不能过于随便，快餐和便餐都是不太适宜的，会让顾客觉得你没有诚意。

小陈是一家公司的业务员，在招待一个山东来的客户时，本来客户已经基本确定可以接受目前的合作条件，但因为该业务员晚上请了一顿很丰盛的晚餐，反而使客户迟疑了。原因很简单，你对他太好了，客户有时并不“感冒”，认为你此时一定很需要他，果然，客户回头继续向厂家要条件，让业务员大伤脑筋。

请客也是一种生意的延续、智慧的“较量”。请客户吃饭在档次上要拿捏好分寸。在上述案例中，小陈应该从客户的社会地位和身份以及客户的个性上决定宴会档次。因此，作为业务人员必须对自己的客户资料了如指掌，这样才能做到宴请时“心中有底”。

因此，请客要符合请客对象的身份，以及你即时公关的需要。如果你是希望促成客户合作的话，请客的规格未必就是越丰盛越好，只要遵循热情、有气氛、合适的原则便可以了，否则还会吃力不讨好。对于老客户特别是重点客户，这种方式更为重要，此时不只是请客吃饭的问题，还是斗智和心理战术的问题。有些重点客户并不知道自己是厂家的“回款大户”，在没有比较信息的前提下，客户还是不敢乱来的，但是如果业务员过于热情则容易让客户发现这些重要的信息，接下来你就惨了，所谓“商大欺厂”的故事一定会在你的身上重演。

商务宴请中菜品也是十分重要的。宴请喜欢葡萄酒或是对葡萄酒有讲究的客人，可以选择葡萄酒庄园；宴请喜好海鲜的客人，选择专营海鲜的酒楼是最适合不过的了；要是客人想吃到最具“专业精神”的生蚝，不妨到最好的海鲜馆。

除此之外，宴请客人还有一些其他注意事项，比如：

（1）官方正式、隆重的宴会一般应安排在政府的宴会场所或客人下榻的酒店内举行。

（2）举行小型正式宴会，宴会厅外应另设休息厅，供宴会前宾主简短交谈用，待主宾到达后，一起进宴会厅入席。

（3）选择一处彼此都喜欢的地点就餐，让聚会中的每个人都有宾至如归的感觉。

（4）请熟悉的人去不熟悉的饭店，请不熟悉的人去熟悉的饭店。对熟人（包括家人、朋友），可以去以前没去过的饭店尝尝鲜、探探路，熟人在一起就不必拘束，可畅心问价、临时调换地点等。而请不熟悉的和重要的客人则要求对饭店的菜点、服务质量等了然于胸，这样才能更好地为请客的目的服务，所以该去一个熟悉的、信誉好的饭店。

一般来说，决定饭局档次的不是请客者的阶层，而是所要托付之事的轻重。越重要的事情，饭局档次也就越高。而非功利性的朋友聚餐，反而会选择小馆子，更加随意。

男喜荤女爱素，饮食习惯男女有别

男女性别不同，饮食爱好也有差异，在饭局上一般遵循“男荤女素”的原则。

从古到今，男女在饮食方面就存在差别，在越来越讲求健康饮食的当代社会，男女饮食差别也越来越明显。

古人说：“饮食男女，人之大欲存焉。”说到饮食，男女也有各自的适合与不适合。前几年饮料也分“他”和“她”，连瓶装水的外形都做到了男女有别。在食物上男女也有不同的需要。男生要求：量大，有肉，能吃饱就好；女生就大不同了，不仅在意食物“色、香、味、形”，还要求“在哪吃比吃什么更重要”。男人和女人的饮食习惯大有差别。男人喜欢肉类，女人偏好水果和蔬菜。他们热衷于烤肉，而她们则酸奶蔬菜不离手。从营养需求上，男女的饮食也不同：男生要加，加体力，加精力；女生要减，减岁数，减皱纹。

有一项关于男女饮食差异的调查发现，男性酷爱肉禽类，他们食谱里出现频率最高的字眼当属鸭肉、牛肉和火腿。还有特定的几种贝壳类动物，比如虾和牡蛎。女性钟爱蔬果，特别是胡萝卜和番茄，草莓、蓝莓、树莓和苹果也是排名靠前的食物。女性同样还喜欢干果，比如杏仁、核桃。此外，她们对鸡蛋和酸奶的钟爱远远超过男性。

小张在一家公司任业务经理，经常跟客户打交道。一次，小张约一位女客户谈业务。这是一个很重要的客户，小张为表达对客户的重视，特地在一家高档酒店宴请女客户。小张只顾讲档次，点了一桌子

荤菜。女客户是一位胖胖的中年妇女，平时最忌讳人家说她胖，为了减肥平时很少吃肉。她看到小张点了那么多荤菜，心里很不舒服，以为小张讽刺她长得胖。女客户忍不住挖苦小张：“张经理是肉食动物啊?”小张脸上一阵红一阵白，显得十分尴尬。结果小张的生意也泡汤了。

小张点菜没有考虑到客户的性别，只顾点高档菜，结果费力不讨好。宴请女性绝对不可以点一桌子荤菜，这是对女性的失礼。一般女性在场的宴会要适当的点几个素菜。如果宴请的全是男客，你大可放心地点荤菜。

当然，“男荤女素”虽然可以概括两性的饮食习惯，但是也有例外。比如，男性对芦笋和甘蓝小包菜的疯狂让女性“望尘莫及”；而女性喜欢的新鲜汉堡包对男性则失去了吸引力，他们更偏爱冷冻的汉堡。

很多时候一男一女同时在餐厅就餐，当服务员上菜时，如果不确定哪个菜是谁点的，一般就会把素菜摆在女人面前，而肉菜摆在男人面前。由此可见，人们潜意识里都清楚饮食上男女有别，各有各的饮食偏向。

据饮食专家研究指出：男性一般吃的肉类和面包比较多，而女性吃的更多的是蔬菜、酸奶、水果，喝汽水也要挑无糖的那种。性别差异也产生了饮食差异。女性在吃饭的时候细嚼慢咽，花的时间也要比男性多。曾有个心理学家让一批男性和女性志愿者读陌生人的饮食日记，然后依此做出判断。无论男女，他们对那些三餐吃得较少的人都得出一致结论：日记的主人应该是女性。而且在那些女性中，吃得更少的比吃得相对较多的人对自己的外貌、身材更在意。

一般来说，女性吃的比较少，年轻女性跟自己的男性仰慕者一起吃的时候更是如此。女性比男性更热衷于节食减肥，而且对自己的体重和体型更容易不满，这一点也不足为奇。一项大型调查中，23%体重标准的女性抱怨自己超重，而男性却只有9%会觉得自己超重。与此同时，那些确实超重的人中，41% 男性觉得自己体重正常，而女性只有 13%。男性更易接受自己的体重和体型，因此饮食的时候更无拘束。而更有趣的是，绝大多数女性都说男人更喜欢瘦削的女人，但实际上只有很少一部分的男性承认这一点。

因此，有女客人的饭局，要点什么菜，必须预先考虑好。例如，你可以为女客人点一道菠菜。菠菜有护脑和补血的功能，适量吃一些菠菜防贫血又抗衰老，美容养颜一举多得。也可以点一盘海带。海带有护发和补碘的作用，因为头发的光泽就是由于体内甲状腺素发挥作用而形成的，而海带中的碘正是合成甲状腺素的主要原料。因此，常吃海带能让女性秀发飘飘。另外，番茄、鱼、西蓝花也是很适合女性吃的菜。这些菜除了营养较高外，关键是对女性能起到美容的作用。

男女饮食除了口味上的差别，还表现在其他方面。比如在点菜上，男性一般较粗略迅速，对食物的奇特性、古怪性往往要求较高；而且男性一般都有个人的某种特殊嗜好。女性点菜时往往选择多，挑选细，反复咨询，占用时间长，具有较强的求全心理。在分量上，男性比女性顾客的食量大、胃口佳；在需求上，男性顾客重“量”，用餐讲求能果腹、分量足，女性顾客重“质”，对环境较为敏感，重视服务细节。总之，男女饮食是有很大差别的，宴请客人前一定要谨慎考虑。

老幼有别，准备饭菜还要看年龄

年龄不同，饮食特点也不一样，请客吃饭必须按不同年龄的饮食特点准备饭菜。

人们的年龄不同，饮食上也有很大差异。可以说，年龄是赴宴者社会阅历或经历的一种重要反映。不同年龄的人，由于经历过不同的社会环境，受过不同的文化教育，赴宴时的心态有着明显的不同。

通常来讲，年龄大一点的人，食物范围比较广一些；老年人因身体方面的原因，更讲究食物的营养卫生，能节制不良的饮食习惯，特别注重养生之道；而青年人挑食、暴饮暴食，全凭个人喜好，无节制地吃喝。

1. 少年儿童的饮食特点

少年儿童是指较幼小的未成年人，从年龄上讲是指18岁以下的未成年群体。现在的家庭大都是独生子女，子女都是父母的掌上明珠，一个家庭里各成员都围绕着孩子转。因此在请客吃饭时，如果客人带着孩子，就一定要注意孩子的需要和喜好。例如应备有适当的幼儿坐的椅子、摔不坏的餐具、专为儿童设计的菜点、各种赠品（如气球、图画、玩具、书籍等)、儿童音乐等。

众所周知，儿童喜欢零食。事先要为儿童准备一些零食，例如黑巧克力、牛肉片、蛋糕、卤豆干、海苔片、苹果干、葡萄干、琥珀核桃仁、干地瓜干等食品，都是比较理想的儿童零食。

一般来说，少年儿童，特别是低龄儿童对食物的注意和兴趣一般来自于食物的外观因素，如食物的图案、包装、色彩、造型等。另一方面，少年儿童对食物的认识带有很大的模糊性，他们往往以“好看”、“我要”、感兴趣等情绪因素为主，凭直觉来决定饮食需求。随着年龄的增长，尤其进入初中以后，他们开始对食物的品牌、知名度、风味和流行情况等表现出关心和兴趣。至此，少年儿童对食物认识的直观性、模糊性开始下降。

2. 青年人的饮食特点

青年人一般是指18岁到30岁的人。青年人朝气蓬勃，正处在人生最美好的阶段。他们体格比较健壮，胃口也好，对饮食也很讲究。青年人对新事物兴趣比较大，往往是新食物、新的饮食消费行为的追求者、尝试者和推广者。在饮食消费时的表现是反应灵敏、酝酿短暂、决定果断，在认为合意、值得的心理支配下，感情的作用超过计划的预算。特别是在一些新潮、时尚、紧俏食物的购买上，冲动性购买明显多于计划性消费。

请客吃饭时，在座的若都是青年人，应该点一些酒店的特色菜，或近来流行的时尚菜，再就是点菜分量要足。

3. 中年人的饮食特点

在中国，中年人一般指年龄在35岁到55岁的人。中年人走过了热血沸腾的青年时代，人生阅历逐渐丰富起来，性格也比较沉稳。大多数中年人都有家庭，因此中年人在饮食方面不像青年人那样更多地追求时尚，而是对食物的实用性及价格给予更多的关注，计划性强，具有较强的求实心理和节俭心理。

因此，有中年人在场的饭局，要点一些物美价廉的菜，最好不要点高档菜、时尚菜。在中年人面前用餐，不要浪费。

4. 老年人的饮食特点

60岁以上的男人、55岁以上的女人都可称为老年人。一般来讲，进入老年的人，生理上会表现出新陈代谢放缓、抵抗力下降、生理机能下降等特征。因此他们要求松软易消化、富有营养的食物，他们最为关心的是延年益寿、身体健康和晚年生活幸福。由于感知能力的衰退和体力不足，在饮食活动中，他们希望得到更多的关怀和照顾，这与他们行动迟缓、顾虑重重、唠叨不断等特征相比，恰好是鲜明的对照。请老年人吃饭最好选老字号饭店，点传统的名菜、名点和名酒，以满足老年人的饮食惯性心理需要，同时也能唤起一些人对过去岁月的回忆，使其感到亲切、可信。

为老年人点菜宜俭、宜素、宜养生、宜喜庆、宜量少、宜清淡、宜多鱼少肉、宜豆制品多。

老年人并不适合吃大鱼大肉，宴会上可以为老年人点一份粥。人们常说喝粥长寿，从饮食习惯看，长寿老人无一不喜欢喝粥。《随息居饮食谱》认为，粥为世间第一滋补食物，粥最易被消化、吸收，能和胃、补脾、清肺、润下。

再者，米是老人的最佳补品。老人最喜欢小米，把小米当成最好的滋补佳品。小米是谷子去皮后的颗粒状粮食，历来就有“五谷杂粮，谷子为首”美称。体弱有病的老人常用小米滋补身体。中医认为，小米益五脏，厚肠胃，充津液，壮筋骨，长肌肉。

豆腐也是老人们普遍爱吃的食物。俗话说：“鱼生火，肉生痰，白菜豆腐保平安。”豆腐主要成分是蛋白质和异黄酮。豆腐具有益气、补虚、降低血铅浓度的功效，能保护肝脏，促进机体代谢。常吃豆腐有利于健康和智力发育。老人常吃豆腐，对于血管硬化、骨质疏松等症都有良好的食疗作用。

宴会上点菜若不注意年龄问题，很容易出现一桌子菜没人动筷子的尴尬局面。尤其是有孩子和老人的宴会，点菜更要注意，绝不可粗心大意。

请外国人吃饭也有讲究

中外文化不同，生活和饮食习惯也有不同，在请外国人吃饭的时候“细节”不可马虎。

世界文明发展至今，不仅中国有着丰富的饮食文化，西方文明也孕育出了自己独特的饮食文化。正所谓一方水土养一方人，在“吃饭”这个问题上，这句话算是找到了最好的诠释。

餐饮产品由于地域特征、气候环境、风俗习惯等因素的影响，在原料、口味、烹调方法、饮食习惯上会出现不同程度的差异。正是因为这些差异，餐饮产品具有极强的地域性。

小秦在一家外企工作。一次他请几个外国同事去酒店吃饭。宴会上，服务员问要什么饮料，因为已经点了汤，小秦说：“就要白水吧！”服务员就端着精致的小托盘把两杯“白开水”送了上来。其中一名叫艾伦的美国人正在眉飞色舞地谈论着他的长远发展规划，顺手拿起水杯就猛喝了一口……好在他控制得好，没有喷在小秦身上，但是估计舌头都麻了，烫得老半天说不出话来。艾伦激动得要找大堂经

理投诉，小秦只能站在服务员的立场上说：“对不起啊，这是中国人的传统，为了表示对客人的尊重，我们都是上热水的，因为热水对身体好……”艾伦当然不能理解，连说几个：“What?”

在中国的饭店，免费茶水肯定是热的，即使在炎热的夏天，我们喝到的也是常温的。但国外就不一样了，无论春夏秋冬，他们都习惯喝冰水。中外文化不同，生活和饮食习惯也有不同，因此在请外国人吃饭的时候，有些小事一定要注意。

1. 各国饮食口味不同

世界各国饮食口味不一样，例如法国人一般都喜欢吃略带生口、鲜嫩的美味佳肴。法国人一般都乐于喝生水（自来水），不习惯喝开水。喜好饮酒，尤其爱饮葡萄酒、玫瑰酒、香槟酒等。

英国人对吃不是很讲究，他们还是专一地恪守着他们的单一而传统的饮食习惯。例如，炸鱼薯条、带皮烤的马铃薯、夹馅面包等。美国人对饮食要求并不高，只要营养、快捷。美国人喜欢铁扒类的菜肴，一般对辣味不感兴趣，常用水果作为配料与菜肴一起烹制。

日本菜是当前世界上一个重要烹调流派，有它特有的烹调方式和格调，在不少国家和地区都有日餐菜馆和日菜烹调技术，其影响仅次于中餐和西餐。日本料理主要分为三类：本膳料理、怀石料理和会席料理，以及烧烤等。

德国人是十分讲究饮食的。德国人最爱吃猪肉，其次才能轮到牛肉。以猪肉制成的各种香肠，令德国人百吃不厌。德国人在用餐时，有以下几条特殊的规矩：其一，吃鱼用的刀叉不得用来吃肉或奶酪。其二，若同时饮用啤酒与葡萄酒，宜先饮啤酒，后饮葡萄酒，否则被视为有损健康。其三，食盘中不宜堆积过多的食物。其四，不得用餐巾扇风。其五，忌吃核桃。

2. 请客不要生拉硬拽

请中国人吃饭，客人一般不会爽快答应，都会推辞一会儿。有时你非得生拉硬拽才能显示你的诚意。但外国人就不一样了，他们一般很愿意参加宴会，没有特别的原因一般不会拒绝朋友的邀请。所以在邀请时可以非常热情，但是不要生拉硬拽。在邀请外国朋友时，如果对方表现出有些为难或者有礼貌地谢绝，可以适当地请对方重新考虑一下，若确实希望对方参加，最好问问对方有什么想法或者建议，比如换个日子（或者时间）等等。

邀请的时间定得越确切越好，受过良好教育的外国人一般都会准时赴会，但是如果是被邀请到家里做客，外国人的习惯一般是比约定的时间晚到 10 分钟。一般不会提前到，当然特别熟的朋友例外。

3. 提前问有无忌口

一般来讲外国人都喜欢吃中餐，但是外国不少人因为宗教信仰、饮食习惯、个人主张等原因，在饮食方面会有些特殊需要。因此发邀请的时候，最好问一下对方有没有忌口的东西。比如来自伊斯兰国家的人吃清真食品；有人对肉类食品有要求，比如有人不吃所谓的“红肉”，即牛、羊、猪肉，但可以吃“白肉”，如鸡、鸭、鱼等。

如果在外面的饭店请客，则可以在点菜的时候询问一下客人。另外还有一点很重要，请外国人吃饭尽量避免“猪下水”之类的食品，比如百叶、凤爪、大肠等，外国人一般对这类食品望而生畏。

4. 有必要准备公筷

其实凡是来中国的外国客人对中国文化也都有所了解，很多事他们不会特别介意，关键要把握好尺度。最好的办法是准备公筷，很显眼地摆在他面前，让他知道那是公用的，这样你夹给他，他也不会介意。举个例子，如果吃火锅或者烤肉，一定要每人两双筷子，一双往嘴里送，一双在锅里夹。另外大家在一个盘子里夹菜，不要用自己的筷子挑来挑去的。切忌用自己用过的筷子给人家夹菜。这样既体现了中国文化，也不会让人家反感。

5. 不要过度劝酒

文化不同，生活饮食习惯也不同。劝酒是中国人的习惯，外国人很少对别人劝酒。在与外国朋友吃饭时，不要过度劝酒，适当的敬酒可以。

宴会上，可以适当聊些轻松有趣的话题，但不宜在吃饭的时候谈论过于激烈的话题。要知道，在西方，外国人用餐的时候都是各自坐在自己的座位上，每人独享自己的一份饭菜，只是吃饭，很少在饭桌上高谈阔论。

东西方文化不同，饮食习惯也不同。在宴请外国朋友时，一定要事先了解该国的饮食礼仪，以免在宴会上出丑。

准备好音乐，营造温馨的就餐环境

在宴会上，音乐能营造良好的饮食环境，从而使宾客可以安心品尝美食。

在中国，音乐伴餐有着悠久的历史。在古代，宴席就有音乐相伴，以营造一种或喜庆、或祥和、或温馨、或静逸的环境。《楚辞·招魂》中有“肴羞未通，女乐罗些。陈钟按鼓，造新歌些。涉江采菱，发扬荷些”之句，这里写的是宴席一边上菜，一边奏乐、唱歌的热闹情景，记述的是宫廷达官显贵的宴席情景；唐代李颀《琴歌》中有“主人有酒欢今夕，请奏鸣琴广陵客”的诗句，这里记述的是文人请客时用音乐的情形；而今更多的是播放各种各样的轻音乐，使餐厅的气氛活跃而愉悦。环境气氛不但直接影响人的食欲，而且关系到主客之间的情谊，也会影响到对菜肴的品评。

环境优美，音乐悠扬，气氛温馨祥和，这是就餐的良好环境，谁也不愿意在脏乱不堪、充满噪音的环境中进餐。

现代科学也已证明，在进餐时配以适当的音乐，不但可以振奋进餐者的精神，愉悦心情，而且可以使食欲增加，有利于消化吸收，对健康大有裨益。

适宜的音乐能提高消化系统植物神经的兴奋点，起到增强食欲、帮助消化的作用。通俗地讲，音乐是一种与人的语言及其他声音看似相同而实质不同的特殊信息，是一种按一定频率振动的声波。当音乐通过人的听觉器官和神经传入人体内之后，人体各个系统的运动，如声带振动、胃肠蠕动、心脏跳动、肌肉收缩等都会与之发生有益的共振，并使体内各种活动协调一致；同时，音乐作为一种振动的能量传入人体后，能激发人体本身的能量，使其从静态变成动态，提高神经细胞的兴奋性，促进人体一些有益于健康的物质（如激素、酶和乙酰胆碱等）分泌，起到调节血流量、促进血液循环的作用，并增加胃肠蠕动，加强唾液、胆汁、胰液等消化液的分泌，从而刺激食欲。另外，在宴会上，音乐还能转移宾客的注意力，对周围噪声有减弱作用，从而可以让宾客安心品尝美食。

音乐还可以调节人的心情。饮食进餐需要好环境，更需要好心情，情绪不好，再好的饭菜也不觉香。音乐的移情作用非常明显，用音乐调节不良情绪，不但心理医生知道，它更是当前音乐治疗医生的常用手段，也已经被广大群众所了解。当然，如何选择合适的音乐，还得要根据对象的实际情况：文化不同，环境不同，要求也不同。有时需要用喜庆的音乐，有时需要用优美的音乐，有时则可用柔和的音乐。但需知道，运用音乐调节心情并不是简单选择你需要的某种情感的音乐就能达到目的，它必须能引起聆听者的“同感效应”，才能产生影响，达到预期效果。

在宴会上，音乐还能转移宾客的注意力，对周围噪声有削弱作用，从而使宾客可以安心品尝美食。

据研究，伴餐音乐一般以我国民间轻音乐和西方古曲音乐为佳。古曲音乐可以选用欧洲18、19世纪的器乐曲，如巴赫、亨德尔的钢琴曲、提琴曲，海顿的交响曲，莫扎特的钢琴协奏曲，以及肖邦的夜曲等。我国民间轻音乐，一般选用江南丝竹乐曲、合奏曲等，这类音乐抒情、平和、优雅，富于亲切、委婉的情调，音量变化适宜，且节奏合乎人的心率。当音乐的节拍超过70~80拍/分钟（即人的心率正常范围），人会感到心跳加快、心情紧张，这也是伴餐音乐不能采用迪斯科、快爵士乐等节奏强烈的乐曲的原因。

美国《华盛顿邮报》曾报道过这样一则消息：一个富翁在餐馆品尝美味时，乐队奏起疯狂的乐曲，富翁不慎被食物噎住，几乎憋死。而后，乐队又奏起了肖邦的《葬礼进行曲》，徐缓、稳重的旋律神奇地起到了人工呼吸的作用，富翁渐渐缓过气来。

伴餐音乐除了考虑到节奏外，还要注意宴会的主题、宾客的审美能力和欣赏习惯等。朋友相聚，主题曲调应该明快、热情；文人聚会的曲调应以优雅、平和为主；在招待外宾的宴会上，更应根据他们的爱好和民族习惯，选择合适的乐曲，这样才能使宾客心情舒畅，食欲增加。

海涅说过："话语停止的地方就是音乐的开始。"音乐是人类最抒情的语言，而这种语言不仅能达到放松的目的，有时候别出心裁的音乐，能够赋予一场宴会特别的寓意，如同一个情调师，还能带给宾主特殊的安慰和感受。

1972 年，周恩来总理在接待美国总统尼克松时，精心安排乐队演奏了一曲尼克松最喜欢的《美丽的阿美利加》。一曲奏毕，美国客人惊喜之余都非常感动，为周恩来总理细致周到、严谨热情的人格魅力所折服。

此时，一曲音乐的意义已经超越音乐的价值本身，而是一种手段，实现了沟通交流、互致敬意的目的。

音乐伴餐看似简单，若想取得理想效果并不容易。首先它以卫生的食品、优美舒适的环境为前提；在设计、编选音乐时，一要根据餐席特色（婚喜宴、洗尘宴、送别宴、家常饭等），二要根据季节选用音乐，这一点中国传统文化向来是很注意的，三要根据就餐者的身份（包括年龄、体质、文化水平、艺术兴趣等），四要了解就餐者的不同要求。还有一点很重要，就是要有高质量的音响设备，以及掌握适当的音量和持续时间。

第三章

邀请有诀窍，走好饭局第一步

请客吃饭是人际交往的重要手段之一，而请客吃饭的第一步就是邀请客人赴宴。如何邀请，并不是一件简单的事。邀请客人赴宴的时候，一定得懂方法和技巧，客人的身份不同就应该采取不同的方式邀请。如果邀请客人的时候不讲究技巧，不但客人请不来，还有可能得罪客人。所以，走好饭局的第一步棋是至关重要的。

请柬运用得当，客人才能欣然赴宴

邀请客人是一门艺术，如果不能合理地运用请柬，便会弄巧成拙。

各种宴请活动，均应事先邀请客人。邀请客人一般有三种方式：请柬邀请、电话邀请及口头邀请。一般来说，较为正规隆重的宴席都会发请柬邀请。这既是出于礼貌，也可以起提醒、备忘的作用。

请柬，又称为请帖、柬帖，是为了邀请客人参加某项活动而发的礼仪性书信。中国自古是个礼仪之邦，十分看重待客的礼节。因此，古人在婚礼、冠礼等重大宴会上都会发请柬给客人，请柬的使用历史十分悠久，一直延续至今。

使用请柬邀约，既可以表示对被邀请者的尊重，又可以表示邀请者对此事的郑重态度。所以请柬在款式和装帧设计上应美观、大方、精致，使被邀请者体味到主人的热情与诚意，感到喜悦和亲切。

运用请柬邀约，在宴会邀请的各种形式中是一种比较严肃正规的方式。如果不能合理地运用请柬，也会弄巧成拙。

国庆期间，小唐准备与相恋已久的女友结婚。他计划邀请单位同事以及一些朋友来参加婚礼。印发请柬时，未婚妻问他："你们办公室曹主任跟她先生是发一张还是发两张请柬啊？"

"发一张吧，两口子发两张干吗？"小唐头也没抬地说。

小唐的喜宴设在梨园大酒店。当天是个好日子，在梨园设喜宴的有三家，所以三家说好持请柬入宴，免得各家的客人搞混了。曹主任夫妻两人原本是一起到的，但她先生由于找车位费了点时间，曹主任就事先入场了。等到她先生停好车打算进宴会厅时却被接待拦住了，接待说："这位先生，今天我们这层被包下了，办喜宴，如果您想用餐请到其他楼层。"

曹主任的先生说："哦，我知道，我也是来赴宴的。"

"啊呀！不好意思啊，请问您是到哪家？可否出示您的请帖？顺便在这边签个到。"接待道歉地说。

"请帖我太太拿着的，她应该先进去了，我们是来参加她同事小唐的婚礼的。"曹主任的先生说。

"对不起，我们今天这边三家办喜宴，有两家姓周，所以，我也不知道您入哪个厅……"

最后，实在没有办法，曹主任的先生只能打电话将曹主任叫出来才得以入厅，不过当时他的脸色很不好看。

前来赴宴被拒之门外的滋味肯定不好受。再看曹主任，也是一脸的不悦，嘴里还直嘀咕："既然是持请柬入席，干吗不发两张啊！"

曹主任是小唐所在单位的领导，宴请的第一步就令领导不开心。事后，小唐十分后悔，还专门为此事而登门向曹主任道歉。

发放请柬要考虑周全，该发给谁，该发几张，都要想明白，绝不能掉以轻心。如果小唐事先知道有两家与他在同一时间、同一地点举办喜宴，那他应该会考虑到专门安排人在门口接待并引入宴会厅；如果小唐事先知道曹主任和她先生先后入席，那他就会送发两张请柬(国际上的通常做法，如邀请夫妇两人，可合发一张请柬。我国国内有些场所需凭请柬入门，所以要夫妇两人各发一张)；如果曹主任知道持请柬入席，也应会等丈夫一起入席。

小唐使用请柬过于草率，没有顾及到夫妻两人共用一张请柬带来的意外麻烦，事先也没有设计好应对的方法，也只能承受得罪人的后果了。而故事中的曹主任这顿饭绝不会吃得那般舒心，而小唐也觉得很没面子。

所以说，无论是设宴请客还是应邀赴宴，走好饭局第一步十分重要。不要小看一个小小的请柬，把握不好连客人都请不来。因此，你应该熟练掌握请柬的使用方法。

请柬的内容包括活动的主题、形式、时间、地点、主办单位的名称或主人的姓名等。外文请柬通常还打上受邀人的姓名、称呼。中文请柬则习惯把邀请人的姓名、职位写在信封上。请柬行文不用标点符号，其中的人名、单位名、节日名皆用全称。请柬可印制，也可手写。手写时应字迹清晰美观。

请柬书写要注意四点：

（1）文字要美观，用词要谦恭，要充分表现出邀请者的热情与诚意。

（2）语言要精练、准确，凡涉及时间、地点、人名等一些关键性词语，一定要核准、查实。

（3）语言要得体、庄重。

（4）在纸质、款式和装帧设计上，要注意艺术性，做到美观、大方。

请柬应至少提前一周发出，以便被邀请人及时安排，太晚了会使人感到措手不及，也显得不礼貌。已经口头约好的也以补送请柬备忘为好，可在请柬右上角注明“备忘”字样。如需了解对方能否出席，可在请柬左下角注明“请答复”；如仅要求不能出席者给予答复，则可注上“不能出席者请答复”，并注明举办方的联系电话。另外，也可以在请柬发出后打电话询问对方是否出席。如果是事先安排好座次的宴请，可在请柬左下角注明席次号，以方便来宾顺利就座。

俗话说：“好的开头是成功的一半。”请柬运用得当，将客人顺利邀请到宴席，这个饭局就成功了一半。如果开头一步就错了，很难继续走下去。

宴请领导，不可失“敬”

邀请领导吃饭，一定要找一个合适的机会和恰当的理由，这是宴请领导的关键。

不论是职场还是官场，领导始终是影响你前途的重要人物。领导之所以成为领导，是因为他具有一定的战略眼光，作为普通员工必须听从他的安排。

宴请领导与宴请一般朋友不同，若是普通朋友一起吃饭，可以随意些；但请领导赴宴绝不能有丝毫马虎。否则，宴请不当，往往会适得其反，给领导留下不好的印象，甚至还会导致自己日后升职无望。

慎重邀请领导吃饭。身为下属，邀请领导吃饭要慎重，即使与领导之间有深厚的交情，也不可大意。如陈胜、吴广反秦起义初步胜利后，陈胜在耕田时的一帮朋友去找陈胜吃饭。因为陈胜曾经说过“苟富贵，无相忘”，所以其中一个人老是叫陈胜的小名，陈胜后来竟找了个理由把他杀了。

宴请领导的目的不外乎两种：一种是表示庆贺。如工作上取得成绩，或者晋升、涨工资等。另一种是请求帮忙。既然是有求于人，在礼仪上就更应该予以重视。而在餐桌上表现自己最恰当的方法，莫过于优雅的举止谈吐。按照这样的思路，运用类似的方式来获得领导的信任，在工作中，领导才会更有信心把任务交给你去做。

俗话说“吃人嘴软，拿人手短”，这个观点在物质贫乏的时代还可以说得过去。如今人们的物质生活水平提高了，做领导的物质生活都比较富裕，除非是为了业务，否则根本不会为了吃饭而吃饭。因此，身为下属，邀请领导吃饭要慎重对待。

1. 选择合适的时机

请领导吃饭，首先你要选择合适的时机，如很重要的工作告一段落，最好是大功告成，任务圆满完成半个月之内，或者你刚得到提升，或者你想给领导一个很重要的建议，或者你想引起领导重视时，可宴请领导。

如果你与领导关系比较密切，比如你们是同学或邻居，那么你可随时请他，他也可随时请你。

请领导的时机把握不好，不仅领导请不来，自己还碰一鼻子灰，以后再请就难了。

2. 找个恰当的理由

邀请领导赴宴，找准了合适的机会，还要必须找个合适的理由，否则领导也是请不来的，这场局也进行不下去。所以必须在尊敬领导的前提下，寻找最合适的理由对领导发出邀请。

林鹏来公司有三个月了，刚从大学的校门走出来，虽然经验不足，但是他工作很用心。可他总感觉领导不太重视自己，分配给自己的都是些跑腿打杂的事。

一天，他跟同事闲聊，意外得知经理觉得他有些木讷，所以想让他多做些基础的工作。林鹏初入职场，对纷繁的人际关系一无所知。但他见同事总找理由请经理吃饭，经理时不时欣然前往，总算是明白过来了。

过了几天，下班后，同事们陆续走了。林鹏在打印文件，这时经理进来了。

“小林，帮我把这份文件复印一份，我明天见客户要用。”经理说完就回办公室了。

林鹏把文件交给经理后，经理顺口问：“小林啊，工作还适应不？平常要勤问，不懂的多问问前辈，要提高效率。”

林鹏说：“经理，我正有事要请教您呢！我知道您是咱们这行的专家，经验丰富，希望可以获得您的指导。不过，今天太晚了，要不咱们边吃边聊？经理可一定得赏脸啊，让我做回东。我知道经理是湖北人，对街正好有个不错的湖北菜馆，听说那里的武昌鱼做得很不错！”

经理说：“行，咱们现在就去。”

那天晚上林鹏与经理谈得很开心，从工作内容聊到大学生活……

以后的日子里，林鹏的工作表现越来越好，经理也越来越赏识他，交给他任务也特别放心。

在这个案例中，林鹏邀请经理时不但机会选得好，理由也找得好，因此经理就很自然地接受了，林鹏也达到了与经理拉近关系的目的。因此，找一个合适的机会和恰当的理由，是宴请领导的关键点。

另外，宴请领导还要掌握几个基本原则。

第一，礼节和尊敬再多都不为过。宴请领导，你时刻要牢记的就是一个“敬”字。大部分领导年长于我们，如果上下级的礼数掌握不好，那就按长幼的礼数来。

第二，如果你平时不会花言巧语，学不会别人的圆滑，那你就实在一点儿，以免弄巧成拙。当然，不是说实在到不会说话，而是不要刻意组织华丽的语言。

第三，很多事情，不要说起来没完。你对领导有所求，领导心里有数，没必要翻来覆去地说，说多了就招人烦了。

第四，先打听一下领导爱吃的东西，点菜时就没必要问来问去了。领导爱吃的，不需多点他就满意；反之，点一大堆，没有他中意的，一样白费劲。

第五，宴请领导一定要量力而行，务必从实际需要和实际能力出发，切不可虚荣、铺张、打肿脸充胖子，这样领导才领你的情，而不怀疑是“鸿门宴”，从而拒绝你的邀请。

请客户吃饭，“诚”字为首

生意人必须对客户抱着一颗真诚的心，诚恳对待客户，只有这样，客户才会把你当做朋友。

做生意的人常常强调“客户是上帝”，所以都想搞好与客户之间的关系。既然如此，宴请是免不了的。成功的商业人士善于记录客户的资料，研究重要客户的各方面资料，分析其喜好。邀请客户吃饭应注意，要真诚对待不同类型的客户。

“诚”就是“真诚”，真心实意，坦诚相待，以用心感动客户而最终获得客户的信任，令客户欢欣而来、满意而归。

小杨年纪轻轻就很有经商天赋，年仅23岁的他做起了东方木材厂总经理。经过一年多的苦心经营，小杨赚到了他有生以来的第一桶金——100万元。

他接手木材厂后，没有去做零星的家居装饰用材，而是瞄准木材经营的高端市场，主要为四、五星级酒店，以及高级会所、高尔夫球场等场所提供装饰用材。为了能结识高端四、五星级酒店等客户，他每天要花掉3000元请客户吃饭，久而久之，他养成了一个习惯，每天不花掉3000元请客户吃饭，他就睡不着觉。

在谈到自己的成功秘诀时，小杨很平淡地说：“我没有什么秘诀，我只是喜欢结交客户，请客户吃饭，并把每一个客户都看做自己的朋友。”小杨边说边拿出几本厚厚的资料，里面全是关于客户的信息：从客户姓名、家乡到客户的性格、爱好，面面俱到。因此，他每次宴请客户，客户都会欣然赴宴。

他奉行“先交朋友、后做生意”的原则，用热情、真诚打动了许多客户，许多四、五星级酒店的高级经理都成了他的朋友。这也是他赚到第一桶金的真正原因。

在商业时代，谁能够取得客户的信任，谁就是赢家。可以说，小杨的成功归结于他懂得结交客户，如果再说得明白一点，就是他懂得请客户吃饭。总的来说，请客户吃饭分两步走。

1. 明确目的和对象

凡事都有目的或者动机，请客户吃饭也不例外。对生意人来讲，请客的目的无非有两个方面：一是有即时的商业目的；另一个方面是出于巩固或者增进感情的需要。

只有明确了请客目的，那么接下来要请谁、怎么请、请什么规格、请在什么地方、控制在什么费用水平、要达到什么效果等，这一切问题自然就迎刃而解了。

比如你要获取客户的重要决策信息，或者想知道客户是否接受自己的合作方案。那么，接下来你要请的不是客户，而应是客户手下的某个得力助手。如果你要做进大卖场，那么你要请的是商品部经理，而不是卖场的总经理或老板。

如果要增进感情，你则要把请客的对象着眼于客户本人，以及他的家人，只要客户家人和你建立了密切的关系，就不愁客户本人跟你的关系会不好。

小黄在一家公司做业务员，他在上海长驻了两年，一直没有和客户在一起好好吃过一顿饭。因为客户经营有好几个公司，每天都是东奔西跑，异常繁忙。但是小黄发现这个刘老板即使每天再忙，都会找时间给自己在读高中的儿子打个电话。小黄找到了突破口，鉴于刘老板的小孩热衷于学英语，每周找出一天的时间请他的小孩赴宴，宴席上小黄请几位外国朋友作陪。席间孩子与外国朋友用英语交流，不仅孩子的英语成绩提高了，刘老板也从此对这个其貌不扬的小黄“刮目相看”。

小黄在得知请客户不太现实的情况下，选择了请客户的亲人。小黄虽然没有直接请刘老板赴宴，但是刘老板的儿子在宴会中英语得到了提高，这正是刘老板关心的一大问题。小黄很自然地拉近了与刘老板的关系。

明确请客户的目的和对象后，要选择合适的邀请方式。

2. 选择合适的邀请方式

一般邀请客户参加宴会的方式有以下几种：

（1）电话邀请

电话邀请非常便捷，是一种十分普遍的邀请方式。借助于电话通知客户宴请的原因、时间、地点，甚至其他赴宴人的基本情况，以让客户感到这是一个交朋友、扩大商业圈的好机会，从而欢欣赴宴。

（2）请柬邀请

一般情况下，请柬以印刷为佳，样式宜大方、典雅。邀请外宾参加的小型宴会，请柬可用打字或手写。请柬中应该说明宴会的时间、地点、主人姓名、宴会时间及内容安排；如果是较正式的宴会，那么还应注明赴宴的服装要求；如果是庆祝宴会或者是为了某种目的而举行的，也可以写明。请柬宜于宴会举行前一周发出，如果是隆重的宴会，则应该更早一些发出请柬；中式请柬应该附上回单，西式请柬最好加注“请赐回音”或者“不能赴宴者请回音”等字样。

（3）登门邀请

运用登门邀请这种方式，表示客户与公司或者公司业务人员已经有了一定的交情，否则客户就不会把自己的住址等个人信息告知宴会主办方了。一般情况是公司的业务员顺路或者专程给自己服务的客户上门发出邀请，同时送点小礼物给客户，以让客户感觉到超值享受，更有一种被重视的欣喜感觉，从而愿意前来赴宴。

（4）信件邀请

有时候，一些公司会采用通过向客户传真发出邀请函的方式邀请其赴宴。邀请函内容一般都比较简单，但措辞要讲究，既要体现出诚恳，又不能让对方感到为难。而收到邀请的人无论应邀与否，都要及时回复，以免耽误了邀请者的宴前准备。

随着时代的进步、科技的发展，现在有些公司也逐渐采用了MSN、QQ、电子信箱等网络工具发送电子邮件。这种方式便捷、简单，为合作关系紧密的公司彼此相互宴请或沟通提供了便捷的途径。在一般情况下，发出电子请柬之前最好电话通知一声，发出后最好再确认一下对方是否收到，以免出现对方没有收到请柬的尴尬情况。

不管是采取哪种方式，邀请客户时最重要的是要有礼貌并体现出诚意，这样你的邀约才不会被拒绝，客户欣然赴宴，你的商机也随之而来。

请同事吃饭，“利”字为先

同事既是你的同盟，也是你的竞争对手，请同事赴宴要围绕“利”字转。

英国前首相丘吉尔曾有这样一句名言：“没有永远的朋友，也没有永远的敌人，只有永远的利益。”用这句话概括同事间的关系再恰当不过了。同事之间永远绕不开“利益”二字。一个人在单位里，同事既是你的同盟，也是你的竞争对手，因为大家都站在同样的起跑线上，谁能得到领导的赏识获得晋升，就要看自己的表现。有句俗话：同行是冤家，同事是对头。平时大家在一起谈天说地，看起来关系很好，可实际上也有一种看不见的竞争与矛盾。

如果同事之间关系融洽、和谐，人们就会感到心情愉快，有利于工作的顺利进行，从而促进事业的发展；反之，同事关系紧张，相互拆台，经常发生摩擦，就会影响正常的工作和生活，阻碍事业的正常发展。

表面上，同事天天在一起工作，心平气和相安无事，实际上内心在各自打着自己的算盘。如何与同事相处是一门艺术，如何请同事吃饭也是一门艺术。一般邀请同事进餐比较随意，不必过于正式，开开玩笑，聊聊家常，哪怕是打打闹闹，都是可以的。但是也应严格区分聚餐的不同形式或者场合，在一些正式的宴会或比较正式的场合，同事聚会时也应注意形象与礼仪，不可失礼于人。

大学毕业，小王和小赵进了同一家公司。初到公司，小王不敢怠慢，除了正常上班之外，小王还要求加班，希望在短时间内熟悉公司的业务，做出自己的成绩。

小赵与小王不同，他进公司做的第一件事情是向每个同事介绍自己，平时还经常向同事请教问题。有些事明明简单，但他依然先去请教，然后再做。这样，小赵很快被大家认识了。

第一个月的工资刚发，小赵说：“我刚参加工作，没什么经验，这段时间多亏大家的指点，让我学会了许多。为感谢大家的帮忙，我想请大家吃顿饭，希望大家赏脸。”同事本来对小赵印象不错，再听他如此诚恳就欣然答应了。

饭桌上，大家开怀畅饮，小赵不停地给同事敬酒，大家也纷纷夸小赵年轻有为，前途不可估量。

三个月试用期很快就到了，虽然小王和小赵都留了下来，但小赵的考核评分比小王的多很多。小赵拍拍小王的肩膀说：“哥们儿，看到没有？这就是人际关系效应。”转正之后，小赵就更加客气了，隔三差五请同事吃饭。

两年下来，小赵顺利升了职，当了主管。而小王很少与同事打交道，同事们都疏远他。他觉得工作越来越没意思。

小赵之所以能够步步高升，主要原因是请客吃饭。他通过请客在同事心中树立自己的良好形象，进而建立自己在公司的人脉。人脉好，升职好运自然就降临到小赵头上了。

可见，同事关系在人们的日常工作和生活中变得越来越重要。很多公司都有了不成文的习俗：升迁者要请其他同事吃饭。身在这样的大环境中，你也应当入乡随俗，不然就会显得过于小气。

另外，宴请同事时要注意：第一，量入为出。第二，注意身份。如果身份级别不高，不要动辄邀请同事去高级餐厅，否则可能会被认为过于招摇，反而引起同事们的反感。

邀请同事吃饭的方式有很多，一般有以下几种：

1. 直接提出邀请

你可以直接提出邀请，说出自己的目的。例如："喂，李阳吗？我和小于他们几个现在在想火锅店涮肉呢。刚刚下班没找到你，你赶紧过来吧！我们等你来啊！"

2. 先选好餐厅再邀请

你可以事先调查一下公司周围的环境，就近选择一家有特色的酒店，然后开始发出邀请。例如："刘姐，中午有空吗？一起吃饭好吧？我发现对面多了一家川菜馆，咱们走路5分钟就到了。中午咱们就犒劳犒劳自己呗……"

3. 借喜庆事邀请

你也可以借自己有什么喜庆作为"花"来献一下"佛"。例如："涛哥，今天双色球公布了，我中了三等奖！晚上下班了我请客，哥儿几个喝一杯去！"

4. 步步为营巧妙邀请

这是第二次邀请时采用的招数。例如："小董，怎么样啊？上次给你介绍的那家西餐厅不错吧？现在该承认我是寻找美食的专家了吧？最近我又发现了一家不错的法国餐厅，今天晚上下班我们一块儿去尝尝吧！"

虽然邀请同事吃饭的方式很多，但是忌讳也不少，比如席间话题的选择一定要把握"火候"。同事之间谈话，最好选择与工作无关的轻松话题，像与老朋友那样的调侃式的对话在同事聚会时要小心使用，不要无形中得罪了同事。席间也不要谈同事的隐私，即使是闲聊，如被心怀不轨的人听到，也很可能会被添油加醋地到处宣扬。因此，有关同事的隐私和秘密，不说为佳。

除此之外，同事之间聚餐时千万不可批评上司。有些人白天挨了上司的批评，心情很郁闷，到了晚上就约几个同事一起喝酒，然后对着同事发发牢骚，认为同事既然和自己喝酒了，就应是站在自己这一边的，于是借着酒劲对上司大肆批评起来。这种事情一定要避免。不论多么值得信赖的同事，当工作与友情无法兼顾的时候，朋友也可能会变成“敌人”。在同事面前批评上司，无疑是自丢把柄给别人，有一天身受其害都不自知。就算这位同事和自己是肝胆相照的挚友，不会做出出卖自己的事情，但也得小心“隔墙有耳”，不要图一时的口舌之快而坏了自己的前程。

请下属吃饭，以“情”为先

一个成功的上司应该时刻给予自己的下属以关怀，这样才会得到下属的拥护。

现代社会，上司要想做好自己的工作，必须有一帮忠心耿耿的下属。只有下属尽心尽力接受你的领导和安排，你的位子才能坐稳。因此，如果你想要当一个受下属拥护的好上司，就一定要善于笼络下属。你不仅仅要鼓励你的团队努力工作，还应在他们取得成绩时给予奖励。如果公司不能给他们提薪，你不妨自掏腰包请大家出去吃一顿午餐或晚餐。不要摆出一副施恩者的样子，要把你的下属想成跟你一样有价值、有智慧的人，他们只是目前的资历不如你，或者你们各自具有不同的优势。

小马在一家公司任部门经理。在小马的激励下，部门的员工都十分卖力。月底考核结束，小马的部门业绩是最好的。小马借跟老板谈话的机会，试探性地问老板能否给部门员工涨工资。结果，老板说：“现在生意难做，公司总的业绩还有待提高。”小马得知老板没有涨工资的意向，也十分烦恼，毕竟自己这个经理的位子是靠手下辛勤的员工支持的。小马手下的员工本来指望着拿了好业绩就涨工资，结果空欢喜一场。这段时间，手下的员工工作激情大不如前。小马心里很着急，就决定请部门员工吃顿饭。

一天，快下班时，他主动去跟每一位员工说："这段时间大家太辛苦了，听说楼下那家川菜馆很不错，晚上我们去放松一下。"领导请吃饭，不想去也得勉强答应。餐桌上，小马看得出来大家有些拘束，为了使气氛活跃起来，小马说："我先讲个笑话，让大家放松下，如果你们有更好的，也讲出来大家分享。"

"话说，一求职者去面试。经理问他：'有何特长？'求职者说：'手臂特长。'经理又问：'会些什么？'求职者说：'什么都不会。'经理再问：'那来干什么？'求职者说：'为了坐上你那位置。'经理很生气地吼道：'姓氏？'求职者说：'我不姓四，姓伍。'经理决定打发他走人，就说：'你缺乏超人的胆量。'求职者重重地打了经理一巴掌，大声说：'现在你认为呢？'"

故事没讲完，小马拿腔拿调的表情逗得大家都乐了，拘束的气氛顿时缓和了。小马最后借此向员工承诺，只要你们做好业绩，他会继续向老板争取加薪的。饭后，员工的疑虑打消了，又有了以往的工作热情。事实摆在面前，在小马的屡次争取下，年底，老板终于答应给该部门员工涨工资发奖金。

小马请下属，并没有高高在上地摆领导架子，他一开始就表现得很有亲和力。再加上小马席间幽默风趣的表现，使得宴会气氛最终活跃起来。他真诚的许诺也打动了每一位员工，重新点燃了员工的工作热情。

《孙子兵法》上说："攻心为上。"人心最难了解，也最难赢得。要想当好领导，唯有笼络下属。对下属诚恳、真挚，才能赢得他们的人心。

另外，还应注意，领导请下属吃饭，下属多少都会感到有些压力，餐桌上表现得很不自在，甚至出现冷场。这样，你请客的目的就泡汤了。

作为一个有心的领导，你必须洞悉下属的心理，了解下属赴宴时普遍存在的问题，这样才能有的放矢，避免下属食不下咽，感受不到你的良苦用心，从而导致无效沟通。

那么，下属被领导请吃饭时普遍存在什么问题呢？主要有以下几点。

1. 脸累

在单位，领导和下属的身份和地位是不同的。在下属看来，陪领导吃饭，就是看领导的脸色吃饭。领导的脸是一面旗，是总指挥。领导笑自己就得笑，领导不笑自己也得笑。如今，领导请吃饭，自己就更该感恩戴德、一路赔笑了，结果是下属强迫自己笑，常常是皮笑而肉不笑，最后肌肉也生生地笑痛了。

2. 眼苦

陪领导吃饭，下属必须眼观六路。既得盯着端上来的美味佳肴合不合领导胃口，领导脸上变幻复杂的表情是否影响自己的前程；又得盯着领导的酒杯有没有及时续上酒，领导的嘴巴会不会不小心被鱼刺扎痛了。一路下来，少有不眼角抽筋的。

3. 手抖

俗话说：“官大一级压死人。”体现在饭桌上，陪的领导官越大，下属的手越要发抖，手抖的程度与领导的级别成正比。由于不明白领导为何请自己吃饭，不知道是不是散伙饭，又或者是领导有什么不便在单位讲的东西要私下对自己讲的，所以下属大多会心里直打鼓，手也因为紧张而不停地颤抖。

一般来说，领导都是从下属做起的，或者也是别人的下属，应该明白：无缘无故请下属吃饭，下属心里总是不踏实的。所以领导向下属发出邀请的时候必须点明邀请的原因，比如“这段时间大家为了手上的项目天天加班，太辛苦了，今天我做东，犒劳犒劳大家。大家都不是铁人啊，还是该放松放松啊，明天再接着干”“今天我给大伙设了个庆功宴”……这样下属就明白领导的用意是激励和鼓舞，自然可以心无芥蒂去赴宴了。

不过，需要注意的是，领导也是食五谷杂粮的凡夫俗子，三杯酒下肚，很可能会管不住自己，比如不经思考给下级许下加薪之类的承诺。所以，酒不能喝得太多，要管得住自己。否则，假如下属是个不值得信任的人，第二天一定会搞得满城风雨，更可能让那些觊觎你位置的人有可乘之机。

总而言之，作为一名上司，领导着一帮下属，虽然掌握着别人的“生杀大权”，但你不是万能的，许多事你单打独斗是不行的，总有需要下属帮忙的时候。所以，请下级吃饭要以情动之，不断积累人脉，以备后用。

请异性吃饭，不得无“礼”

请异性吃饭，为避免尴尬的局面，你必须遵循一个“礼”字。

中国古代圣贤说：“男女授受不亲，礼也。”这句话指出了男女交往的原则，必须遵循一个“礼”字。当然，随着社会的发展，人们的思想观念也是不断变化的。我们正处在一个极为开放的时代，跟异性交往、请异性吃饭聊天是不可避免的事，也不必非要来个“授受不亲”。但是，毕竟男女有别，必须保持一定的礼节，尊重对方。

因此，在普通的社会交际中宴请异性，尤其是男性做东宴请女性时，应当落落大方、彬彬有礼，满足她们被尊敬、被重视的心理需要。不但暧昧绝对要不得，过于粗陋随便的言行举止也要杜绝。

刘浩与陈娟在一家公司工作。陈娟由于是新员工，对公司业务不太熟悉，而刘浩是公司的老员工，就热情帮助陈娟。渐渐地两人熟悉了，而刘浩对陈娟产生了好感，刘浩便想找机会约陈娟吃饭。一天，

下班后，刘浩跟陈娟一起出了公司门口，突然说：“陈娟我请你吃饭吧！”陈娟不好意思地说：“今天太晚了，等下次吧！”

过了一段时间，刘浩还是不死心，经常给陈娟打电话约她一起吃饭。陈娟每次总是找理由推辞掉。刘浩对此很是烦恼。陈娟见刘浩总找机会请自己吃饭，但心里并不喜欢刘浩。她只想跟刘浩维持普通的朋友关系，不想进一步发展。

“光棍节”那天，刘浩下定决心一定要请陈娟吃饭。下班后刘浩便紧跟在陈娟后面，说：“陈娟，我请你吃饭请了好多次，你都不去。这次你就给个面子吧！”陈娟就说今晚有事不能去。刘浩急了，以为陈娟觉得他不够诚意，伸手就拽陈娟往餐馆走。这下陈娟恼了，甩手就走。从此，两人相见像陌路人一样。

刘浩一厢情愿地请陈娟吃饭，最终却碰了一鼻子灰，不仅做不成情人，连普通朋友也做不成了。请异性吃饭，尤其是男性请女性吃饭，必须懂礼貌，绝不可以冒冒失失的。请异性吃饭，若过于热情，最终会适得其反。男性请女性吃饭，必须表现出绅士风度，对方不同意，绝对不可以生拉硬拽。作为一个文明的现代人，宴请异性朋友，尤其是男士宴请女士时，要特别注意礼仪。这不仅体现了你对对方的尊重，还体现了你的涵养。

如果是已经进入恋爱阶段的男女，请对方吃饭是最正常不过的事。有位作家曾这样说：“正常男女在一个正常年代谈一场正常的恋爱，很难绕过餐桌。”

在初恋阶段，一般是男孩主动请女孩吃饭。男孩邀请女孩吃饭，最好选择像麦当劳、肯德基这类大众化的快餐厅。因为刚开始双方对于对方的口味不是很了解，而快餐店卖的炸鸡、可乐和汉堡一般人都不会排斥，不失为上上之选。同时，这些快餐店经常会赠送一些精致的小礼物，如果想要女孩子欢心，买套餐搭送一个史奴比玩具狗，对方就能高兴好几天。

男士第一次正式请女性朋友吃饭，绝对不可大意，一定要选人多的、明亮的地方，这样女朋友才会有安全感，才会愿意接受你的第二次邀请。不过，如果女朋友对你本来有意的话，也不妨挑人少、灯光暗淡、周围都是情侣的餐厅，这样更可事半功倍。当然，要注意找一个角落的位置，这样可避开众人的目光，减少女性朋友的紧张心理。而且，你还要请她坐在背向门口的位置，如此她的视线便会以你为中心，同时你自己则可看到整个餐厅的情形，能够在平静的气氛中引导谈话内容。

如果是女性约会男性共餐，也要注意采取什么样的方式邀请，要具体问题具体分析，根据交际的目的、性质和对方的身份而定。学者、专家、企业老总等，大多业务繁多、工作繁忙，对他们最好提前预约，以便他们安排时间；对于时间充裕、工作便于调整的人提前预约当然更好，不过即使临时邀请，一般也能随请随到；对一些团体的重要人物，要公开邀请，甚至借助传播媒介，既能体现公正无私、光明磊落，避免对方太太误会，又利于引起关注，从而促进宣传、扩大影响；邀请自己的恋人则可悄悄进行，没必要大张旗鼓，以便于交往活动顺利进行。

假如是一般往来关系的人，招呼一下、打个电话、发条信息也就可以了。较重要的工作联系、业务关系、公关事务等，就必须采用相应的公文形式，如发书信、寄请柬等，或者派专人传达、亲自登门等，以体现对对方的重视与尊重。总之，邀请的方式要因人而异，因事而异。

遵守约定的时间，让对方在公共场合等 5 ~ 10 分钟还勉强可以接受，时间太长的话，就显得不尊重对方，是一种极其失礼的行为。这时候应用电话事先告知，以免影响对方的情绪，导致社交失败。女性约会已婚男性时，一定要选择尽可能公开的场合，以避免产生对双方不利的流言蜚语。

如果你的宴请被拒绝了怎么办

胜败乃兵家常事，宴请被拒绝并不可怕，关键是要有一个正确的态度，并掌握一些克服沮丧情绪的心理技巧。

古语说：“智者千虑，必有一失。”宴请客人时，即便你考虑得再周到，也总有百密一疏的时候，可能想不到客人会因此拒绝赴宴。

被拒绝当然是一件令人沮丧的事情，尤其对于商务人士来说，它往往意味着为成交而进行的大量前期准备工作和说服工作付诸东流，功亏一篑。一些人经受不住屡遭拒绝的打击，最终放弃了宴请。

小苏是广东人，因为哥哥在海南，后来就打算去海南工作。刚到海南，人生地不熟，找工作很吃力。不久小苏通过哥哥好朋友的关系来到一个五星级酒店的夜总会工作，哥哥的好朋友就是小苏的顶头上司。小苏刚来处处小心，工作也十分卖力。一个月后，他总觉得应该请上司吃饭，毕竟自己是靠关系进来的。

一天，快下班的时候，小苏就跟上司说：“这段时间多亏你的照应，我不请你吃个饭觉得心里愧疚。”上司说：“你不用这么客气，做好工作就可以了，有什么事就找我。”下班后，小苏跟上司打了个招呼，很尴尬地走了。

小苏请客被拒绝，心里很苦恼，究竟上司为何要拒绝自己呢？小苏心里想不明白。

从上述案例中可以看出，小苏的请客理由过于直接是造成上司拒绝他的主要原因。小苏本是靠关系进来的，请上司吃饭最好不要强调关系，而是找个工作上的理由。小苏可以这样说：“李主管，我刚来，对工作不是很熟悉，有些工作上的问题想向您请教。我知道您上班的时候很忙，不敢打扰，不如我们下班后找个地方边吃边聊，怎么样？”

主管听到这番话就很容易接受小苏的邀请了。

人们常说："吃一堑，长一智。"宴请被拒绝并不可怕，也不必因此烦恼，关键是要有一个正确的态度，并掌握一些克服沮丧情绪的心理技巧。

1. 正视拒绝

正视拒绝，首先要对宴请成功抱有信心，同时，也要做好被拒绝的准备。人们常说："抱最大的希望，做最坏的打算。"即使被拒绝也能泰然处之，妥善处理。不要把失败看成是失败，而把它看成是一次学习的机会，一次表现幽默感的机会，一次实践和提升素质的机会。相信自己，一定能打动对方。

2. 礼貌离开

如果对方拒绝了你的邀请，他也许不是在排斥你。也许他想与你相处，只不过不喜欢你提议的活动，或者确实已经有了约会。如果这样的话，他通常会解释清楚，你们可以重新安排。

如果对方拒绝了你的邀请，也不给任何解释，你可以提议换个时间或者活动项目。如果对方仍然拒绝，也没有任何解释，那就可以断定他对你不感兴趣。这时候千万不要向对方询问原因，因为你不会得到真实的回答，而且只会把局面闹得更僵。相反，你应该礼貌地离开，并且对他说"很遗憾你不能去"或者"很高兴认识你"；也可以把电话号码告诉他，让他方便的时候给你打电话。

2. 查找原因

如果宴请被拒绝，你不必烦恼，应该静下心来认真查找自己被拒绝的原因。具体来讲，就是向自己提出下述一些问题：

在宴请之前，我有明确的目的吗？

在宴请之前，我了解对方吗？

在邀请时，我有足够的诚意吗？

我宴请的理由（说法）充分吗？

对方拒绝的理由能驳倒吗？

我注意到对方有意赴宴的信号了吗？

我做最后的尝试了吗？

经过这样的反躬自省，可能就会找到问题的症结所在。只要仔细思考，找出问题出在什么地方，被拒绝的沮丧心理就会随即转变为跃跃欲试的潜在动力。

3. 要有诚意

所谓诚意，一般指诚恳的心意，使其意念发于精诚，不欺人，也不自欺。这是一种坚持、耐心、毅力，是一种百折不挠的精神。举个例子来说，某个客户很难请出来，那就不停地邀请。每次出差到了客户所在地，都第一个电话打给他：“×总，今天我又来出差了。上次您正好有事，今天方便吗？大家一起聚聚？”如果遭到婉拒，你再着手安排别的事情。一年里你去出了十趟差，有多少人忍心拒绝十几次诚意的邀请？

如果邀请单独的客户，建议让他带上家人，来不来是他的事，但是至少你的诚意到了。

4. 理由恰当

宴请的理由，更为重要的是一种说法。我们知道，往往同一件事情有不同的说法，请客吃饭也不例外。比如，你若邀请“齐总”吃饭，就有多种“奇妙”的说法：

齐总，昨天朋友从国外旅行回来，送我一瓶洋酒和一些外国名产，我想请您来尝尝……

齐总，上次听说您到我们这儿出差，时间忙也来不及到我们公司看看，这次无论如何得让我尽上地主之谊……

齐总，今天实在感谢您对我们公司产品的指教，晚上我来做东……

齐总，听说这儿新开了家海鲜店不错，我自己去吃不能报销，您就牺牲一次，让我沾回光吧……

齐总，我刚预订了王朝酒家的一个海鲜浓汤，按规定要煲三天。您三天后有时间吗？无论如何给个面子……

俗话说：“胜败乃兵家常事。”只要你尽力了，宴请遭到拒绝也不必灰心丧气，毕竟决定权在客人那里。

第四章

宴前功课要做足，好形象价值百万

一个人的外表是给别人的第一印象，而超过九成的人会以第一印象来评断他人。因此，良好的形象在饭局中是至关重要的。在某些时候，形象的好坏往往决定了整个饭局的成败。这就要求你在赴宴前应把形象的准备工作做好。出门前要详细检查仪容仪表是否清洁、着装是否得体、发型是否合适等。一旦发现不妥之处及时修正，以免在宴会上使自己陷入尴尬的境地。

商务饭局，男士穿衣不可随便

关注着装细节，做一个西装达人，你才能在商务饭局中游刃有余。

俗话说："人配衣服马配鞍。"商务饭局上，一个人如果着装有问题，不仅自己尴尬，还会引起别人的侧目，导致社交障碍。着装问题主要体现为不符合年龄特点、不合体、与当时的社交场合不相宜、搭配错误等问题。

公然违背着装规则会被视为对权威的挑战。如果男士在商务应酬中敞着衬衫领口，穿运动夹克衫，给人留下的印象可能都是："这个人对工作不严肃。"

有一个让人深思的故事：一位日本商人来中国跟某丝绸公司洽谈业务，眼看双方就要签订协议了。中方很高兴地请日本商人去酒店进餐。宴会结束后，日商居然立刻走了，生意也泡汤了。中方负责人十分不解，千方百计托人打听，竟然是因为当天饭局上一位男士的衬衣衣领比较脏。日商振振有词地说：一则穿脏衣服表示不尊重客人，仪表都不注意，说明没有诚意；二则中方是一个丝绸公司，此类事件对专业形象实在是一大损害；三则若男士是无意，至少说明公司作风不严谨。

可见，在饭局上给人留下一个好的仪表形象是多么重要。

"西装革履"常用来形容文质彬彬的绅士。西装的主要特点是外观挺括、线条流畅、穿着舒适。若配上领带或领结后，则更显得庄重高雅。

美国行为学家迈克尔·阿盖尔做过实验：当他以不同的仪表装扮出现在同一个地点，得到的反馈是不同的。当他身着西装以绅士的面孔出现时，无论是向他问路还是打听事情的陌生人都彬彬有礼，显得颇有素养；而当他装扮成流浪者模样时，向他来借火或借钱的人以无业游民居多。

当然，这并不是鼓励人们在商务应酬中以貌取人，而是想说明商务应酬中仪表表达出的意义胜过语言，完全可以透露出一个人的灵魂和内在气质，决定你是否能获得别人的好感。

尽管如此，在商务应酬时，许多人还是会因为西装穿着上的失误，严重破坏自己的形象。因此，商务饭局穿西装要十分谨慎。

1. 西装大小合适

商务应酬时，如果你穿的西装大了一号，很容易暴露出一种“小人穿大衣”的滑稽感。在选择西装的尺寸时，第一要点是合肩、笔挺合身。长度是把双手垂下，衣长刚好到臀部下缘为宜；或差不多到手自然下垂后食指的第二关节处，袖长刚好到手掌虎口；或服摆与拇指处齐平，过长或过短都不对。总之，西装给人的视觉印象应为西装上衣与西裤呈 1∶1 的比例，这才是完美比例。

2. 颜色、花色考究

有些人喜欢追逐时尚潮流，为了显示自己的时尚品位，穿一些色彩鲜艳或发光发亮的西装前去参加商务应酬，反而遭人鄙夷。这是因为他们不知道西装穿着时的颜色搭配讲究“三色原则”和“三一定律”。“三色原则”是指男士穿西装时全身颜色必须限制在三种以内；“三一定律”是男士穿西装时必须保证全身三个部位的色彩协调统一，即鞋子、腰带、公文包的颜色必须统一。

3. 扣子不要都扣上

商务应酬时，穿西装出席是一种稳重、职业的表现，主要目的不是为了御寒。如果把西装的扣子通通扣上，这是极其失礼的行为，必定会在客户心中留下不懂礼仪的坏印象。一般来说，穿西装时，单排单颗扣时，可扣可不扣；双颗扣时则可以全扣；三颗扣以上，宜保留最下一颗不扣；但双排扣时，则一定要扣。

4. 领带与西装要搭配

领带是男士打扮的焦点，通过它能展现穿戴者的个性。不同的领带配同一件衬衫，能产生不同的视觉效果。领带的颜色应根据衬衫来挑选，通常最易搭配的是红色、蓝色或以黄色为主的花色领带。在非正式场合，穿西装可以不系领带，但衬衫的第一个扣子一定要解开。领带多长合适？一般稍长于裤子的腰带即可。领带夹在过去是西装的重要饰品，现在国外已很少使用，如要固定领带，可将其第二层放入领带后面的标牌内。

5. 衬衫要整洁

穿西装时，不仅要注重外在的西装美，也要注意内在的衬衫美。许多男士认为穿在外套内的衬衫就算有些小污点、磨了边，也不至于影响体面的外观，但这容易给人一种不修边幅的感觉，特别是领口的磨损更是明显。一般来说，衬衫袖长超过西装袖长约 0.5 ~1 厘米为美观与礼貌。此外，穿西装不能搭配短袖衬衫。

6. 用好西装的口袋

西装的口袋，装饰作用多于实用价值。所以不能让口袋显得鼓鼓囊囊，使西装整体外观走样。不同位置的口袋，功能也不太一样。具体来说：

上衣左侧外胸袋：除可以插入一块用以装饰的真丝手帕外，不应再放其他任何东西，尤其不应当别钢笔、挂眼镜。

上衣内侧胸袋：可用来别钢笔、放钱夹或名片，但不要放过大过厚的东西或无用之物。

上衣外侧下方的两只口袋：原则上以不放任何东西为佳。

西装背心上的口袋：多具装饰功能，除可放置怀表外，不宜再放别的东西。

在西装的裤子上，两只侧面的口袋只能放纸巾、钥匙包。后侧的两只口袋，应不放任何东西。

7. 鞋袜要搭配

商务应酬时，如果西装革履的你伸出了一双白色运动袜搭配运动鞋或是黑色皮鞋的脚，你在客户心目中的形象必将急剧下降。一般来说，穿西装时，应穿黑色、灰色等深色袜子搭配黑色皮鞋。

看似小小的西装穿着细节，却大大影响着你商务饭局的成败。从现在开始，关注这些细节，做一个西装达人，你才能在商务饭局中稳操胜券。

合适的套裙才能展现女性的气质

在宴会上，女士们应注意套裙的穿着细节以简洁大方为主，着重突出女性的端庄之美，用服装给他人一种专业、可信赖的印象，才利于宴会的进行。

在正式宴会上，男士一般穿西装，女士则宜穿西装套裙。套裙把潇洒、刚健的西装上衣和柔美、雅致的裙子结合在一起，刚柔并济、相得益彰，很好地表现了女性端庄、典雅、高贵的气质。

但是，如果你不注重穿着套裙的礼仪，而一味地追逐当前服装瘦小贴身的潮流，为自己选择一件小一号的套裙，紧贴着自己的身体曲线，以显出你身材的玲珑美感，反而容易成为商务应酬场上的大笑话。这时的你，在他人的眼中仿佛是一个可移动的“肉粽”，让人瞠目结舌。

杨小姐是某公司的总经理助理，平日里喜欢追赶潮流。她体态丰满，但喜欢穿紧窄的衣服，总是把自己穿得像个鼓鼓囊囊的肉粽一般。总经理多次旁敲侧击劝她衣服穿宽松一点，可杨小姐总是装聋作哑，依旧我行我素。鉴于她出色的工作能力，总经理也没有再追究下去。

一次，总经理让杨小姐代他前去接待一位重要的女客户。为此，总经理特别嘱咐杨小姐选一身合身的正式服装。杨小姐倒是挑选了一身白色的简单款套装穿上，可衣服穿在她身上明显小了一号，腰部被勒得死死的，反而衬托出丰满的胸部，还是一如既往的“肉粽”形象。总经理本想让杨小姐回去换一套衣服，可一看时间来不及了，只得作罢。

到了约定地点，女客户一看到杨小姐的打扮，眼里就闪过一丝惊讶的神色。在随后的谈话中，女客户总是顾左右而言他，明显带着轻视的神色。杨小姐怒火中烧，却又不便发作。

事后，总经理对杨小姐的着装大大批评了一番，责令她立即改正，否则就走人。杨小姐委屈不已，她不明白："我不就是穿得紧了一点儿吗？至于这么小题大做吗？"

可以说，杨小姐的委屈完全是自找的，她没有根据自己的身体条件来选择合适的衣服，让自己穿成了一个鼓鼓囊囊的“肉粽”，让人感觉缺乏品位。在严重损害自身形象的同时，也损害了公司的形象。商务应酬时，女士们如果不懂得套裙的着装礼仪，就必然落得杨小姐这样的下场。

一般来说，商务应酬时的套裙选择上，女士们应注意以下几个方面：

1. 尺寸要适合

女性职业装套裙在整体造型上的变化，主要表现在它的长短与宽窄两个方面。

商界女士的套裙曾被要求上衣不宜过长，下裙不宜过短。通常套裙之中，上衣最短可以齐腰，而裙子最长则可以达到小腿的中部。裙子下摆恰好到着装者小腿肚子上的最丰满处，乃是最为标准、最为理想的裙长。

以宽窄肥瘦而论，职业装套裙之中的上衣分为紧身式与松身式两种。一般认为，紧身式上衣显得较为传统，松身式上衣则看起来更加时髦一些。

上衣的袖长以恰恰盖住着装者的手腕为好。上衣或裙子均不可过于肥大或包身。

此外，套裙不宜过紧，以免有失庄重；也不宜过于宽松，以免有邋遢之嫌。

2. 不选劣质面料

女士在参加商务应酬时所穿的套裙，应该由高档面料缝制，最好是选用纯天然质地的面料，追求匀称、滑润、平整、光洁、丰厚、悬垂、柔软、挺括。要求面料不仅有弹性，手感也要好，而且应当不起毛、不起球、不起皱。上衣和裙子要选用同一质地、同一色彩的素色面料。

3. 色彩宜素净

套裙应当以冷色调为主，如藏青、炭黑、茶褐、紫红等一些凝重的色彩为佳，借以体现出着装者的典雅、端庄与稳重。一套套裙的全部色彩最好不要超过两种，以免产生杂乱之感。在选择套裙的颜色时，女士应注意契合自身的条件。如果你体型偏胖，最好是选择深色套裙；如果你体型偏瘦，则应选择浅色套裙。

4. 穿着要到位

商界女士在正式场合穿职业装套裙时，上衣的衣扣必须全部系上。不要将其部分或全部解开，更不要当着别人的面随便将上衣脱下。上衣的领子要完全翻好，有袋的盖子要拉出来盖住衣袋。不要将上衣披在身上，或者搭在身上。

职业装裙子要穿得端端正正，上下对齐。应将衬衫下摆掖入衬裙裙腰与套裙裙腰之间，切不可将其掖入衬裙裙腰之内。

套裙需要考虑年龄、体型、气质、职业等特点。年纪较大或较胖的女性可穿一般职业装款式，颜色可略深些；肤色较深的人不适宜穿蓝、绿色或黑色。

5. 套裙鞋袜的选择

用来和套裙搭配的鞋子，应该是皮鞋，并且黑色的牛皮鞋最好。跟套裙色彩一致的皮鞋也可以选择。袜子，可以是尼龙丝袜或羊毛袜。但鲜红、明黄、艳绿、浅紫色的最好别穿。袜子可以有肉色、黑色、浅灰、浅棕等几种常规选择，最好是单色。

穿套裙的时候，有意识地注意一下鞋、袜、裙之间的颜色是否协调。鞋、裙的色彩必须深于或略同于袜子的色彩。如果一位女士在穿白色套裙、白色皮鞋时穿上一双黑袜子，就只会给人以长着一双“乌鸦腿”的感觉。不论是鞋子还是袜子，图案和装饰都不要过多。一些加了网眼、珠饰、吊带、链扣或印有时尚图案的鞋袜，只能给人肤浅、俗气的感觉。

在和套裙搭配穿着时，款式上也有讲究。鞋子应该是高跟、半高跟的船式皮鞋或盖式皮鞋。系带式皮鞋、丁字式皮鞋、皮靴、皮凉鞋等，都不适合采用。高统袜和连裤袜，是和套裙的标准搭配。中统袜、低统袜，绝对不要和套裙同时穿着。

另外，鞋袜应当大小相配套、完好无损。穿的时候不要随意乱穿，不能当众脱下。不要同时穿两双袜子，也不可将九分裤、健美裤等当成袜子穿。有些女士喜欢有空便脱下鞋子，或是处于半脱鞋状态。还有个别人经常将袜子撸下去一半，甚至当着外人的面脱去袜子，这些都是不礼貌的习惯。

国际上通常认为袜子是内衣的一部分，因此绝不可露出袜边。为避免这种尴尬，女士们要么穿长到大腿的长筒袜，要么索性不穿袜，绝不能穿那种半长不短的丝袜。

不要暴露袜口。暴露袜口，是公认的既缺乏服饰品位又失礼的表现。不仅穿套裙时应自觉避免这个情形的发生，穿开衩裙的时候就更要注意。

总之，正式宴会上，女士们若想给客人留下好形象，就要特别注意套裙的穿着细节，以简洁大方为主，着重突出女性的端庄之美，用服装给他人一种专业、可信赖的印象，才利于宴会的进行。

宴前化妆，“妆”出好气色

女性赴宴时，妆画得好能够赢得不少形象分，也有利于商务应酬活动的开展。

在赴宴之前，女士必须把自己打扮得整齐大方，这是属于礼节范围内的。男人赴宴比较简单，只要比平常多留意一下衣装即可。但女士赴宴前的化妆问题，就要多留心些。要求女性化妆并不是让女性在宴会上争奇斗艳，最起码也应该使自己的外表比平时更为美观一些，这也是社交上的一种礼貌，并不只是为了表现自己。

俗话说得好：“三分靠长相，七分靠打扮。”尤其是女人，最爱打扮自己，都希望给人留下好印象。化妆是女人打扮自己的重要手段，在正式宴会上，女性都是要化妆的。妆画得好，能够给女人赢得不少形象分。

天生丽质的人毕竟是少数，况且岁月不饶人。自然美给人以朴素、纯真的美感，而化妆则有锦上添花的作用。女人化妆，目的是给人以整洁、健康、漂亮的印象，虽然宴会上的女人年龄、行业各异，但都要注意根据自己的脸形、性格、气质等条件来选择适合的妆容。

脸部化妆一方面要突出面部五官最美的部分，使其更加美丽，另一方面要掩盖或矫正缺陷或不足的部分。经过化妆品修饰的美有两种：一种是趋于自然的美，一种是艳丽的美。前者是通过恰当的淡妆来实现的，它给人以大方、悦目、清新的感觉，最适合在家或平时上班时使用；后者是通过浓妆来实现的，它给人以庄重高贵的印象，可出现在晚宴、演出等特殊的社交场合。无论是淡妆还是浓妆，都要利用各种技术，恰当地使用化妆品，通过一定的艺术处理，才能达到美化形象的目的。

1. 根据脸形来化妆

不同的脸形有着不同的化妆方法。商务女士根据自己的脸形来选择适宜的妆容，才能为自己的形象加分。

一般来说，椭圆脸可谓公认的理想脸型，化妆时宜注意保持其自然形状，突出其可爱之处，不必通过化妆去改变脸型。胭脂，应涂在颊部颧骨的最高处，再向上向外揉化开去。唇膏，除嘴唇唇形有缺陷外，尽量按自然唇形涂抹。眉毛，可顺着眼睛的轮廓修成弧形，眉头应与内眼角齐，眉尾可稍长于外眼角。

正因为椭圆形脸是无需太多修饰的，所以化妆时一定要找出脸部最动人、最美丽的部位，而后突出之，以免给人平平淡淡、毫无特点的印象。

圆形脸往往给人以可爱、柔和之感，胭脂的涂抹可从颧骨起涂至下颌部，切不可简单地在颧骨凸出部位涂成圆形。上嘴唇可用唇膏涂成浅浅的弓形，但不能涂成圆形，否则有圆上加圆之感。可用暗色调粉底，沿额头靠近发际处起向下窄窄地涂抹，至颧骨部位下可加宽涂抹的面积，造成脸部亮度自颧骨以下逐步集中于鼻子、嘴唇附近部位。眉毛可修成自然的弧形，可做少许弯曲。

瘦削型的女人，脸型以丰润为好，瘦削的脸应该使用化妆技巧来弥补，这种脸型的女性使用明色系的化妆技巧，配合蓬松发型，丰腴整个脸庞。眼部画灰色眼线，再以掺有珍珠色的苔绿色鲜活眼影。将深褐色的眼影轻轻刷在眉毛上，成圆弧形。使用橘色系或粉红色系的口红给人以健康之感。从嘴角向唇山描出圆弧形。自眼角向颧骨描以明色的桃红色系。瘦削的脸型会给人不健康、老气的印象，故弥补时首要是使用深于肌肤原色的粉底，而眼底的黑眼圈处要用比肤色更明亮的粉底。

方形脸的女人在化妆时，要设法增加其柔和感。胭脂宜涂抹得与眼部平行，切忌涂在颧骨最突出处。可用暗色调粉底在颧骨最宽处造成阴影，令其方正感减弱。下颌部宜用大面积的暗色调粉底制造阴影，从而改变面部轮廓。唇膏可涂丰满一些，增加柔和感。眉毛宜修得稍宽一些，眉形可稍带弯曲，不宜有角。

长形又属鹅蛋形的脸庞，虽没有脸型上的困扰，但给人太温顺且不信任感。因此，长形脸化妆重点是明亮的脸庞，强调眉、眼、唇等表情部位，显现积极的印象。尤其是眉，要修饰工整。首先，修整眉毛，然后以深褐色的眼影烘托出整个眉形。再用灰色眉笔一根一根仔细画眉，显出眉山。使人缺乏信赖感的长形脸可加强眼、口的修饰。眉形是印象的重点，锐角粗浓的眉毛，加上眼尾的眼线和灰色眼影，表现成熟的韵味。

2. 妆容宜淡不宜浓

宴会是高雅正式的场合，化妆色彩最重要的是与衣服相配，一般来说，如果眼妆是蓝色系列的话，口红应用粉红色的；若用绿色或褐色系列的眼妆，则用橙色口红。日间化妆以淡雅为宜，夜间可稍浓艳。

俗话说："过犹不及。"妆不宜过度，否则会反客为主。色彩以亮丽色系为佳，眼影用棕色配以银紫或紫红色，唇彩可用鲜红和玫瑰红，为了不妨碍你享受美食，唇妆需格外费心，千万不要为了避免口红掉色而选择色素过重的唇膏，否则你的嘴唇会因色素沉淀而变黑。

3. 切忌当众化妆

在正式社交场合，女士在他人面前，尤其是在男士面前化妆是极其不礼貌的行为。当女士发现自己需要补妆时，应选择到化妆室或盥洗室进行。此外，尽量不要在人前有整理头发、整理衣服、照镜子等行为。

此外，正式社交场合中，人们不宜随便议论他人的妆容，也不宜借用他人的化妆品。

总之，在商务应酬的场合中，如果你的妆画得恰到好处，一定能为自己的商务形象大大加分，在你的贵人心目中留下美好的印象。更重要的是，能够促进彼此商业合作的顺利发展。

个性的“鸡窝头”要不得

要想在宴会中给对方留下好印象，就要用心打理自己的头发，避免个性突出的发型。

通常来讲，好印象是从头开始的。而头发生长于头顶，位于人体的“制高点”，所以更容易引起别人的注意。鉴于此，要想在宴会中给对方留下好印象，就要用心打理自己的头发，别让你的发型给对方留下“老土”或者“不修边幅”的印象。这就需要你平时注意打理好自己的头发，以便随时都能以端庄的形象出入宴会。

如果你在宴请客户时头发凌乱，顶着“鸡窝头”出场，甚至脏兮兮的，你在客户心目中的形象也会和你的头发一样惹人讨厌，客户哪里还会有与你合作的念头？

一个周五的晚上，几个好朋友为了给陆磊庆祝生日，特意拉着他到理发店烫了个时髦的“鸡窝头”，然后又拉着他去一家知名的摇滚酒吧吃喝玩乐。直到凌晨 4 点，这帮朋友才各自回家睡觉。

早上 8 点的时候，电话响了，是单位经理的电话。因为经理临时有事，让陆磊代他去和一个重要客户签合同，时间安排在上午 9 点。从陆磊家到客户那里至少要 40 分钟的路程，要是堵车的话就可能迟到。陆磊不敢怠慢，赶紧起床，拿起一套西装穿上就出了门。

果然，陆磊在去的路上遇上了堵车，还好他在最后几分钟顺利赶到了客户那里。一见到陆磊，客户的眼里闪过耐人寻味的神色，他先让陆磊坐下，就去了隔壁房间。过了一会儿，客户对陆磊说：“我看今天这个合同就暂时别签了，咱们以后再约时间，好吧？麻烦你跑了一趟，还请你先回去吧！”

陆磊觉得莫名其妙，却又不便深问，只得快快地回去了。随后，陆磊接到了经理的电话，问他搞什么鬼，顶着一个“鸡窝头”就去了。客户还以为他是个小混混，吓了一跳，合同的事情也就暂缓了。

陆磊的“鸡窝头”竟毁了一桩生意。由此可以看出，在商务应酬时，一个人的头发形象不仅体现着他个人的素质和修养，还代表着公司的形象和品位。整洁的头发才能赢得客户的信任和好感，而凌乱的头发注定是不讨人喜欢的。

一般来说，正式宴会中的人们要注意这样几个头发上的细节，才不至于失礼于人。

1. 干净整洁

如果你没有时间过多照顾你的头发，至少应保持它的干净整洁，一般两天清洗一次头发为宜（夏天可适当增加频率）。平时也应注意对头发的养护，使其具有自然光泽。

头发往往没有像面容那样受到人们的重视，但假如你在乎自己的形象，愿意改进自己的形象，就应该把头发作为重要的环节来考虑。一张再美的面孔，如果没有了头发的衬托，那就大大逊色了。

优美的背景能使最普通的画面增加美感。保持头发的干净整洁，头发松软黑亮有光泽，加上整齐梳理，才能烘托出光洁的面容，展现您良好的素养、气质。

头发不整洁，即使穿着再漂亮，面部清洁得再干净，仍会给人不洁的感觉。头发干净与否，是一个比服饰更重要的显示教养素质的环节。

2. 啫喱使用适量

首先把头发弄成半湿，塑造好发型之后再把啫喱水均匀地喷在头发上，再把头发风干定型就行了。

抹发胶或喷啫喱水宜适量，不宜太多。太多了，秀发看上去非但不飘逸亮泽，反而腻乎乎的。

如果啫喱水弄多了，可以用干纸巾覆在秀发上，用手轻拍纸巾，小心地把头发表面多余的发胶或啫喱吸掉。

3. 发型要干练得体

发型要大方、高雅、得体、干练，前发不要遮眼、遮脸为好。男士不留披肩长发，不剃光头，不留怪异发型。女士身材矮小者或身材丰满者适宜短发、盘发；身材瘦削者适宜波浪长发。

4. 发色与肤色匹配

一般来说，经常出席商务场合的人们不宜染发；如若染发，则要注意让发色和肤色保持协调。

与深棕色的搭配肤色：任何肤色，肤色白皙者尤佳。

与浅棕色的搭配肤色：白皙肤色、麦芽肤色、古铜肤色者均可。

与铜金色的搭配肤色：白皙或麦芽肤色，也很适合肤色微黑的女性。

与红色的搭配肤色：自然肤色或白皙肤色，非常适合肤色偏黄的亚洲女性。

切忌染过于夸张的黄色、蓝色、绿色等颜色，以免和办公室严肃的工作氛围不协调。

参加宴会时你的头发形象不可大意，出门前要对着镜子认真修理和检查，否则会引发“一颗鸡窝头，毁掉一桩生意”的后果。

商务宴会佩戴饰品要恰到好处

商务应酬时，女士们如果不想让自己的商务着装显得平庸乏味，可以适当选择一些饰品以达到“画龙点睛”的点缀效果。

在一个人的穿着打扮中，首饰处于画龙点睛的位置。有鉴于此，商务人员选用首饰务必三思而行，一定要认真遵守礼仪规范。首先是要符合身份，其次是要男女有别。从商务角度讲，首饰是女性的“专利品”，男性除了结婚戒指等极少数品种的首饰外，通常不宜在正式场合佩戴首饰。即便是白领丽人，上班时佩戴首饰也要注意遵守约定俗成的规矩，比如以少为佳，同质同色，风格划一。否则，搞得五花八门、异彩纷呈，会令人感到佩戴者粗俗不堪。

饰物与服装似乎是不能分开的，只要搭配得当，衬托出女性的美，就是一门艺术。

利用饰物的佩戴来烘托出魅力，要讲究一点技巧和方法。比如没有用饰物修饰的女人，就好像没有装潢的房子一样，虽然实用却无美感。但是即使装潢也有好坏之分，有高雅也有俗气，女人佩戴装饰品的效果也是同样的道理。

商务宴会上，女人的着装尽管要求端庄大方，但仍应以透露女人的柔美为原则，正如一个著名的公式所说的："三分姿色 + 一分化妆 + 二分服装 + 二分首饰 + 二分手袋 = 十全十美的女人。"由此可知，首饰虽小，但在打造一个美人的十分资本中却占据了二分。只要女人将饰品点缀得恰到好处，便可夺取二分，实在比那三分姿色要来得容易。

一般来说，全身的饰物最好不超过三件，否则会给人复杂或沉重的感觉。饰物搭配组合形式很多，正确的搭配能体现出佩戴者的品位、个性。佩戴饰物还应注意与周围环境相协调，起到互补的艺术效果。

但是，假如你不懂得饰品佩戴的原则，而是盲目跟风，或是单凭个人喜好，随意佩戴，那么在商务应酬时就可能因饰品失礼，而闹出"画虎不成反类犬"的笑话来，你在客户心目中的形象也会因此而大大减分。

王女士大学时代学的是英语专业。毕业后，她到一家公司任英文翻译，经常需要和经理去见客户。王女士本人对穿衣戴帽也很在行，她知道见什么样的客户该穿什么样的衣服。

一次，公司跟一个外商谈业务，业务眼看就谈妥了。中午的时候，经理在酒店宴请外商，庆祝合作愉快。王女士作为翻译跟经理一起赴宴。王女士特地选择了一件浅白色的碎花短旗袍，下面搭配了一双白色高跟皮鞋，中国情调十足。正好前段时间王女士过生日，好友赠送了一个夸张的骷髅头胸针，款式十分别致，王女士特别喜欢，这段时间天天都戴着。这次的旗袍打扮，王女士也没忘记别上这枚骷髅头胸针。

王女士和经理此次前去拜访的外商是英国人，他们刚一见面，王女士的衣着就引起了英国商人的注意。他刚想夸王女士会穿衣服时，却一眼看到了那枚夸张的骷髅头胸针，欲言又止，原本欣喜的神色顿时暗淡了下来。

在接下来的宴会上，那位英国商人情绪不高，多少显得有些敷衍。最后，双方未能达成协议。经理大为不解：原来还谈得好好的，英国商人兴趣很浓，怎么这次见面他的态度这么冷淡？

事后，经理从那位英国商人的中国翻译那儿得知，原来那位英国商人极其注重服装礼仪，那天王女士在极具中国风情的旗袍上点缀了那么夸张的一个骷髅头胸针，显得十分突兀，甚至有些不伦不类，十分碍眼，当时就让英国商人倒了胃口，失去了谈判的兴致。

王女士怎么也想不到，她的一枚胸针，毁了一桩生意。

商务应酬场上的女士们，谁都不会想让上文中王女士的遭遇在自己身上再现吧？

饰品之所以越来越引人注意，主要有两方面的原因：第一，它是一种无声的语言，可借以表达使用者的知识、阅历、教养和审美品位；第二，它是一种有意的暗示，可借以了解使用者的地位、身份、财富和婚恋现状。这两种功能，特别是第二种功能，是普通服装所难以替代的。

一般来说，女性商务人士在选用饰品时，讲究点到为止，不同种类的饰品尽量只选择一件，不可多用。比如，戒指一枚、项链一条、耳环一对、手表一块、手镯一个、胸针一枚等，全身上下的饰品最多不能超过三件。避免选用款式、色彩超时尚绚丽的那种，有失商务人士的稳重感。

饰品的搭配不要多，一两件精巧的装饰和点缀足矣，而多于三件则庸俗不堪。记住饰品只是点缀作用，用于调节着装，使之与自己所要展现的气质更为合拍。

1. 项链

项链要与脸型相搭配。

脸部清瘦且颈部细长的女性，戴单串短项链，脸部就不会显得太瘦，颈部也不会显得太长了。

脸圆而颈部粗短的女性，最好戴细长的项链，如果项链中间有一个显眼的大型吊坠，效果会更好。

椭圆形脸的女性最好戴中等长度的项链，这种项链在颈部形成椭圆形状，能够更好地烘托脸部的优美轮廓。颈部漂亮的女性可以戴一条有坠的短项链，突出颈部的美丽。

就项链的选择而言，价格并不是主要的因素，不管是什么样的款式，与年龄、肤色、服装的搭配协调才是主要的。一般来说，上了年纪的人以选择质地上乘、工艺精细的金、白金的项链为好；而青年人应选用质地颜色好、款式新的项链为佳，如骨制、珍珠制项链等。

2. 耳环

身材矮小的人，戴蝴蝶形、椭圆形、心形、圆珠形的耳环，显得娇小可爱。

方形脸适宜佩戴圆形或卷曲线条吊式耳环，可以缓和脸部的棱角。

圆形脸戴上“之”字形、叶片形的垂吊式耳环，在视觉上可以造成修长感，显得秀气。心形脸宜选择三角形、大圆形等纽扣式样的耳环。

戴眼镜的女性不宜戴大型悬吊式耳环，贴耳式耳环会令她们更加文雅漂亮。耳环与肤色的配合不容忽视。肤色较白的人，可选用颜色鲜艳一些的耳环。若肤色为古铜色，则可选用颜色较淡的耳环。如果肤色较黑，选戴银色耳环效果最佳。若肤色较黄，以古铜色或银色的耳环为好。

3. 手镯与手链

手镯与手链是一种套在手腕上的环形装饰品，它在一定程度上可以使女性纤细的手臂与手指显得更加美丽。

选戴手镯时应注意：如果只戴一个手镯，应戴在左手上；戴两个时，可每只手戴一个，也可都戴在左手上，这时不宜戴手表；戴三个时，应都戴在左手上，不可一手戴一个，另一手戴两个。手链一般只戴一条。

手镯与手链不是必要的装饰品，因此职业妇女在工作时无需佩戴，也最好不戴。出入写字楼的人戴手镯，很有点不伦不类，容易被人取笑。

4. 皮包

皮包是每一位职业女性在各种场合中都不可缺少的饰物，它既有装饰价值，又有实用价值。肩挂式皮包轻盈、便捷，为更多的女性所选用。平拿式皮包豪华、时尚，使用这种皮包能够充分体现出女性的职业、身份、社会地位及审美情趣。平提式皮包中的普通休闲式，适合一般外出使用，比较考究的皮质皮包多为职业女性使用。注意皮包的款式、颜色要与服装相配。

5. 戒指

戒指应与指形相搭配。

手指短小，应选用镶有单粒宝石的戒指，如橄榄形、梨形和椭圆形的戒指。指环不宜过宽，这样才能使手指看来较为修长。

手指纤细，宜配宽阔的戒指，如长方形的单粒宝石，会使玉指显得更加纤细圆润。

手指丰满且指甲较长，可选取用圆形、梨形及心形的宝石戒指，也可选用大胆创新的几何图形。

戒指也应与体形肤色相搭配。

身材苗条、皮肤细腻者，宜戴嵌有深色宝石、戒指圈较窄的戒指。

身材偏胖、皮肤偏黑者，宜戴嵌有透明度好的浅色宝石、戒指圈较宽的戒指。

总之，首饰之类终究不过是个点缀作用。佩戴得好了，可以提升自己的品味，不恰当了便显庸俗，最终的标准是精妙典雅。

别让“口臭”成为饭局杀手

在参加宴会时，要想保持良好的个人形象，很重要的一点是口腔不能有异味。

口腔异味俗称口臭，是现代社会社交中的“杀手”：不管你外表多么光鲜，如果一张嘴就伴随一股难闻的气味，一定会让你的光辉形象瞬间大打折扣；与恋人浪漫约会，即使你刷牙嚼口香糖，恋人也可能不愿与你甜蜜一吻……

在饭局上有口臭也是非常忌讳的。道理很简单，饭桌上一桌可口的饭菜，你一开口让客人觉得臭味扑鼻，客人还怎么有心情吃饭或谈业务呢？

饭局上，因口臭问题惹祸的人不在少数。因此，为了避免类似尴尬，参加饭局前，除了整装修容，检查口中是否有异味也该是门必修课。自测口气的方法非常简单，将左右两掌合拢并收成封闭的碗状，包住嘴部及鼻头处，然后向聚拢的双掌中呼一口气，就可闻到自己口中的气味了。千万记得不要让口臭成为你饭局的杀手。

刘恒在某公司做业务员，经常要直面客户。由于经常加班，作息不规律，饮食不正常，时间长了胃就出问题了，经常胀气、反酸。每次回家，妻子总是责问他：“你天天在外面都吃什么了呀，口气像氨水味一样，难闻死了。”

“不会吧，我就是胃有点不舒服，没有抽烟喝酒呀！”刘恒似乎没觉察到自己有口臭的问题。

过了几天，刘恒去见一位重要客户。这个客户这次为刘恒提供了一大笔业务，如果顺利做下来，刘恒能拿一笔丰厚的提成。为表示对客户的尊重，刘恒将业务谈判安排在一家高档酒店里。刘恒特地为客户准备了一场丰盛的晚宴。然而，客户到酒店后与刘恒交谈了不到一分钟就躲得远远的。刘恒丈二和尚摸不着头脑，跟客户谈业务，客户也爱理不理的。一桌子菜几乎没动，业务也没谈成，客户就走了。刘恒突然想起妻子的话，是不是自己有口臭？他在手心呵一口气一闻，可不是吗，一股臭化肥味儿，别提多难闻了！他这才明白原来是自己的“口臭”熏走了一笔生意。

刘恒因口臭问题丢掉了一笔生意。如果他再不注意这个问题，他的客户会越来越少，最后业绩肯定是一团糟的。

口腔异味原因很多，口腔内本来就有多种细菌，能够分解食物残渣中的淀粉类物质和蛋白类物质，产生酸腐味或其他异味。

坚持随时刷牙漱口的习惯，口腔中细菌没有分解的对象，口腔中异味就自然消除了。有时候我们吃了葱、韭菜、大蒜、萝卜等刺激性食物，也会产生强烈异味，所以，在与人交往、工作之前，如果碰巧吃了这一类食物，可在口中嚼一点茶叶、红枣或花生，它们有助于清除异味。

如果口腔有异味，必要时，嚼口香糖可减少异味，但在他人面前嚼口香糖是不礼貌的，特别是与人交谈时，更不应嚼口香糖。

1. 正确刷牙，清洁舌苔

刷牙是最常用也是很有效的保持牙齿清洁的方法。每季度或发现刷毛弯曲时应及时更换，以免造成牙龈损伤。刷牙时，除了清洁牙齿之外，还要利用专业的工具来清洁舌头表面的舌苔，以去除角化伸长的苔头和附着在其上的霉菌及腐败物，做到有效清除口臭。

2. 平时应急招：口嚼茶叶

将一小撮茶叶放入口中，细细咀嚼一番，就有消除口臭的效果。茶叶具有杀菌的作用，能消灭形成口臭的主要杂菌。

3. 饮食更正招：健康饮食

口臭基本上有两个原因，一个是口腔内残余的食物，一个是因为机体免疫力降低，造成内脏功能失调产生口腔异味。当然，这仅是针对有轻微口臭的朋友，如果是属于免疫力问题的话，还是需要配合服用专业的药物。

指甲的清洁和修饰尽显礼仪

赴宴前一定要检查自己的指甲是否符合宴会礼仪，切不可因指甲问题输掉整场宴会。

社交活动中，人与人之间常需要握手。手是仪容的重要组成部分，尤其是指甲一定要清洁。有了光洁的面容、整洁的头发，如果伸出一双手很粗糙很肮脏，手指甲长而黑污，别人对你的美好印象就会荡然无存。宴会前主客相见肯定要握手，这时如果你的指甲“礼仪不周”，就有可能让你的形象大打折扣。

一位外交官讲述了他亲身经历的故事：“那时候我刚刚参加外交工作，有一回，我随领导到机场去给外宾接机。宾客们下飞机后便和我们逐一握手，可当我和一位宾客握手时，我没修剪整齐的指甲竟然划伤了他的手掌。你知道当时那场面有多尴尬？尽管我接连向他说了好几次‘Soory’，但我的脸足足有十几分钟都是热辣辣的，我甚至觉得给自己的国家也丢了面子……回去之后，我自然被领导狠狠地批了一顿，甚至还差一点就丢了工作！也就是从那时候起，我便养成了这个习惯，每天早晨起床后的第一件事情就是把指甲修剪整齐！当然，后来我还自创了一套独特的护手方法。”

把指甲修剪整齐，多么微不足道的一个细节，可就是这么微不足道的一个细节，却能影响到一个人的形象，甚至是一个国家的形象。

手指甲应定期修剪，即便是不到剪指甲的时候，也要经常清除指缝里的灰垢，避免看起来脏兮兮的。尽量不要留长指甲，它不仅毫无实用价值，而且不美观、不卫生、不方便。指甲长度，应不超过手指指尖为宜，如果留长长的指甲，给人的感觉是：你是养尊处优的人，是被人伺候的人，也就影响了你和别人的交际。

有时，在手指甲周围会产生死皮。若发现死皮后，应立即将其修剪掉，不应用手去撕，或用牙去咬。若皮肤粗糙、红肿、皲裂，应及时进行护理治疗。若长癣、生疮、发炎、破损、变形，则不仅要治疗，而且还应避免使之接触他人，不论是直接的还是间接的接触，都会令他人不快，甚至产生反感。

小杜大学刚毕业，在一家公司公关部任职。入职后第二天晚上，公司老板宴请新员工。宴会上，新员工轮流向老板敬酒。小杜敬完酒后，老板很不愉快。原来，老板看到小杜脏兮兮的指甲，大倒胃口。

宴会结束后，老板私下询问部门经理，得知小杜在公关部。老板说，在公关部这样不注重仪容仪表，怎么能胜任工作呢？第二天，经理便通知小杜不用来上班了。

做公关工作必须注重仪容仪表，小杜在这方面太粗心大意了，最终付出了丢失工作的惨重代价。

一些年轻女士爱时尚，为了使指甲更漂亮，不但把指甲留长，修成较好看的形状，还打磨染色，涂上各种颜色或图案。但是从社交礼仪的角度来说，指甲不宜染得过分鲜艳，最好选用淡颜色的指甲油。而且在涂指甲油的过程中，如果涂到了指甲以外，那一定要蘸上洗甲液，然后轻轻地涂抹掉多余的部分。

另外，因为指甲油是很容易脱落的，所以要及时清理指甲上的残留指甲油。现在流行带有亮片的指甲油，虽然好看但是非常难清洗掉。遇到这样的问题可以将一小块浸透了洗甲液的棉片放在指甲上，静静地敷几分钟。当它们浸透了洗甲液时，卸掉亮片指甲油就容易得多了。

在宴会上如果男士也留有长指甲，这就非常不合时宜。不论出于什么理由，男士们都不应该留长指甲。女性在这个问题上有更多的自由选择，但重要的是要修剪整齐，保持干净，坚决杜绝黑指甲。

有些人参加宴会时，在宴前或宴后，闲着没事就掏出兜里的指甲刀剪指甲。你要记住，在宴会上修剪指甲，是不文明、不雅观的举止。

刘女士参加一个宴会，宴会还未开始，客人都围着餐桌聊天，她掏出随身携带的小指甲刀，精心修剪起指甲来。尽管她每剪一下都尽量轻轻地进行，但周围的人还是看到了她的行为。虽然当时没有人说什么，事后她偶然听到客人议论这件事，才得知原来大家对此很有看法。

餐桌是吃饭的地方，在餐桌上剪指甲严重影响客人的食欲。即便是客人当面没有指出来，你在别人心目中的形象肯定是一落千丈。

中国古代思想家老子就有“天下大事，必作于细”的说法；今天的西方也依旧流传着“一枚铁钉可以毁掉一个王朝”的古谚。这些都提醒人们做事要注重细节，一场成功的宴会当然也不例外。因此，赴宴前一定要检查自己的指甲是否符合宴会礼仪，切不可因指甲问题输掉整场宴会。

仪容仪表清洁才能亮出好形象

要想在饭局上给客人留下好印象，清洁的仪容仪表是必不可少的条件之一。

清洁的仪表、得体的修饰，往往影响着整个饭局的效果，不容忽视。心理学上讲的“首因效应”，即人的知觉的第一印象往往形成顽固的心理定势，通常在30秒内形成的第一印象，对后期的一切信息将产生指导效应。

仪容，通常是指人的外观、外貌。其中的重点，则是指人的容貌。在人际交往中，每个人的仪容都会引起交往对象的特别关注。并将影响到对方对自己的整体评价。在个人的仪表问题之中，仪容是重点之中的重点。

清洁是仪容美的关键，是个人礼仪的基本要求，也是当今社会与人交往、取得成功的必要条件。

1. 面容清洁

要求每日早晚洗脸，清除附在面部的污垢、汗渍等不洁之物。正确的洗脸方法有助于保持皮肤的弹性，保持血液循环良好和新陈代谢的正常运行，因此要注意洗脸的方法。首先用温水润湿脸部，然后用适当的清洁剂（洗面奶、香皂、洗面膏等），用手由下向上揉搓、打圈。手经过鼻翼两侧至眼眶周围正反打圈，从上额至颧骨再至下颌部位反复打圈，由颈部至左、右耳根反复多次。这是借助于光滑的洗面剂起到对皮肤的按摩作用；再用温水冲净面部的洗面剂；最后用凉水冲洗，令毛孔收缩。为了养护面容，平日多吃水果蔬菜，多喝水，以保持足够的水分，防止皮肤粗糙干燥。要保证足够的睡眠，使面部看上去红润。夏季要及时擦去脸上的汗；冬天在外出前要擦好润肤产品，以便保护肌肤。

2. 口腔清洁

保持牙齿清洁，要坚持早晚刷牙。常规的牙齿保洁应做到“三个三”，即：三顿饭后都要刷牙；每次刷牙的时间不少于3分钟；每次刷牙的时间应在饭后3分钟内。

口腔异味影响交际，必要时可以用口香糖来减少口腔异味。但应指出，在正式场合嚼口香糖是不礼貌的，与人交谈时，也应避免。每日早晨起床，空腹饮一杯淡盐水，平时多饮淡茶。

3. 鼻子清洁

在接待客人前，最好检查一下自己的鼻毛是否过长，以免有碍观瞻。如鼻毛过长应用小剪刀剪短，但不要去拔。保持鼻腔的清洁，不要用手去抠鼻孔，尤其是在客人面前，这样既不文雅，又不卫生。

4. 头发清洁

应该养成定期洗发的习惯，一般每周洗2～3次即可。易出油的头发应该2天洗1次；干性的头发洗头间隔时间可稍长一些。洗前先将头发梳理顺，湿润后用洗发用品轻揉，最后冲洗干净。

初秋，往往会出现头皮屑增多、脱发、断发的现象，主要原因是整个夏季强烈阳光的辐射，风吹、汗渍等使头发正常生长受到影响。所以在入秋前对头发要精心保养。可补充一些营养护发素等。如发现发尖分杈，就必须及时修剪。在洗发时，洗发剂和肥皂不宜在头发上停留太长时间，因其性质属碱性，对头发会有损害。梳头时，一定要留意，上衣和肩背上不应落有头皮屑和脱落的头发。

5. 手部清洁

在交际活动中，手占有重要的位置。接待客人时，我们通常以握手的礼节来表示对客人的欢迎，然后再伸出手递送名片等。客人总是先接触到我们的手，形成第一印象。通过观察手，可以判断出一个人的修养与卫生习惯，甚至对生活的态度。因此，应经常清洗自己的手，修剪指甲。手的清洁与一个人的整体形象密切相连，应当引起足够的重视。但在任何公众场合修剪指甲，都是不文明、不雅观的举止。

6. 身体清洁

讲究个人卫生，养成良好的卫生习惯，要求身体勿带异味。常常洗澡是必要的，尤其是参加一些正式宴会之前一定要洗澡。如果有“狐臭”，应及时治疗，避免在公务交往中引起交往对象的反感。有些人喜欢使用香水，走到哪里香到哪里，这也是不礼貌的，所以在宴前中最好不用香水。

7. 胡须清洁

我国当代风俗，男子不蓄胡须，所以若不是老人或职业上的特殊需要，都不要蓄胡须，男士每日要把脸刮干净。特别要指出的是，不可以当众剃须。商务人员一般不提倡留长发、蓄胡须。

要想在饭局上给客人留下好印象，清洁的仪容仪表是必不可少的条件之一。很难想象一个不注重仪容仪表的人能够完成一场成功的饭局。

第五章

点菜如点兵，一着不慎全盘输

点菜是饭局的一个重要环节，决不可掉以轻心。如何能安排好一桌菜真的是一门艺术。一个真正的点菜高手，总能在宴会上点出一席让人满意的食物。日常要多了解一些有关菜式、风味、餐厅等方面的知识和信息，更要了解客人的身份地位以及饮食习惯，这样才能点到合适的菜。点菜绝对是个系统工程，只有需求摸得透，目标才能找得准。

你知道谁来点菜更合适吗

饭局上，点菜这个小环节绝不可以马虎，一旦大意就有可能全盘皆输。

有人说：“餐桌像战场，点菜如点兵。”话虽然夸大了一点，但真实地反映了点菜在饭局中的位置。点菜不过是整个饭局中的一个小环节，但是这个小环节绝不可以马虎，一旦大意就有可能全盘皆输。

小陈是个年轻漂亮的女孩子，大学毕业后她应聘上了一家大公司的秘书。平时小陈做事还算比较认真，老总也比较满意。可是，有一次她在饭局上点菜失误，从此老总改变了对她的看法。

一天，公司刚招进一批新员工。老总准备宴请新员工，让她去酒店预订包房。小陈和新员工先到了酒店，老总最近比较忙，得晚一会儿过来。小陈想，老总最近挺忙的，不如现在把菜先点了，等老总来了就可以直接吃了。小陈让新员工一人点一个自己喜欢的菜，新员工都比较拘束，没一个人点菜的，最后推荐小陈点。面对服务员递上来的菜谱，小陈竟也不知道点什么菜好。小陈当时想：“点太好的菜吧，担心老总说太浪费；点一般的菜吧，又怕老总说‘小家子气’。”最后，小陈竟然没了主意，按服务员的推荐点了一桌。

老总很快风尘仆仆地赶过来了，一看到菜已上桌了，心里就不大乐意。更为糟糕的是，因搭配不当，许多菜无人动筷子，饭局气氛因此十分尴尬。饭后，老总对小陈十分不满，小陈后悔莫及。更不幸的是，小陈从此丢掉了这份待遇不错而又轻松的秘书工作。

小陈之所以丢掉了这份心爱的工作，这与她不懂“点菜”有直接的关系。小陈犯了一个很严重的错误，那就是抢了领导的点菜权。虽然领导还没到场，可以等领导来了再请老总点，绝不可以擅做主张代领导点菜。

因此，点菜不仅仅是个人饮食文化的集中表现，其中大有学问。在餐桌这个战场上，到底谁来点菜更合适呢？这就要具体情况具体对待。

一般情况下，可以有以下几种选择：

1. 主人点菜

宴请之前，主人一定要了解客人的口味。国内客人的口味特征大致为东辣、西酸、南甜、北咸，香港人一般要求清淡。宴请时要根据客人的具体情况点菜。

点菜时，我们一般都会有礼貌地征求一下客人的意见，但怎么问大有讲究。一般来说，主要有两种问法：一种是封闭式问题。比如：“来条草鱼还是鲤鱼？”如此在两者之间进行选择，大大缩小了选择的余地。又如：“喝茶还是喝咖啡？”就是告诉对方，你不要喝酒。而另外一种问法则是问开放式的问题。比如：“您想喝什么酒？”由被问者自由选择。此外，需要注意的是，一定要了解客人不吃什么，尤其注意不要犯客人的饮食禁忌。

2. 客人点菜

主人与客人就座后，为显示对客人的尊重，主人一般把优先点菜的权利让给客人，这是出于礼貌而为。一般来说，客人不好意思点价格较贵的菜品。如果你看出客人有些为难，可以从侧面来提醒和帮助他。例如，可用以下问题来打破僵局：“这里的咖喱牛肉比较有特色，你可以试试看。”或者：“咱们共同点道海鲜浓汤吧！这里的海鲜比较新鲜，值得一尝。”用轻松的语气向客人提出建议，示意这样的价位可以接受，让客人尽管以此类推来点菜，不必感到拘束。

3. 领导点菜

有领导在场的饭局，往往是领导决定大家吃什么菜，而部下通常异口同声说“都行都行”“什么都行”，将选择权拱手让出。当然，也有那种宽厚的领导，让大家群策群力，想吃什么就说，或者索性放手让手下人去点菜。毕竟吃饭不是什么原则问题，轻松一点才好。不过，和领导一起吃饭还是应该优先让领导点菜，这也是职场中的一门艺术。

4. 女宾点菜

现代社会，在一些较正式的场合，“女士优先”这句话可以说是放诸四海皆准。男女在餐馆、饭店约会，点菜时应让女士先点，尊重女士的意见。在西餐厅，如果女士对吃西餐已经轻车熟路，那就大大方方点好了。当然，要不时征询一下在场男士的意见。但如果不熟悉西餐的点法，菜单又全是英文，女士可以坦率而诚恳地说：“你来点吧，你熟悉，我相信你点的菜很美味。”

5. 轮流点菜

亲朋好友一起吃饭，大多是一人点一个菜。不过，如果大家都不爱吃你点的那道菜的话，你就有责任吃掉三分之二。点菜吃饭是个人行为，和工作不一样，每个人都有自己的机会和选择权，不必有太多的顾虑。

6. 由职业点菜师代劳

如今，社会上出现了一种职业——点菜师，如果你对饭店的菜实在拿不准，不妨请个职业点菜师。实际上，上档次的饭店都会培养一些训练有素的点菜师，当客人面对菜单无所适从时，点菜师会为客人配出一桌好菜。

如果当着客人的面，不方便讲要花多少钱时，可以通过特定的词汇，比如“来点儿家常菜”“来点儿清淡爽口的”，这是暗示点菜师自己不想高消费，而“有什么山珍海味”“来点海鲜”，则是暗示点菜师你请的是贵宾，并不在乎花费多少。这样点菜师会让你既有面子，又不会“荷包大出血”。

点菜是学问，又是艺术。一餐饭小，学问却大，到底该由谁来点菜绝对马虎不得。

你不可不知道的名菜典故

如果你能在餐桌上讲些菜肴的典故，不仅能调节宴会中的气氛，还能令对方对你的博闻有所赏识，加深对你的印象。

中国烹饪历史极为悠久，以其技艺精湛、风味独特而蜚声世界，中国饮食文化也因此变得丰富多彩。

在中国饮食文化中，每一道菜的菜名都有来历。中国菜肴的名称可以说出神入化、雅俗共赏。菜肴名称既有根据主、辅、调料及烹调方法的写实命名，也有根据历史掌故、神话传说、名人食趣、菜肴形象来命名的，如“全家福”“将军过桥”“狮子头”“叫花子鸡”“龙凤呈祥”“鸿门宴”“东坡肉”……

许多名菜背后都蕴藏着有趣的典故，这是中国烹饪艺苑中一颗璀璨的明珠，是历代名厨在特定的历史条件下，根据其深远的意义创制而成的。每一道菜都有一段动人的故事，使你在品尝美味佳肴的同时，还能感受到动人典故传说的意境，让你更加了解中国饮食文化的博大精深，使你回味无穷。

如果你能在餐桌上讲些菜肴的典故和逸事，不仅能调节宴会中的气氛，还能令对方对你的博闻有所赏识，加深对你的印象。

吴鹏在国内一家出版社任副总编。由于文化体制改革，出版社纷纷与有潜力的图书公司合作。经过一番努力，吴鹏找到了一家国内相当有实力的图书公司，想跟这个公司进行深度合作。这天，吴鹏陪同社长在五星级酒店宴请图书公司老总。

图书公司老总有个特殊爱好，就是喜欢中国传统文化，尤其欣赏宋代文人苏东坡。吴鹏和社长了解这一情况后，特地选了一家古色古香的酒店。酒店壁纸全部是古代字画，其中就有苏东坡的书法。

老总走进酒店感到非常满意，吴鹏也借机跟老总聊一些关于苏东坡的话题，老总感到很开心。在宴会上，吴鹏为了给老总留下好印象，还特地点了一道东坡肉。

老总非常高兴地说：“我平生最爱吃的就是东坡肉，刚才跟小吴聊天，小吴对苏东坡也了解不少。东坡肉的历史文化极为深厚，小吴给大家讲讲。”

吴鹏也是早有准备，他前几天就已对东坡肉详细了解了一番。于是，吴鹏很自然地说道：“那我就代老总向大家介绍一下‘东坡肉’。‘东坡肉’最早在徐州创制……”

吴鹏将东坡肉的来龙去脉讲得清清楚楚，老总对吴鹏印象特别好。很快，吴鹏的出版社就跟该图书公司签订了长期合作的协议。从此，社长也格外重用吴鹏。

吴鹏正因为在饭局上熟知“东坡肉”的典故才赢得了图书公司的赏识，为社里争取了一个好的合作伙伴。因此，作为点菜者应该熟知中国传统名菜的典故。

1. 西湖醋鱼

西湖醋鱼的来源，相传出自“叔嫂传珍”的故事。古时西湖边住有宋氏兄弟，以打鱼为生，当地恶棍欲占其嫂，杀害其兄，宋嫂劝小叔外逃，制糖醋鱼为他饯行。后小叔得了功名，除暴安良，偶然的一次宴会，又尝到这一酸甜味的鱼菜，叔嫂终于团聚。后人传其事，仿其法烹制醋鱼，就成为杭州的传统名菜。

2. 龙井虾仁

龙井虾仁是一道体现西湖秀美气质的传统名菜，他的创制据说是受苏东坡《望江南》一词的启发。此词写道：“休对故人思故国，且将新火试新茶，诗酒趁年华。”旧时，有寒食节不举火的风俗，节后举火称“新火”。这个时候采摘的茶叶，正是“明前”茶，属龙井茶中最佳品，龙井茶叶素有“色绿、香郁、味甘、形美”四绝之称，厨师用此“四绝”与入时的鲜河虾仁相配，终于创制出新的一绝——龙井虾仁。

3. 叫花子鸡

江苏常熟名菜，又称黄泥煨鸡。相传明末清初时，常熟虞山山麓有一叫花子偶得一鸡，苦无炊具、调料，无奈，宰杀去脏后，带毛涂泥，放入柴火堆中煨烤，熟后敲去泥壳，鸡毛随壳而脱，香气四溢。适逢隐居在虞山的大学士钱牧斋路过，试尝，觉其味独特，归家命其家人稍加调味如法炮制，更感鲜美。此后，遂成为名菜，并一直流传至今。

4. 宋嫂鱼羹

据《武林旧事》记载：淳熙六年（公元1179年）三月十五日，宋高宗赵构乘御舟闲游西湖，命内侍买龟、鱼放生。时有一卖鱼羹的妇人叫宋五嫂，自称是东京人氏，随皇上南迁到此，在西湖边以制鱼羹为生。高宗命其上船，吃了她做的鱼羹，十分赞赏，并念其年老，赐予金银绢匹。从此，宋姓声誉鹊起，富家巨室争相购食，宋嫂鱼羹也就成了驰誉京城的名肴——“一碗鱼羹值几钱，旧京遗制动天颜，时人信值来争市，半买君恩半买鲜”。

5. 东坡肉

宋代大文学家苏东坡，不仅才学出众，对烹饪也颇有研究，他在谪居湖北黄冈时，时常亲自烧肴，与众人品味。曾作诗介绍他烹肉的经验：“黄州好猪肉，价贱如粪土。富者不肯吃，贫者不解煮。慢着火，少着水，火候足时它自美”。宋元祐四年（公元1089年），苏东坡出任杭州做地方官，发动数万民工疏浚西湖，筑堤灌田，造福人民。遇有节日，将百姓送来的猪肉、绍酒烧好后回赠给百姓。这烧出的肉特别香醇味美，别致可口，一时传为佳话。人们纷纷传颂苏东坡的为人，仿效他独特的烹调方法。从此以后，以这位大文学家命名的“东坡肉”也就成为杭州传统名菜。

6. 麻婆豆腐

四川传统名菜，始创于清同治初年。当时成都北郊万福桥有一陈兴盛饭铺，主厨掌灶的是店主陈春富之妻陈刘氏。她用鲜豆腐、牛肉末、辣椒、花椒、豆瓣酱等烧制而成的豆腐，麻、辣、烫、嫩，味美可口，十分受人欢迎，人们越吃越上瘾，名声渐传开。因她脸上有几颗麻子，故传称为“麻婆豆腐”。

7. 回锅肉

四川名菜，又称“熬锅肉”，传说这道菜是从前四川人初一、十五打牙祭（改善生活）的当家菜。当时做法多是先白煮，再爆炒。清末时成都有位姓凌的翰林，因宦途失意退隐家居，潜心研究烹饪。他将先煮后炒的回锅肉改为先将猪肉去腥码味，以隔水容器密封的方法蒸熟后再煎炒成菜，保持了肉质的浓郁鲜香，原味不失。

总之，请客吃饭为了讨好客人，一般都会点几个名菜或特色菜，如果你能够找准机会对这些菜的典故阐述一番，这在饭局中会起到锦上添花的作用。

高手点菜心里有数

点菜最重要的是要做到心里有数，只有做到这一点才能招待好客人。

点菜如布阵，不仅要注意各种礼节，还要注重各种冷热、荤素、菜别的有效搭配，当然，不要超出自己的预算。

点菜这件看似简单愉快的事情，其实如果点得不到位，也会闹出不少笑话，惹出不少尴尬的场面。

鲍女士是位地道的四川人，她在深圳一家公司上班。有一次，公司派她负责一批重要客户的接待工作。这批客户来自上海，却点明要品尝一下“有深圳特色的川菜”。于是，鲍女士带他们来到深圳较有名气的“巴蜀风”。她想，既然吃川菜，那就要充分体会它的麻辣香浓，于是她大力推荐了这家酒楼口味最为麻辣的“峨嵋鳝丝”。结果，满桌的上海客人对着这盘“峨嵋鳝丝”面露难色。鲍女士这才明白过来，“有深圳特色的川菜”就是“不辣的川菜”啊！

因此，点菜时必须了解有多少位客人，有多少种口味，尽量做到对他们的要求了如指掌。有的人要吃肥肉，有人只想来点青菜，湖南人要吃辣，上海人想吃甜，这些基本的要领点菜的人必须掌握。最好在点菜前问问对方是否有什么忌口的。

要想成为点菜高手，需要按照下列步骤来操作。

1. 冷盘

在宴会上人们都会先点几个凉菜开胃。其实，凉菜还有调味的作用，能在不同热菜的间隔期起到“爽口”作用。

一般冷盘凑双数，8 位以内客人可点 6 道冷盘，10 位以内点 8 道，超过 10 位一般要点 10 道甚至 12 道冷盘。

以 10 道冷盘为例，可以按照主荤（肉类）两道，主素两道，半荤（海鲜类）两道，特色冷盘两道，水果两道来点。

主荤一般可选择鸡、鸭、乳鸽、牛肉等，鸡或鸭通常选其一；主素选择余地比较大，各种凉拌蔬菜最适宜夏天吃，如凉拌黑木耳、生拌蔬菜、海藻、豆制品类都可以；半荤通常选择海鲜类，海鲜有季节性，“安全”点菜最重要，可选择凉拌海蜇皮、鱼饼、鱼丸、鱼鲞类；水果选当令的，新鲜且价格便宜；特色冷盘一般选择酒店推荐的特色小菜，但是要避免与其他冷盘原料重复，所以，特色冷盘可以先点。

2. 主菜

主菜是宴席上的主角。从口味的角度讲，一餐中的菜肴总要有咸有淡，有酸有甜，才不至于令味蕾过于疲惫。此外，再配一道酸辣菜，可以用来提神醒胃。

一般按照 1 桌 10 人的规模，宴请的主菜包括：主食、汤、鱼、蟹、虾、贝类、肉类、小炒、特色菜、蔬菜、点心、甜品等，大概12道菜。点菜的次序，可按此顺序来点，一般就不会遗漏或重复菜肴了。

不提倡太油腻的肉类菜品，可以点牛肋骨、炭烤猪颈肉、蝴蝶骨（排骨）等低脂肉类。还可以点本地鸡、烤鸭、乳鸽等；蔬菜也要考虑时令，四月五月点空心菜，六月七月点南瓜，十月份选择余地就更大了。夏天可选择冰镇、凉拌蔬菜。

3. 主食

主食是指餐桌上的主要食物，一般各个酒店都有一两道特色主食，本地客人可以据此来点，如果考虑到南北方不同客人，点米饭、米线或面食。另外，从健康角度讲，各种花色的酥香小点、飞饼、油炸点心等，用来替代传统主食是不明智的，这会导致身体摄取油脂和糖分过多。

另外，如果你实在不知道点什么菜好，希望服务员推荐一下，但不要全听服务员的。对就餐的新客人，一般服务员都很乐于提供点菜指导，你只需听听该店的特色菜是什么，哪个菜卖得最好，口味和价格是什么即可。对于服务员反复再三、异常热情推荐的那款，最好回避，往往其中有鬼。

点菜最重要的是要做到心里有数，只有做到这一点才能招待好客人。如果你不懂得点菜，客人就吃得很不顺心，这样的饭局注定要失败。

避免陷入点菜误区

点菜看起来是件很平常的事情，可里面也有讲究、有窍门、有学问。

现代社会，人们的生活节奏很快，出外就餐已经是商务活动、朋友和家庭聚会甚至仅仅为填饱肚子的经常性活动。不管是哪种形式的就餐都需要有人点菜，这就来了个很具体的问题：你会点菜吗？点菜看起来是件很平常的事情，可里面也有讲究、有窍门、有学问。怎样使商务宴请既有面子又不浪费，怎样让朋友家庭聚会经济又实惠，点菜还真得好好动动脑筋。

一位餐厅经理说，许多前来就餐的客人根本就不会点菜。因此，当你走进餐馆点菜时，应注意以下几点：

1. 首先应该好好看看

到餐馆坐下之后，很多人翻开菜单就忙着点菜。这时候你“先别忙”。在点菜之前，你首先应该好好看看。

看什么呢？首先要看别人的桌子。一般来说，如果很多桌子都点同一个菜，那么这个菜一定是这家饭店的特色，性价比不会差，不妨点一个。看别人的桌子还能让你直观地了解到菜的品相，观察食客的表情还能准确地分辨出菜肴质量的优劣。拣那些普遍受到大家欢迎的菜肴点吧，这样，你点菜的成功率就会比较高。

看完了别人的桌子，还要再看人。看人干什么？看看人多不多。如果饭店人很多，而且大多数桌子上的菜还没有上齐，这就说明上菜的速度不会很快。那么，你就需要先点一些冷菜，还要少点一些需要蒸的、费刀功的菜，这样可避免长时间等待。反之，则可以少点一些冷菜，以免浪费。

2. 不要爱吃什么尽点什么

点菜最先考虑的除了口味偏好，还有菜肴搭配。一桌饭菜主要是由汤、热菜、凉菜三部分组成，而原料无非是肉类（畜、禽）、海产品（鱼、虾、蟹）和蔬菜三类，六要素缺一不可，而且必须合理排列组合，避免同一要素的重复。假如 6 人吃饭，一般可点 3 ~ 4 个冷碟，3 ~ 4 个炒菜，加 1 个大菜 1 道汤，1 ~ 2 个点心就足够了。菜肴应强调荤素、浓淡、干湿、多种烹调方法搭配，原料尽量不重复。比如，汤选择了老鸭煲，热菜和凉菜就可以偏重鱼或者蔬菜为主要原料的菜品；如果选了一款鱼汤，那么就没有必要再点鱼类或其他海产品。即使你再喜欢糖醋类菜品，点了糖醋鱼，就别再选菠萝咕噜肉。

3. 不要只点特色菜

选择餐厅推荐的特色菜中的一个，其他的还是看自己的口味而定，否则一桌都是一个系列和口味的菜肴（比如麻辣菜肴）。从饮食消费心理分析，每次就餐有一两个菜能给你留下美好的印象，你就会有满足感。不要指望所有的菜都会给你留下深刻的印象。

4. 点菜也要分个主次

一桌菜只要有一到三个主菜即可，另外再配一两个风味菜，再加家常菜和汤，当然还有冷盘、点心和水果。所谓主菜，目前在国内通行的多半是鱼、虾、蟹。当然高档的可以是龙虾、东星斑、珍宝蟹，一般的就是草虾、鳜鱼、青蟹什么的，总之丰俭由已。如果预算有限，最好的办法就是突出一道主菜，而不要将钱平分给几道主菜，这样更容易留下好印象。

5. 适口适量最科学

现在人们去饭店吃饭无外乎宴请、家庭聚会、朋友小酌、工作午餐几类。宴请的话，自然是冷菜、热菜、汤、点心、水果全套上，但是也没有必要过于讲究排场，适口适量是最科学的。不妨少点冷菜，甚至不点冷菜直接上热菜。如果不点冷菜直接点热菜的话，可以多点一些炒菜，炒菜上桌的速度最快，可避免久等。

就餐人数和点菜的量要比例合适。有特殊意义的宴请另当别论，如果只是为了聚一聚或填饱肚子，四位以下点3菜1汤、五位到七位点5菜1汤，八位以上按照人数减2的数量点，应该足够了。我们上面说的是热菜，冷菜尽量少点，如果点的比较多，热菜可适当减少一两道。

6. 对价格要心中有数

一般来说，客人点菜时都有怕宰的心理。点菜时，你可以掌握一个原则：除蔬菜外，一般鸡鸭鱼肉类菜，比菜场价贵1~1.5倍属正常，除非是特色菜及做工十分讲究的菜，超过两倍即在宰人。因为饭店的核算方法是在成本上加1倍左右的毛利，而成本只包括主料、辐料和调料（最多再包括燃料），其他一切均不得作为成本计算。蔬菜因售价低，毛利允许高一点。对于菜谱上标有“时价”两字的，劝君不碰为妙。店家特别推出的当天特价菜，一定要点。特价菜一般都是餐厅老板为了吸引老顾客卖的“赔钱菜”。

7. 学会辨认饭馆的推销

一般每天开张前，厨房会送出一张条子来，上面写着今天需要推销的菜肴。这些菜肴大多是“原料再放下去就要坏了，所以必须迅速卖掉”。推销这些菜服务小姐是有奖励的，所以她们推荐起来格外卖力。所以说，不管小姐的笑容多么灿烂，声音多么悦耳，你都要提高警惕，以免上钩。

像专业的点菜师那样去点菜

点一桌既好吃又好看的菜，是成功宴请的必要条件，点菜也是一门艺术，其中大有学问。

宴请选菜不应以主人的爱好为准，而应主要考虑主宾的喜好与禁忌。宴请点菜有不少讲究。

点一桌既好吃又好看的菜，是成功宴请的必要条件，点菜也是一门艺术，其中大有学问。点得好，色、香、味俱佳，满堂生辉，宾主欢愉；点不好，往往白花了许多钱却讨不到好。要想成为点菜高手，不是那么容易的事情。

孙女士在一家大公司任公关部经理的秘书，她的工作性质决定了她得常常负责饭局宴会的筹备工作。孙女士是个点菜行家，她总是能够像专业的点菜师一样点出让人满意的菜。因此，领导一般只会交代她去办一桌席，而不会具体交代怎么办的细节，孙女士每次都能顺利完成这个任务，办出一桌漂漂亮亮的宴席来。她说：“点菜其实并不难，知己知彼，方可百战不殆，掌握同席之人的口味是第一步。”

“如果是两人共餐，其中有女性，可以点一荤一素两个冷菜，或加上一个卤水菜肴，再点一个高档的蔬菜、一个海鲜、一个荤素小炒即可。如果是那些注重美食、营养的人，各自再加一个小炖盅就可以吃得风光而体面了。

“如果是与生意上的客户共进晚餐，在双方不熟悉的情况下，点菜要点得恰到好处，凉热荤素、鸡鸭鱼肉搭配得当是非常关键的问题。一般工作餐会是三五成群，所以点的冷菜不仅要有海鲜、卤汁，最好还要有一些别致的小菜。而热菜要有一道高档海鲜，外加两道荤素小炒，一道带肉主菜，一道清口蔬菜，汤煲、点心、水果各一道即可。

“当然，在点菜前一定要先问问桌上同餐者有没有什么人有特殊忌讳，比方说素食者、不食牛羊肉者、不吃辣椒者、不吃海鲜者等。做到心中有数，点菜时就可以兼而顾之，不会有人大快朵颐而有人停箸默然。

“另外，从营养的角度来看，要注意膳食平衡，即注意谷、果、肉、菜、豆等各类食物品种齐全、比例适当。根据就餐者的年龄、个人嗜好、身体状况及就餐季节，点菜时应注意以下方面：

“首先是荤素搭配：对海鲜、畜肉、禽肉、豆类及其制品、蔬菜以及水果等应全面考虑，但要注意肉类不宜太多。在重视饮食营养的今天，一定数量的素菜是必不可少的，菜肴中应有三分之一以上是绿色蔬菜和豆制品。这样可以通过荤素搭配保证营养平衡，在色泽和口感上也有新鲜感。若是担心素菜显得不够高档，可配些草菇、香菇、虾仁等增加‘美食感’。

“其次是软硬搭配：这主要是考虑照顾好老人和小孩，且注意油炸食物不宜太多。

“再次是菜色搭配：整体色彩搭配效果清爽诱人。

“最后是口味搭配和冷热搭配：酸、甜、苦、辣、咸各种口味菜肴的搭配要尽量照顾到大多数就餐者的喜好。如果就餐者中有病人，如患有高脂血症、糖尿病等疾病者，应多点一些低脂、无糖、高纤维素的菜。并且注意冷菜及冷食不宜过多。”

当然，我们要在短时间内达到像孙女士这样的点菜水平不太现实，毕竟我们既不是专业的点菜师，也不是天天琢磨研究点菜之道，但我们可以学习孙女士点菜的方法，了解点菜的一些注意事项，在点菜前多了解即将参加宴会者的喜好与忌讳。相信用不了多久我们也可以像专业的点菜师那样点出令众人满意的菜品。

因此，在宴请之前，主人需要事先对菜单进行再三斟酌。点菜时，如果人少，菜最好少而精；人多，菜最好精而全。多人宴席时难免众口难调，常规做法是凉热荤素、鸡鸭鱼肉搭配起来。最好是客人到之前先有一个安排。

1. 菜肴原料要多样化

绿色蔬菜、菇类、豆腐、海鲜、鱼类、畜肉、鸡肉等都应顾及，特别是在重视饮食营养的今天，一定数量的素菜是必不可少的。另外，要多点应时的蔬果。这类的专业点菜程序可以事先请教专业的点菜师，做到有备无患。

2. 考虑来宾的饮食禁忌

在安排菜单时，还必须考虑来宾的饮食禁忌，特别是对主宾的饮食禁忌要高度重视。

出于健康的原因，对于某些食品，应有所禁忌。比如，心脏病、动脉硬化、高血压和中风后遗症的人不适合吃狗肉，肝炎病人忌吃羊肉和甲鱼，胃肠炎、胃溃疡等消化系统疾病的人也不合适吃甲鱼，高血压、高胆固醇患者要少喝鸡汤等。

不同地区，人们的饮食偏好也有所不同。对于这一点，在安排菜单时要兼顾。比如，湖南一带的人普遍喜欢吃辛辣食物，少吃甜食。英美国家的人通常不吃宠物、稀有动物、动物内脏、动物的头部和脚爪。另外，宴请外宾时，尽量少点生硬需啃食的菜肴，老外在用餐中不太会将咬到嘴中的食物再吐出来，这也需要顾及到。

有些职业，出于某种原因，在餐饮方面往往也有各自不同的特殊禁忌。例如，国家公务员在执行公务时不准吃请，在公务宴请时不准大吃大喝，不准超过国家规定的标准用餐，不准喝烈性酒。再如，驾驶员工作期间不得喝酒。要是忽略了这一点，还有可能使对方犯错误。

国际禁忌。如果你经常有机会宴请外国朋友的话，最好了解一下他们的饮食禁忌，以免引起不必要的麻烦。以下几点应特别注意：

如果你要宴请外国客户，千万不要点一些由动物内脏烹制的食物。虽然法国名菜肥鹅肝、鹅肝酱很受欢迎，但是这不意味着他们能接受用地道的中式方法烹制的动物内脏食物。

另外，外国人也不太喜欢吃肥肉。

尽量不要点有骨头的菜。外国人吃鸡鸭鱼肉一般都是把骨头剔得干干净净才拿来做菜，吃起来也不费工夫。所以，请外国人吃饭要尽量尊重他们的习惯。

不要肉食为主、素菜为辅。和我们的高碳水化合物、低蛋白、低脂肪的饮食习惯不同，外国人的饮食习惯是高脂肪、高蛋白质、低碳水化合物。他们每餐吃的食物量不多，能量却很高。

避免口味过于油腻辛辣的食物。外国人的口味相对清淡，多数外国人都是不吃辣的。所以，如果你请外国人吃中餐，一般不要点那些油腻辛辣的菜，比如辣子鸡、水煮鱼等。

只要你在宴请前精心准备，详细了解即将宴请的人的有关信息，再参照专业点菜师的意见，一定能点出令主宾都满意的菜品。

点菜切勿贪图小便宜

请客吃饭并不是要大手大脚地花钱，点菜既要考虑自己的经济水平，也要考虑对方的感受。

有些人请客吃饭不舍得花钱，喜欢贪图小便宜，一进餐馆先问：“服务员，今天店里有什么又好又便宜的特价菜啊？”

可以想象得到，客人听了这话心里肯定不舒服。客人心里肯定会想：难道说，我在他心目中是那种只配吃特价便宜菜的人？还是说，他原本就是个贪图小便宜、目光短浅又毫无生活质量的人？看来我得重新考虑跟他合作（交往）的事情了。这场饭局才开头，你就让对方心里有了疙瘩，那么，接下来你原本想通过饭局进一步与对方加深关系的目的也就落了空。

当然请客吃饭拒绝铺张浪费肯定是有道理的，但是，这需要讲究技巧，而不适宜大张旗鼓地表现出来，或是让对方察觉出来，否则就成了小气吝啬的表现，直接影响对方对你的看法，甚至会打消对方原先打算与你交往的想法。结果自然因小失大，得不偿失了。

谭飞在一家出版社做编辑，今年已经 26 岁了但一直没有女朋友，家里人很替他着急。在姑妈的介绍下，他开始和一位年轻漂亮的姑娘约会。

约会那天，天空阴沉沉的，不一会儿就下起了小雨。他俩没有打伞，沿着林间小路边走边聊。从学生时代一直聊到现在的工作，后来雨越下越大，两人便走进了路边的一家餐厅。这是一家西餐厅，看那装潢设计就知道价格不会便宜，翻开菜单一看果然如此，谭飞连忙对姑娘说：“这家餐厅太贵了，咱们在这儿吃不划算，不远的一条街上有很多家常菜馆，经济又实惠，要不咱们去那边吃吧？”姑娘皱皱眉说：“话是不错，可是外面的雨太大了，一出门咱们都得湿透了，还是就在这里吃吧。反正就这一回，也不是天天来，就当奢侈一回了。”姑娘说完还故意眨眨眼，笑了笑。

于是，谭飞只好心不甘情不愿地开始点菜，他问服务员说：“这个牛排怎么那么贵啊？没有便宜的吗？”服务员说：“对不起，先生，我们这是上等的菲力，您吃了一定会觉得物超所值的。”“那这个浓汤呢？量有多少啊？”“这……”谭飞一个一个地问，服务员一个一个地答，而姑娘的脸色愈来愈难看。最终谭飞点了最便宜的面包和浓汤给自己，给姑娘点了一份牛排。

接着，在吃饭的过程中，谭飞一直在念叨“亏了、不划算”之类的词，听得姑娘火了：“你别念叨了行吗？不就是贵了点吗？咱们 AA 不就得了吗？至于一直念叨吗？”谭飞见姑娘误会了，赶紧解释说：“我不是这个意思，我只是觉得这样有点浪费。”姑娘说：“算了，你这个人太小气，别不承认了，你不就是觉得咱俩还没交往，你请我吃

大餐太亏吗？算了，这顿咱们AA，以后也别见面了，难怪你一直找不到对象呢！”姑娘说完放下钱起身就走了。

勤俭节约不是坏事，但是谭飞做得太过头了，第一次请姑娘吃饭就如此“吝啬”，难怪姑娘对他大发雷霆。或许谭飞觉得这样浪费没有必要，结果却捡了颗芝麻，丢了个西瓜，实在是一桩“亏本”的“买卖”。

请客吃饭与平常吃饭有所不同，节约是应该提倡的美德，但请别人吃饭，你必须考虑对方的感受，对方喜欢什么，想吃什么，只有让对方吃得开心、吃得尽兴，你才有可能达到宴请的目的，否则很有可能落得上述案例中谭飞的下场——竹篮打水一场空，还可能影响你的形象，给对方留下“小气吝啬”的印象。

当然，请客吃放并不是要大手大脚的花钱，点菜既要考虑自己的经济水平，也要考虑对方的感受。

1. 量入为出

在用餐点菜时，单点便宜菜肯定是行不通的，最好的办法应该是量力而行。假如为了讲排场、装门面，而在点菜时大点、特点，甚至乱点一通，不仅于自己无益，而且还会令人嘲笑。

因此，在点菜时，务必要量入为出，心中有数，力求做到不超支、不乱花、不铺张浪费。要做到这一点，一是轻易不要去高档餐馆，或是每餐必要高档菜。二是在点菜时，要懂得搭配之道，适度而不过量。比方说，一人用餐，要上两菜一汤，一荤一素，便足够吃了。两人聚餐，应以四菜一汤、两荤两素为限，至多再加上两个凉菜。三是切勿乱请客，把“吃吃喝喝”“大吃大喝”误当做社交应酬的主题。不要忘了“君子之交淡如水”，滥交“酒肉朋友”往往对自己没有任何益处。四是在日常聚餐时提倡“AA制”，即聚餐的费用人均分摊，每人负责自己的那一份。

2. 相互体谅

在社交聚餐时，做东的一方和吃请的一方，在点菜时都要善解人意，宽厚待人，体谅对方。做东的一方既不要过于殷勤，也不宜过于吝啬。被请的一方，在不失自尊的同时，切勿抱有“不吃白不吃，吃了也白吃”的不平衡心态，嘴下不留情，大“宰”做东者。

做东者在点菜时，可以选择两种办法。第一种办法是整点，即点套餐或包桌。这样费用固定，菜肴的档次与数量相对固定，比较省事。第二种办法是零点，即根据“个人预算”，而在用餐现场临时点菜。它的好处是自由度较大，可以兼顾个人财力与口味。需要强调的是，不论做东者以何种办法点菜，都应当尽量征求一下被请者，特别是主宾的意见，不要只凭个人喜好行事。当然，在征求被请者意见或请其点菜时，也完全没有必要“打肿脸充胖子”，再三要求对方“随便点”“放开点”。

被请者点菜时，要避免三个错误：其一，不要乱点，连点的菜是什么都不知道。其二，不要多点，尤其是不要全点名菜，让做东者“破财”“大出血”。其三，不要非议。对于别人点的菜，或是被大家点过上桌的菜，无论如何都不要挑三拣四。不要说什么自己“吃不惯”，或是“做得太差劲”。

第六章

细节决定全局，酒桌之上禁忌多

古语说：“泰山不让土壤，故能成其大；河海不择细流，故能就其深。”在饭局上，细节决定成败。许多赴宴者因不注意细节问题而败坏了整个饭局。人人都希望在宴会上给人留下好印象，这就要求你在宴会上时时小心，处处讲究礼节，绝不可以将一些不良习惯带到宴会中。

饭局上不欢迎不打招呼的人

人际交往中，打招呼是最基本的礼节，不懂打招呼的人在饭局上是不会受欢迎的。

打招呼是人际交往中一种基本的见面礼仪。客人在餐厅中遇到主人，应当主动向对方示意、打个招呼，这也是一种有礼的表示，显示出友好和善意，也是对别人的尊重。

途乐在一家图书公司做编辑工作。临近年关，公司老总为庆祝一年来取得的丰厚业绩，给每位员工发了红包，并且晚上请全体员工在酒店吃饭。到了餐厅，大家争先恐后地与老总打招呼。途乐性格比较内向，很少说话，在这种热闹场合，他想跟老总打招呼又觉得不好意思开口。他听到同事们都与老总有说有笑，觉得自己嘴笨，不会说话，就坐在离老总很远的一个位置。老总是个很细心的人，虽然嘴上没直接提起，途乐的表现老总全看在眼里。宴会上老总除了表扬员工们为公司作出的贡献，还特地强调："做编辑工作应该懂得与人打交道，如果连打招呼都不懂，怎么跟作者交流？"老总还下意识地看了途乐一眼，途乐的脸一下子红了，他非常后悔没跟老总打招呼。

老总做东请员工吃饭，在餐厅与老总打招呼是基本的礼仪。一句简单的招呼都不打，难怪老总对途乐有意见。

1. 打招呼

打招呼就是跟对方说一些良好祝愿或欢迎的话。对人亲切地问候，是增加生活乐趣的一种礼仪形式；对熟人不问候，或者不回答别人对你的问候，都是很失礼的行为。

在餐厅见面，只要说一声"您好""早上好""晚上好"就可以了，如果是熟人，应该加上职衔和姓氏，如：“您好，王董。”“林先生，您好。”打招呼的时候，目光要注视对方，展示友善的微笑；跟对方保持适当距离，不要老远高喊，也不要紧贴到对方身边。第一次打招呼后，如果又碰面，就不必重复打招呼，只需微笑或点头示意即可。打招呼通常是年轻的先向年长的问候，男士先向女士问候，身份低的先向身份高的问候。在与人交谈寒暄中，不光遣词用字要巧妙，而且说话要尽礼仪，更需要配合真诚的态度、温和的笑容，才能真正拉近彼此间的距离。

2. 介绍

参加宴席或是在餐桌上，常常会遇到许多不认识的人，想要多交朋友与对方相识，就需要采用为他人作介绍或自我介绍的方式，作为沟通的桥梁。通过介绍，可以结识新朋友和新的合作伙伴，也可以为谋求新的职业打开门路，开始新的里程。

“介绍”是人与人之间相互交往的第一座桥梁，是拓展自己人际关系的第一步。从认识、握手到交换名片，如果每一个细节都能确实掌握好，将会使你在任何餐饮场合中，都能更自然、从容地进行交际，更好地展示良好的交际风度。

在餐桌上，介绍的基本方式有两种，即为他人作介绍和自我介绍。

(1) 为他人作介绍

如果在宴会上你为他人作介绍，那么你就是介绍人。

一般来说，介绍人由主人或是与双方都认识的人来担任。为他人作介绍时，介绍的顺序是将男士介绍给女士，将晚辈介绍给长辈，将职位低的介绍给职位高的，将未婚的介绍给已婚的，将客人介绍给主人，将个人介绍给团体。介绍时候的手势，一手向外伸出指向被介绍人，手指并拢、掌心向上，态度要友善热情；作为被介绍的一方，在被介绍时，应该热情地与对方握手，面带微笑，以柔和、诚恳的目光注视对方，口中同时打招呼说“你好”“幸会”等问候语。如果将年轻者或职位低者介绍给年长者，年长者可以坐着答礼，但如果将年长者或职位高者介绍给年轻者，年轻者则应该立刻站起来回礼；将男士介绍给女士时，女士可以坐着答礼，但相反将女士介绍给男士时，男士应该马上站起来接受介绍。

介绍人在为他人作介绍语时，语言宜短，内容宜简，并应该使用敬辞。比如，“于小姐，让我来介绍一下，这位是我们单位的刘先生。”“李洁女士，我想请您认识一下陈光先生。”“李师傅，让我介绍一下，这是我的同事陈明。”

介绍时要拿捏好分寸，不要过分地颂扬一个人。一般来讲，谦虚的人，即使在熟人面前，也不喜欢别人替他吹嘘，在新结识的人面前更是如此。不合时宜的吹捧会令被介绍人尴尬，介绍人本人也会给人留下不良的印象，因此介绍时一定要掌握实事求是、适度的原则。

(2) 自我介绍

在许多社交场合，为了多结交一些朋友或有意接触某人，需要主动上前介绍自己给对方，这就是自我介绍。进行自我介绍时必须注意以下几方面：

仪态大方，表情亲切。进行自我介绍时，举止、仪表必须庄重大方，表情坦然亲切，面带笑容、热情友好。讲到自己时可将右手放在自己的左胸上，切忌慌慌张张、不知所措或满不在乎。

选准时机。当你进入新环境的时候，与陌生人初次见面时，必须及时、简要、明确地作自我介绍，说明来由，让对方尽快了解你。相反，见面时，相互凝视半天，你仍沉默或前言不搭后语，对方会很不愉快，甚至会产生许多疑问，使对方不愿意与你交往。当然，若对方正与他人交谈，或大家的精力正集中在某人、某事上，则不宜作自我介绍；而对方一人独处或春风得意时，进行自我介绍则会产生良好效果。

把握分寸。自我介绍时措辞要适合，既不要过分炫耀自己的部门和本人，也不要过分自我贬低，而应实事求是、恰如其分地介绍自己，给人诚恳、坦率、可以信赖的印象。总之，自我介绍既要表现出友好、自信和善解人意，又应力戒虚伪和媚俗。

掌握介绍的基本程序。自我介绍时，介绍者就是当事人，其基本程序是先向对方点头致意，得到回应后再向对方报出自己的姓名、身份、单位及有关情况。介绍时语言要热情友好，充满自信，眼睛要注视对方。

介绍内容要准确、恰当。在社交场合，自我介绍的内容大体由三个要素构成，即本人姓名、本人供职单位和本人职业（职务）。一般的自我介绍要将三者一气呵成，在初见面时，介绍要报姓名全称。如果对方表现出结识的热情和兴趣，还可以进一步介绍一下自己的学历、专长、兴趣、经历等。自我介绍的内容也可根据实际的需要决定繁简。

客人与主人除了见面时应该打招呼，离开时也要打招呼。在离开聚会时，应该向主人打招呼；餐桌上暂时离开打电话或者去洗手间，也应该向旁边的人打招呼。不声不响地离开或见面不理不睬，都是非常失礼的行为。因此，打招呼虽然是宴会中的一个小细节，却是不容忽视的。

软弱无力的手怎能握住成功

握手表示友好，是一种交流，可以加深双方的理解、信任。

社交活动中，人与人之间经常需要握手。握手是一种礼仪，人与人之间、团体之间、国家之间的交往都赋予了这个动作丰富的内涵。一般说来，握手往往表示友好，是一种交流方式，可以沟通原本存在隔膜的情感，可以加深双方的理解、信任，可以表示一方的祝贺、鼓励，也能传达出一些人的冷漠、敷衍。团体领袖、国家元首之间的握手则往往象征着合作、和解、和平；在各类商务、公务及普通的宴会场合，握手礼是使用最频繁的礼节，表示对对方前来赴宴的欢迎。既然握手如此重要，那么，就要注意对手的保养。当然，即便不握手，手也是仪表的重要部位，不容忽视，毕竟谁也不想被脏兮兮的手握着。

一次宴会上，某经理对秘书说：“我不想和那个客户做生意，他是我见过的握手最无力的人，他的手冷冰冰的。我们之前握过几次手，可是他的手一次比一次冰冷，他让我觉得仿佛握着一条死鱼。我现在对他这个人充满怀疑，因为双手冰冷、握手软弱无力的人缺乏活力，缺乏真诚。接下来的宴会多注意他，不要让他给今天的客人带来不快。”秘书听后，立即找了几个人绊住了那位客人，一直到宴会结束他都没法脱身，更别说与现场其他人交流合作了。

与他人握手时，如果你的手软弱无力，对方就会觉得你是在敷衍。事实上，用力握手是有诚意的表现，握手愈用力，愈可以给对方留下深刻的印象。若是对方用力地握你的手，你就会下意识地用力握下去，以免自己居下风。握手，按字面理解为手与手的结合，也是一种心与心的沟通，即人们能够从中感到一种强烈的连带关系。握手可以表现出一个人是否饱含真诚。真诚的人握着你手的时候是暖暖的，虽然他手的实际温度或许并不高，但他的真诚通过两只手热情地传递出来，让人对他产生一种信赖和好感。

握手是人与人之间的第一类接触。走入饭店、餐厅，与主人或客人见面时，以及宴会结束、分别时，常常需要握手。通过手与手的相握，可以让两个陌生人更亲近；原本对面不相识的人，会因为握手这个动作，成为见面问声好的工作伙伴。看似简单的握手，却蕴藏着复杂的礼仪规则，传达着丰富的交际信息，如：与合作者握手表示期待，与对头者握手表示和解，与成功者握手表示祝贺，与失败者握手表示理解，与悲伤者握手表示慰问，与欢送者握手表示告别等等。

1. 握手的姿势要准确

标准的握手姿势应该是平等的，大方地伸出右手，手掌和手指用一点力，握住对方的手掌。这个姿势对男女都是一样的。在大多数人的意识里，以为与女人握手只能握她的手指，许多女人也认为她只需要伸出她的手指，这种想法都是错误的。

通常情况下，在社交场合，人们应该站着握手，不然两个人都应坐着。如果你是坐着的，有人走来和你握手，你就必须站起来。如果你因身体不便或其他原因不能站起来，你一定要说："对不起，我不能站起来。"此外，还要注意以下几点：

在握手时不要把另一只手放在口袋里。

要和对方保持一定的距离，才可伸出右手。

右手大拇指朝上，虎口张开，以便与对方的手相握。

握手的动作不可太久，应尽量简短。

2. 握手的力度与时间要适当

握手的力度要适当，过重过轻都不适宜。特别是在与女人握手时不能太重，因为有很多女性，她们都戴着戒指，如果力度过大，会让她们感到疼痛。握手的时间通常是 3 秒钟左右，长久地握着不放，有时会让人感到不自在。当然，匆匆握一下就松手，同样也会让人感到不真诚。

3. 握手时的表情要自然

在握手的瞬间，表情自然，面带微笑，双目注视对方，显得你非常有诚意，而且对方也感到充满了友谊。你的诚意与信心很容易让对方感受到；而相对的，如果你在虚伪应付，对方也能从你的握手瞬间察觉出来。

4. 谁先伸手要弄清楚

目前，无论男女老幼，谁先伸手都是可以的。在我国的传统礼仪里，要等长者和身份高的人先伸出手来，才可以接受握手，但在国际礼仪中已经没有这种要求了。

与长辈握手时：在我国还是要先等长辈伸出手，时间长短依长辈松手来决定。切勿自己先甩开手，因为这是十分不礼貌的行为。

与朋友握手时：自己要先伸手，尤其是碰到熟悉的朋友时。最好远远地就伸出手等着，这不仅表示出诚意与兴奋，更可让对方感受到你的热情。

与女士握手时：在西方的礼仪中，通常朋友介绍认识后，都应由女士先伸手。

5. 注意卫生

我们的手每天都要接触各种各样的东西，很难时刻保持干净。尤其是有些人的手汗多，握上去，让人感到很难受。如果你确定自己的手不太干净而一时又来不及清洗，在别人伸出手的同时，要及时说：“对不起，我的手有些脏。”

6. 避免小动作

有些人喜欢在握手时加入一些小动作，例如用大拇指搓搓对方的手背或是用食指抠手掌心。其实这都是十分要不得的坏习惯，因为这样做容易让人误以为你有不正当的暗示。此外，握住对方的手后，紧握一下即可，不要频频摇晃，这容易给人不够稳重的感觉。

7. 不要交叉握手

人多时，注意不要交叉式握手，可待别人握完后再握。每逢热烈兴奋的气氛时，有些人容易忽略这一点，要特别注意。

到朋友家中，客人多，只需与主人及熟识的人握手，其余的人只需点头致意。但经过主人介绍的，就要逐一握手致意。

8. 握手时不应戴手套

握手时要脱去手套，如因故来不及脱掉就握手，必须向对方说明原因并表示歉意。不过据欧美传统，穿大礼服、戴白羊皮手套者，因不易脱下，按习惯可以不脱手套握手，但要请求对方原谅。另外，据西方传统，地位高的人和妇女也可以戴手套握手。

9. 态度要端正

握手时双眼要正视对方，面露笑容，一边握着对方的手，一边和第三者谈笑，是最要不得的失礼行为。

当需要握手时，若你正在吸烟，不要把烟叼在嘴上或换成左手拿便把右手伸了出去，而应将烟放在烟灰缸之后，再和人握手。

在宴会上，握手看似一个很简单的动作，其中的学问却不可小觑。只有懂得握手的人，才能握住成功。

别随意将客人的名片塞进裤兜

小小一张名片使用得当，很有可能成为你日后成功的铺路石。

名片，是当代社交中一种最为经济实用的介绍性媒介。由于它印制规范、文字简洁、使用方便、便于携带、易于保存，而且不讲尊卑、不分职业、不论男女老幼均可使用，因此用途广泛，颇受人们的欢迎。

一般来说，目前国内通用的名片规格为长 9 厘米、宽 5.5 厘米。如无特殊需要，不应将名片制作过大，甚至有意搞折叠式，免得给人以标新立异、虚张声势、有意摆谱之感。印制名片的纸张，宜选庄重朴素的白色、米色、淡蓝色、淡黄色。

最好不要印制杂色名片，令人看得眼花缭乱。也不要用黑色、红色、粉色、紫色、绿色印制名片，它们均会给人以有失庄重的感觉。不要在名片上印人像、漫画、花卉、宠物，这些东西并无实用价值，却会给人以华而不实的印象。在国内使用的名片，宜用汉语简体字，不要故弄玄虚，使用繁体汉字。切勿在一张名片上采用两种以上的文字，也不要将两种文字交错印在同一面。

在赴宴时一般要带好自己的名片。在宴会上，大家会互赠名片，这是一种很平常的行为，却有着十分重要的意义。首先，名片可以记录你所遇到的人；而且更为重要的，它们是你与名片主人进一步联系的依据。这些小小的名片很有可能成为你日后成功的铺路石。

一天，郑健参加一场宴会，现场大家彼此交换名片。不过，由于名片太多了，没多久郑健的名片夹就放不下了，郑健只好把对方的名片顺手塞进裤兜里，以便腾出手来接下更多的名片。可是，郑健丝毫没有注意，在他转身的一瞬间，对方的脸沉了下来。

郑健将客人的名片塞进裤兜里，显然是很不礼貌的行为，客人因此变了脸色也是情理之中的事。因此，在你与别人交换名片时，就一定要注意一些小细节，不可随意对待别人递过来的名片。

如果像郑健那样顺手将别人的名片塞进裤兜，往往容易得罪人而不自知。

既然交换名片是如此重要，那么，互相赠送名片时我们都应该注意什么呢？

1. 递送名片不可过早

名片交换礼节的第一步是选择适当的时候交换名片，除非对方要求，否则不要在年长的上级面前主动出示名片，那样显得十分不礼貌。

在一群陌生人中最好不要到处传发自己的名片，那样会让别人误以为你是个低素质的推销员，只会鄙视你。因此，在商业社交活动中要有选择地发送名片。

假如你所面对的是一群不认识的人，那么最好等别人先发送名片。名片的发送可在刚见面或告别时，但如果你即将发表自己的意见，就应该在说话之前发名片给周围的人，这样可以有助于他们认识你。

如果你出席重大的社交活动，那么一定要事先准备好名片。交换名片时如果名片已用完，可用干净的纸代替，在上面写下个人资料；不可随便写在别人的名片后面代替，那只会显得你不尊重对方。

2. 递交名片不可随意

递送名片给别人时，不可随随便便。要郑重其事，起身站立，走上前去，使用双手或者右手，将名片正面朝上，递交对方。此外，不要用手指夹着名片递给别人，那样会显得你很轻浮且不尊重对方。此外，不要将名片举得高于胸部，也不能低于腰部以下。

如果你所面对的是少数民族或外宾，最好将名片印有对方认得的文字的那一面面对对方。将名片递给他人时，应该说“请多指教”“多多关照”“今后保持联系”，或是先向对方做一下自我介绍。

如果是与多个人交换名片，那么要讲究先后次序。或由近而远，或由尊而卑，一定要依次进行。切勿挑三拣四，采用“跳跃式”，否则会被人认为厚此薄彼。地位较低的人或是来访的人要先递出名片。

3. 接受他人的名片要恭敬

当别人递交名片给你或者与你交换名片时，你应立即停止手上所做的一切事情。如果手上有东西应该立刻放下，起身站立，面带微笑，目视对方。接受名片时应该用双手，或以右手接过，切勿单用左手接过。

在你接过对方的名片后，要立即用半分钟左右的时间，从头至尾将其认真默读一遍，意在表示尊重和重视对方。接受他人名片时，应口头道谢，或重复对方所使用的谦词敬语，如“请您多关照”“请您多指教”，不可一言不发。若需要当场将自己的名片递过去，最好在收好对方名片后再给，不要左右开弓，一来一往同时进行，那样容易出现交叉递送的错误而造成尴尬。

当你看过名片后，应细心地将名片放入上衣口袋或者名片夹中。若接过他人的名片后在手上把玩，或随便放在桌上，或装入臀部后面的口袋，或交与他人，都是十分失礼的行为。

关于名片礼仪还应注意，不要弄脏名片，不要在用餐时发送名片，切忌折皱、玩耍对方的名片，更不要在别人的名片上做标记。因为类似的做法都会引起对方的反感，导致你社交的失败。

喧宾夺“座”难免尴尬

应酬吃饭时的座位选择是一门学问，可以从中看出一个人懂不懂得社交礼仪。

中国人一贯重视“座次”。《礼记》中讲“天地位焉”，意即天地万物各有其位，马虎不得。

中国自古是个礼仪之邦，吃饭时候座位的重要性，从我们的老祖宗辈起就知道了。当时的人每当收到邀宴请帖，往往会烦恼不安，因为不知道邀宴的真正目的何在：是不是一场鸿门宴呢？会不会在吃饭心情放松的情况下被暗杀呢？刺客会不会趁人不备就得手了呢？于是赴宴用餐的时候，客人们都非常紧张提防。为了让被请的客人安心，能够放心享用美食，主人就安排让被请的主要客人面对门而坐，也就是离门最远的位置，借此让客人知道，这是纯吃饭联谊，绝不会有刺客从背后暗杀。而且如果真有任何异动，客人可以马上看到进门的人及突发状况，就能立刻反应自卫。为了表明心迹证明自己没有其他恶意，背对门的位置都是由主人来坐，而主要客人则必定面对门而坐。这个习惯流传至今，因此在用餐时，面对门的位置就是上位，由主客来坐；背对门的位置则是下位，由请客的主人来坐。

因此，赴宴时一定要懂得座次的安排，如果自己不懂可以请教主人，千万不可随便找个位置就座，一旦坐错了位置，难免一场尴尬。

一次，小尹参加别人70岁大寿的生日宴会，由于堵车迟到，小尹到现场时，参加宴会的人已经来得差不多了。小尹想趁着没人注意，闪进场找个空位坐下来。可是目光所及之处都是人，根本不见有空位。突然，小尹看到一个空座，他赶紧三步并作两步走，以迅雷不及掩耳之势入座，并与同桌的客人打招呼，同桌的客人尽管都给予了回应，但表情都十分勉强。小尹只当那不过是别人不认识自己的正常反应，也就不多想了，安下心来等待开席。过了一会儿，小尹感觉众人都将目光转向他，心里正纳闷呢，这时，有一位先生指了指他身后，小尹转过身一看，只见后方墙壁上竟挂着巨大的红色“寿”字，原来小尹情急之下竟坐了寿星公的位置！他顿时感到脸上火辣辣的，尴尬地站了起来，在好心人的指点下找了个角落的位置坐下。小尹心想：“唉！要是有个地洞，我一定钻进去。万众瞩目啊！脸丢大了！”

小尹由于疏忽大意，一不小心，喧宾夺“座”，惹来众人“关注”的眼光，场面好不尴尬。尽管小尹此举是无心之过，可在场的其他人不会这么认为，他们只会觉得小尹是个不懂座次之礼的人。何为座次之礼呢？在我们参加宴会时，除了要知道自己当天所扮演的角色外，还要了解男女主人在餐桌上的位置，男女主宾的位置，以及其他男女陪客的位置，然后再按照自己所扮演的角色入座，切不可像小尹一样做出喧宾夺“座”的行为来。那么，到底怎么坐才不会失礼呢？

（1）客人到达自己的位子时，一屁股坐下来，是相当不礼貌的行为。正确的入座方式为从左侧入座，先用一只脚跨入桌椅间的空隙，另一只脚再随后跟上。等到双脚到达定位时，上半身保持挺直，下半身弯曲垂直坐下。

（2）赴宴入座，不可一见空位就自行坐下。高级饭店往往是由服务员带路入座，以免坐错席位。若是参加宴会，进入宴会厅之前，应先了解自己的桌次和座位，入座时注意桌上座位卡是否写着自己的名字，不要随意乱坐。

（3）应听从主人安排，按主方给定的座位就座。不要随心所欲地寻找熟人或与想要结识的人为邻，或过分客气，以至于拉拉扯扯。另外，入座时，应让年长者、地位高者和女士优先，如邻座是年长者或妇女，应主动协助他们先坐下。然后，自己以右手拉开椅子，从椅子左边入座。同时，应与同桌点头致意。

（4）一般来讲，中式正式宴会以圆桌为主，圆桌非常适合中餐所有菜一起上的方式，围着餐桌吃的每个人都可以很方便地夹到菜。

一般普通的小型宴会上，谦虚的主人会请最重要的客人上座就座（上座一般为面对着门的位子或者位于上北方位的位子），自己则在一旁或背对门的地方作陪，当然主和客通常会客气地推来推去，谁也不肯位居上座以表示谦让，最终一般客随主便就可以了，也无需客气太长时间。

（5）工作餐是一种非正式的商务宴请，对于座次的安排一般没有严格的要求，双方可自由入座。但出于礼貌，主人应等客人落座后再坐，且应把座向较好的位置让给客人。如果主人与客人为同性时，主人可坐于客人的对面，也可坐于客人左侧。客人为异性时，主人应选择客人对面的位置。

（6）如果你是第一个走近桌子的人，那就顺势向里移，以方便其他人就座。在餐厅用餐，当人多椅子不够用时不可乱拉旁桌的椅子，应请服务员协助搬取足量的椅子，或另找个宽敞的餐桌落座。

由此可以看出，应酬吃饭时候的座位选择是一门学问，可以从中看出来一个人懂不懂得社交礼仪。

“伤不起”的宴会仪态细节

在宴会上，入座的礼仪非常重要，一旦忽视可能会受到大家的鄙夷。

郭女士号称“宴会女王”，但性格特别毛躁，总像个没头苍蝇似的不知在忙些什么。有一回郭女士与几个朋友一起聚餐，她比较晚到，一坐下来，就看到她边道歉，边忙着把太阳眼镜摘下来放桌上，接着从皮包里拿出近视眼镜戴上；然后一边说话一边拿出一把扇子扇凉；又取出手机接了个电话，所以桌上又多了一部手机；这还没完，随即又拿出一个小药盒，以提醒自己饭后要记得吃药。这一下她的餐桌面前可热闹了，摆得琳琅满目的东西让大家眼花缭乱。夹菜吃的时候，她不慎把红烧蹄筋的汤汁滴了一滴到她的名牌太阳眼镜上，连忙拿着纸巾和湿巾擦拭干净，这还不打紧，擦拭的时候一不小心又把盛在小碗里的汤给碰翻了，手机、药盒全浸在汤汁里，汤汁滴落到她的衣服上，大伙儿手忙脚乱地帮她清理干净，整桌人全乱套了。

也许郭女士的性格就是大大咧咧的，然而她在宴会现场的表现绝对不能用“大大咧咧”一语掩盖。她的漏洞百出，体现出她缺乏基本的素养，更谈不上品位和修养。她的粗俗绝对不会给现场的人带来感官的愉悦，她甚至连最基本的尊重自己和尊重别人都做不到。郭女士如此失态根本与“宴会女王”的称号不符，她甚至连个花瓶都算不上，自然会受到大家的鄙夷。

所以，女性在宴会上一定要注意自己的仪态细节，万不可毛毛躁躁，失礼于人。

1. 私人物品的放置

私人物品如皮包、手套、香烟、打火机、手机、钥匙、帽子、眼镜、围巾、圆珠笔、笔记本等，都不可以长时间放在桌上。餐桌是摆放碗筷进食的地方，私人物品放在那儿，会影响别人用餐，也会使餐桌凌乱，非常不礼貌；何况还可能沾染油污弄脏私人物品，因此一定要避免。那么私人物品应该放在哪里呢？

（1）在较高级的餐厅用餐，餐厅都会备有衣帽间，像大衣、外套、伞具、包裹等物，皆可交给服务人员放置衣帽间，避免弄脏衣物，也可让自己就餐时身手利落。取回时记得给服务员小费。

（2）女士的皮包或贵重物品要随身携带，不要寄放在衣帽间。女士皮包应放在身后椅上，或用专用小钩钩在餐桌下，或放在椅脚前的地上（地面干净的话），或放在身旁空椅子上，或放在腿上，如果挂在椅背上，要特别小心别被扒手偷去贵重物品。

（3）可能有很多人不习惯把手提包放在地板上，这时，你可以把手提包放在背后和椅子之间，或者大腿上（餐巾下）。

（4）若是邻座没有人，也可以放置在椅子上，或挂在皮包架上。

2. 在餐桌上坐姿要端正

坐在餐桌上的时候，身体保持挺直，两脚齐放在地板上。当然，这并不是要求在餐桌上必须像军校的学生一般，坐得像枪杆一样笔直；不过也不可能像布娃娃一样，弯腰驼背地瘫在座位上。

用餐时，上臂和背部要靠到椅背，腹部和桌子保持约一个拳头的距离。两脚交叉的坐姿最好避免。在上菜空档，把一只手或两只手的手肘撑在桌面上，并无伤大雅，因为这是正在热烈与人交谈的人自然而然会摆出来的姿势。不过，吃东西时，手肘最好还是要离开桌面。如果两个胳膊不顾一切地往外张开，使得左右两边的同席者感到不便，这样是很不礼貌的。

暂停用餐时，双手如何摆放可以有多种选择。可以把双手放在桌面上，以手腕底部抵住桌子边缘；也可以把手放在桌面下的膝盖上，双手保持静止不动。不管怎样，这样比用手去拨弄盘中的食物或玩弄头发要好得多。

3. 餐桌上不可整理服饰

在国际交往中，女士如在餐桌上整理服饰，拿出小镜子补妆，就会引起麻烦了。这种行为，首先说明你缺少自尊，而且还会被西方人误认为你是揽客的妓女。所以，不要在餐桌上补妆。女士们赴宴常会上亮丽的彩妆，用餐过程中或有需要补妆之时，或用餐完毕要修补口红，切记不可在餐桌上进行，此时应向在座宾客说声对不起，到化妆室或卫生间去补妆。

4. 尊重其他用餐者

把手机铃声关掉（最好是关机），然后大体留意一下周围环境的喧闹程度。不要盯着其他人看，虽然这很难做到，但是你要知道角落里的那对亲密的伴侣或许正在最后的晚餐中挽救着他们的关系，绝对不要窃听。尽管如此，饭店仍是公共场所，你绝对有权享受欢声笑语，所以也不必默不作声。

用灿烂的微笑提升你的宴会形象

在宴会上，微笑是有效沟通的法宝，是人际关系的磁石。

在经济学家眼里，微笑是一笔巨大的财富；在心理学家眼里，微笑是最能说服人的心理武器；在服务行业，微笑是服务人员最正宗的脸谱……

微笑是有自信心的表现，是对自己的魅力和能力抱积极的自我肯定。微笑可以表现出温馨、亲切的表情，能有效地缩短双方的距离，给对方留下美好的心理感受，从而形成融洽的交往氛围。面对不同的场合、不同的情况，如果能用微笑来接纳对方，可以反映出你良好的修养和挚诚的胸怀。

李伟在国内一家大型企业任业务经理，年收入高达百万元。身为业务经理的李伟自然经常参加商务应酬，宴会成了他工作的重心，他的业务基本上都是在宴会上签下来的。他成功的秘诀就在于拥有一张令客户无法抗拒的笑脸，每次在宴会上客户总是被他的微笑感动，宴会结束后客户总是无法忘怀这个面带微笑的青年。

李伟原是国内棒球界的知名人士，后来想去应征公司业务人员。他认为利用自己在棒球界的知名度，一定会应聘上的，没想到却惨遭淘汰。人事经理对他说："业务人员必须有一张迷人的笑脸，而你却没有。"

李伟的倔强性格使他不但没有泄气，反而决心要练出一张笑脸。他每天在家里大笑百次，弄得邻居以为他因失业而发疯了。

为了避免误会，他干脆躲在厕所里大笑。他搜集了许多明星人物迷人的笑脸照片，贴满房间，以便随时观摩学习。另外，他买了一面与身体同高的大镜子放在厕所内，以便每天进去练习大笑三次。

经过长时间的练习，他终于练出了一张迷人笑脸，而凭着这张"婴儿般天真无邪的笑脸"，他成了行业的冠军。成为百万富翁后的李伟经常说："一个不会笑的人，永远无法体会人生的美妙。"

有人说，如果你没有好的相貌，就让自己有才华；如果才华也没有，那就总是微笑着。什么是微笑？有人说："微笑，似蓓蕾初绽。这朵花，植根于美的心灵、真诚和善良，在微笑中洋溢着沁人肺腑的芳香。"其实微笑就是脸部表情的一种体态语言，它能起到良好的社交作用。微笑是人类宝贵的财富，是自信的标志，也是礼貌的象征，微笑具有震撼人心的力量。笑与语言配合起来，是人表达愉悦心情的最佳方式。在宴会中要想赢得人心，受到人们的喜爱，就必须展现动人的微笑，这样你才能在人们心中树立起长久的魅力形象。

在宴会上，微笑是有效沟通的法宝，是人际关系的磁石。没有亲和力的微笑，无疑是重大的遗憾，甚至会给工作带来不便。可以通过训练有意识地改变自己：一是放松面部肌肉，然后使嘴角微微向上翘起，让嘴唇略呈弧形。最后，在不牵动鼻子、不发出笑声、不露出牙齿，尤其是不露出牙龈的前提下，轻轻一笑。

在宴会上你不可避免会遇到一些不熟悉甚至陌生的人，你要怎么走近他们，让他们感受到你的友善呢？其实，此时的他们心中和你一样对这个陌生的宴会感到不自在，他们渴望被别人理解和关怀，渴望有人能帮助他们走出自我孤立的境地。这时，你给他们一个微笑，他们也会用同样的热情来回报你。

可以说，在人际关系与心理沟通中，微笑是最简单但却很有效的沟通技巧。微笑是一种极具感染力的交际语言，不但能很快缩短你和他人的距离，并且还能传情达意。当然，微笑看似简单，但也需要讲究一定的技巧。

第一，在人际交往与沟通中，要笑得自然。

微笑是美好心灵的外观，微笑需要发自内心才能笑得自然，笑得亲切，笑得美好、得体。切记不能为笑而笑，没笑装笑。

第二，与人交往沟通时要笑得真诚。

人对笑容的辨别力非常强，一个笑容代表什么意思、是否真诚，人的直觉都能敏锐判断出来。所以，当你微笑时，一定要真诚。真诚的微笑让对方内心产生温暖，引起对方的共鸣，使之陶醉在欢乐之中，加深双方的友情。

第三，微笑要有不同的含义。

对不同的交往沟通对象，应使用不同含义的微笑，传达不同的感情。尊重、真诚的微笑应该是给长者的，关切的微笑应该是给孩子的，暧昧的微笑应该给自己心爱的人等等。

第四，微笑的程度要合适。

微笑是向对方表示一种礼貌和尊重，我们倡导多微笑，但不建议你时刻微笑。微笑要恰到好处，比如当对方看向你的时候，你可以直视他微笑点头。对方发表意见时，一边听一边不时微笑。如果不注意微笑程度，微笑得放肆、过分、没有节制，就会有失身份，引起对方的反感。

微笑是一种无声的行动，是一种宽容、一种接纳，它缩短了彼此间的距离，使人与人之间心心相通。

在宴会中，能够保持微笑的人，往往更容易赢得对方的好感。真诚的微笑能够让别人敞开心扉，有微笑面孔的人会让人们不再紧张且看到希望。因为一个人的笑容就是他传达好意的信使，他的笑容可以照亮所有看到它的人。没有人喜欢那些在宴会上愁容满面的人，更不会信任他们。很多人之所以能够在宴会中游刃有余，都是从微笑开始的，因为微笑既可以愉悦自己，也可以愉悦别人。

餐桌上千万不可“脏话连篇”

宴会上说话要讲文明，脏话连篇只会给人留下粗俗下流的印象。

生活中，人们不知不觉中就会受不良社会因素的影响，养成不好的习惯，比如爆粗口、说粗话。很多人会替自己辩护：“我跟一般人不会爆粗口，只有关系好的朋友才会，大家都是朋友，都知道我没有恶意，所以没事。”可事实上，即便是跟朋友一起吃饭也不可以毫无顾忌地“出口成脏”。

陈潇留学回来，带着女友回国，打算宴请几个很久没见的老同学。

吃饭那天，天下着大雨，这时，一男一女相伴进了饭店。只听到男人说：“陈潇这小子可真会挑日子，他××的，这么大的雨跑到他××这么远的××饭店！真××！”旁边的女人劝他说：“你就少说两句。要让陈潇听见多不好啊！人家好心好意请你吃饭，谁承想会下雨啊！”那男人不听，还是骂骂咧咧的。看到陈潇，也没有寒暄一番，直接劈头就骂：“陈潇，你××小子，出国混了几年，真是××，还以为××死外头了呢，真××的……”什么叫脏话连篇，陈潇这回总算见识到了。

陈潇一个劲地说：“抱歉，没想到会下雨，给大家添麻烦了。”在场的老同学都说没事，就听刚刚那位男士又开始了：“陈潇，你这话说得就见外了，咱们是什么关系啊？老朋友了！你××不要以为我刚刚是××抱怨，你知道的，我××就是一大老粗，别××误会啊，没别的意思。”陈潇在一旁赔笑说：“不会，不会。”与宴的其他同学都在笑着议论：“他怎么这样啊，也不看什么场合，一点儿也不顾及咱们的面子。”这时，刚才那位女士提醒那位脏话不断的仁兄说：“你别那样，这么多人呢，好好说话。”那位仁兄说：“没事，你不懂，咱们都××是老同学了，大伙儿不会介意的，是吧？”说完，他转身“询问”在场众人的意见，只见大家都面露尴尬，勉强点头。那位仁兄更得意了。自然，整顿饭脏话不绝于耳。

朋友聚会就可以“出口成脏”吗？很多人觉得，朋友关系好，都是自己人，不同于其他人，说话可以无所顾忌，想怎么说就怎么说。可是朋友也是人，难道你不该对其给予最起码的尊重吗？案例里那位仁兄毫不注意场合，大放厥词，暴露出了自己的粗鄙与无知。他不文明的行为只会招来朋友们的反感与厌恶，下次谁还敢与他同桌共餐呢？

朋友聚会相对于其他社交宴会来说，氛围会轻松一些，可是这并不表示你可以毫无顾忌地大爆粗口。那样一方面会让朋友觉得尴尬，如果还有其他人在场，朋友会因你的不注重场合而怨恨你，懊悔自己结交了不该结交的人；另一方面，你也因此成为全场的“中心”，大家都在看你“自我陶醉”于自己的低级趣味，只会对你敬而远之。毕竟谁也不想与一个只会爆粗口的傻瓜待在一起。

有些人在朋友聚会上脏话连篇，在商务宴会上也“荤段子”不断。

岁末年终，夏娟应邀参加市工商联合会的团年饭。刚一落座，李主任便大讲“荤段子”，全然不顾同桌两位女士的感受。这令夏娟在宴会上大跌眼镜，她万万没想到平时西装革履、温文尔雅的李主任有此不雅“爱好”，以后一定少打交道。

饭桌上，40多岁的李主任当着夏娟和另一位女士的面，肆无忌惮地讲一些难听的“荤段子”，有的相当下流。比如敬酒时，见两位女士喝的酸奶，这位李主任故作惊讶地说：“我和你们碰杯，岂不是碰你们的奶吗?”羞得夏娟满脸通红，赶紧谎称上洗手间溜走。

社会在进步，文明在提升。“荤段子”是对女士的失礼，更是对讲故事者自己尊严的糟践。有的人认为讲“荤段子”是活跃饭桌气氛的润滑剂，殊不知，只一两句话就让自己的形象一下子被抹黑了。

“荤段子”大多非常露骨下流，淫秽色彩浓重，所以，讲“荤段子”本身就是不文明的行为。“荤段子”表面上看是一种“酒桌文化”“酒桌时尚”，但其实质是一种不健康的思想观念。如果酒桌上有女性，男性讲“荤段子”属于性骚扰。

因此，我们平时一定要注意养成良好的语言习惯，不可随意讲脏话。参加宴会更要注意文明礼貌，不可留给别人出口成“脏”的印象，从而导致社交失败，生意泡汤。

餐桌上开口重在分寸

宴会上说话要把握好分寸，不懂说话分寸的人容易吃大亏。

在西方，人们常说，声音是“沟通中最强有力的乐器”。然而很多人却不知道自己的声音如同坏了的乐器发出的噪音，其恐怖程度可媲美“超声波”，常常令周围的人头痛不已。

肖琼是公司新来的员工，刚刚大学毕业，性格活泼好动。这天公司在附近餐厅举办迎新会，以便新员工与老员工进一步交流，为以后的公事交际打下基础。肖琼作为新员工代表发言，可能是性格原因，也可能是想在大家面前出出风头，肖琼开始了她的即兴演讲。只见她侃侃而谈，超高分贝的声音震慑全场，甚至连玻璃杯都在隐隐颤动。或许是对自己太过自信，肖琼发表了半小时的演讲后还意犹未尽，丝毫没注意主持人在一旁已经朝她使了半天眼色，还在那里没完没了地讲。经理看了直皱眉头，在场的其他同事碍于情面又不好遮起耳朵，邻近门边的同事都借故闪出了门外。

肖琼原想通过即兴发言给大家留下一个好的印象，谁知由于她的声音过于刺耳，反而让人感到不舒服；更何况她完全忘记了自己所处的场合和身份，只顾没完没了地“自我表现”，怎么能不让人头痛呢？

语言沟通在宴会中是必不可少的，既然如此，我们必须注意塑造自己的声音。要知道，动听的声音应该是饱满的，充满活力，能够调动他人的情感，引起他人的共鸣。如果不注意声音的塑造，以尖锐的声音去获取别人的注意力，只会在不经意间毁坏自己的形象。毕竟，谁会愿意让那令自己头痛的“超声波”刺激双耳，扰乱听觉神经，破坏自己的情绪呢？

所以，无论你是设宴还是赴宴，无论你是男士还是女士，都要注意在宴会进行中以生动的声音表现自己，尽量避免自己的地方口音，力求以抑扬顿挫的声调表现自己良好的精神风貌，并且要明确自己的身份以及赴宴的目的，把握好音量，切忌“不拘小节”，以“超声波”蹂躏宴会上其他人的耳朵和心脏，惹人生厌。

许多人平时习惯大声说话，尤其北方人豪迈，讲话更是中气十足、声如洪钟。平时说惯了，不觉得大声说话有什么不好。但参加宴会时说话的音量上，确实需要多加注意，一不留神，声音就会越来越大。大声说话除了自己费劲之外，太大的音量，确实会对别人造成干扰。因此千万要记住随时放低声量，不要给别人制造噪音。

宴会上除了说话声音要适当外，说话的多少也要恰到好处。宴会上，有的人说话是字字珠玑，有的人说话则是废话连篇、惹人讨厌。“说话”这种人类本能的能力，除了需要培养它的技巧与方式、了解说话时机，还需要许许多多的规范，才能说得恰当、讲得适宜，达到沟通的真正目的。否则不但得不到效果，还可能有反效果。俗语说：“一言兴邦，一言丧邦。”适当地说话真是太重要了。

人们都说，大自然赋予人一条舌头和两只耳朵，为的是让人多听、少说。如果你常常参加宴会，你会发现宴会中有这样一些人，他们似乎更应该和三姑六婆在菜市场去谈论东家长、西家短，而不是在宴会上毫不顾忌别人的感受，像个发动机一样，一经发动便滔滔不绝地宣泄自己所知道的一切事情。

小欣前去参加老同学女儿的10岁生日宴会。她一入席，就拉着几个好久没见的同学滔滔不绝地讲述她的婚姻生活，内容无非是“我老公他们单位今年又发了……”“我儿子考了年级第一……”“我婆婆真烦人啊，整天啰唆个没完，一会儿嫌我这个，一会儿嫌我那个……”见别人只是微笑应对而没有其他表示时，她觉得可能自己的描述还不够精彩和具体，便接着说：“我这样一个气质美女没想到现在真的只能在家做饭带孩子了。”这时，一位同学接口说：“结婚了，肯定是花在家人身上的时间多了……”还没等这位同学说完，小欣又开始说起来了：“要我说啊，婚姻就是爱情的坟墓，我老公追我那会儿……现在他每天半夜才回家……还有我那个婆婆……”整个宴会上小欣都在向其他人抱怨婚姻生活的种种琐事，让人不胜其烦。其他同学心想：我要是你老公，也会半夜才回来……

此后，只要在宴会上碰到小欣，同学们都离她远远的，就怕她见着他们又没完没了地抱怨起来。

其实，小欣参加宴会不过是想找一些人听自己发发牢骚而已，她根本意识不到自己正在向别人倾倒“语言垃圾”。殊不知，她这样做只会徒增别人的反感与厌恶，而不会得到别人的理解和共鸣。她就像一个蹩脚的三流演员一样，演着一出出乏味的家庭情景剧，完全暴露出自己的愚蠢和无知，给别人徒增生活的笑料而已。

宴会中语言交流要注重双方的互动，不能是一方拼命说，而另一方毫无反应，这样的沟通是无效的。要想在宴会上展现自己的语言才华，必须三思而后“语”，要迎合大多数与宴者的心理，即时调整谈话的内容，千万不可让自己的舌头超越自己的思想，从而成为别人茶余饭后的笑柄。

另外，约会饭局的重点不在吃饭，而重在与人沟通、感情交流。因此，与人共餐不可只顾吃菜，不但要谈话，而且要顾及在座的每一个人，不要冷落了任何一位。

谈话内容不宜碰触政治、宗教、年龄、薪水等敏感话题，以免引起面红耳赤的争论。

嘴里有食物时别说话。若嘴里正好有食物而他人问话时，别急着回答，先做个“稍等”的手势，赶紧咀嚼把食物吞下后再张口。

不善言辞的人，参加宴席前，可以事先准备一些合适的话题，用餐时就不会尴尬不知说什么了。一般而言，新闻、时事、体育、艺术、电影、经济、健康、美食等相关话题，不太会引起争论。

男女共处的社交场合，不要说黄色笑话，更不要说长道短，讲八卦流言。

宴席上与人交谈，不要夸张地大叫大笑，也不要一直与少数人窃窃私语。

宴席上与人交谈高兴之余，笑闹要有节制，不可拍桌子敲碗，制造出惊扰他人的夸张动作。

总之，宴会上说话要把握好分寸，不懂说话分寸的人容易吃大亏。

都是小动作惹的祸

成也吃相，败也吃相，你的事业可能在餐桌上发展起来，也可能在餐桌上败落。

餐桌上的举止可以展示自己的魅力、修养和气质。一个有修养的人，一定很注意餐桌上的礼仪。

讲究文明的餐桌举止，不仅是让自己或者让别人吃饱、吃好，而且是一种自律、懂礼的个人素养的体现。在宴会上，时刻注意自己的举止是对自己文明形象的一种严格要求，我们理当向不文明举止宣战。

仇先生是做进出口贸易的。有一次，他邀请一位美国客户及其夫人到一家高档饭店共进晚餐，对方欣然前往。酒菜上齐后，双方就合作意向表达了各自的看法，约好饭后签约。可是就在双方谈兴正浓之时，仇先生突然打了一个大喷嚏，鼻水连着他嘴里菜渣汤水，全喷在满桌的佳肴上以及那位美国客人的夫人脸上！还没等老仇说“Sorry”，那位夫人已经用餐巾捂着脸，跑出了包间。那位美国客人只好说了声“Sorry”，就追自己的夫人去了。事后，那笔生意也因此泡汤了。“心情简直糟透了，辛辛苦苦追了大半年，本已十拿九稳，一年可以赚百万美金的生意，一个喷嚏全打飞了！唉，都怪该死的喷嚏。”提起这件事，仇先生就郁闷，“想想那两个美国人也真是的，不就是个喷嚏吗？至于那么大反应吗？”

喷嚏反射，俗称“打喷嚏”或“打嚏喷”，是鼻黏膜受刺激所引起的防御性反射动作。生活中，打喷嚏是很平常的事。可是，在宴会上，生意竟然因一个意外的喷嚏而飞了。

一个喷嚏真的没什么大不了吗？如果你也和仇先生一样想就错了。且不说喷嚏的飞沫带有病毒或细菌，可能导致呼吸道交叉感染疾病的可能性；就说案例中仇先生那个惊天动地的喷嚏，一下子弄得对方的夫人满脸都是，而桌上原本正吃着的饭菜里也都是他的鼻水、口水等，实在是让人感到恶心。仇先生在瞬间就丧失了原本在对方心目中的好形象，生意自然也就无望了。

那么，在宴会中如果真的克制不住想打喷嚏怎么办呢？如果实在不能抑制，只能用手帕或餐巾纸遮挡口鼻，转身，脸侧向一方（这一方一定是没有人的），尽量低头并压低声音，在不影响其他人的情况下完成全部步骤。千万不可错认为打个喷嚏没什么，所以就震惊四座，那样只会将你的生意一下子“打跑”。

在餐桌上的言行举止，会直接影响别人对你的看法，对方以此判断你是否是一个值得合作的人。餐桌上除了注意打喷嚏的礼仪，还有其他举止也应该引起重视。

1. 吃到太烫或变质的食物

如果你不小心吃了一口很烫的东西，一定要迅速地喝一大口水。只有当身边没有凉饮料并且你的嘴要被烫伤时，你才可以把它吐出来。但应该将其吐在你的叉子上或者手上，并快速把它放在盘子边上。遇到变质的食物也要这样处理。例如，如果吃了一口变质的牡蛎或蚌，不要直接吐出，而要不动声色地将其处理掉。把食物吐到你的餐巾一角是不雅观的，更不可以随便吐到地上。

2. 餐桌上打呵欠

一般来说，当众打呵欠是不礼貌的行为。在餐桌上打呵欠常常给别人这样的感觉：对饭菜或谈话没有兴趣，已感到很不耐烦了。如果在大庭广众下你控制不住打呵欠，一定要马上用手捂住嘴，接着说：“对不起。”千万不可毫无顾忌，张口就来，那样容易让对方心生不快。

3. 在餐桌上咳嗽、擤鼻子

一般情况下应克制这样的行为，因为这样的动作实在是太失礼了。如果无法控制，最好用自己的手巾或手捂住鼻子。如果你使用了餐巾，则要轻声告知服务生，请他们替你更换一下。

4. 在餐桌上剔牙

如果你的牙缝里塞了东西让你感到不适，先喝口水漱口，如果仍无法冲刷出来，也别在餐桌上用牙签剔牙。这时你应到洗手间去处理。如果你确实需要当众剔牙，最好用一只手挡住你的嘴，千万不要咧着嘴冲着他人。

5. 异味或异物入口

异味入口时，不必勉强吃下去，但也不要引起在一起吃饭的人的不快。这时，你最好的办法就是用餐巾把嘴盖住，快速地吐到餐巾上，然后尽快召唤服务员来处理，并要求他给你更换一块干净的餐巾。

如果食物中有异物，比如说石子，你可以用筷子取出，放在盘子的一边。如果看到让你感到惊讶的异物时，比如说虫子，千万不要大声叫喊，这样会显得你修养不够。你最好心平气和地要求换掉，也可以向主人或服务员示意一下，尽量不要站起来说。切勿大惊小怪地告知邻座的人，以免影响他人的食欲。

6. 弄洒了汤汁

在餐桌上不小心把汤汁弄洒了，无论对主人还是自己来说，都是一件十分麻烦的事情。如果你不小心弄洒了汤汁，可以用以下方法应付：

（1）如果你在桌椅上泼洒了一点酱汁，可用餐巾擦拭；如果餐巾已经很脏，就应小心折好后交给服务员处理。

（2）如果你不小心把咖啡、汤一类的液体洒在你的茶杯托盘里，可以用餐巾纸吸干，以免你拿着杯底很湿的杯子时，又弄脏别处。

（3）如果你的汤汁洒了很多，应叫服务员来清理你弄脏的地方；如果不能清理干净，服务员会再铺下一块新餐巾，把脏东西盖住。

（4）如果连你的座位上也弄上了大量的污渍，你可以向服务员或主人再要一块餐巾盖在你弄脏的地方，同时向主人和客人致歉：因为你为他们带来了不便。你也可以对自己闯的祸开个玩笑，让大家很快忘记发生的事，从而缓解自己的尴尬。

有人说：“成也吃相，败也吃相。”你的事业可能在餐桌上发展起来，也可能在餐桌上败落。可见在宴会中不雅的吃相影响有多坏。在宴会上要时刻小心，千万不可因为吃相影响别人对你的看法，从而导致不欢而散。

第七章

把酒畅谈天下事，敬拒有度尽同欢

俗话说："无酒不成宴，无酒不成礼。"餐饮餐饮，有时候在宴席上，"饮"往往比"餐"还重要。中国自古就非常重视"酒礼"，现代社会更是如此，饮酒绝不是端起酒杯喝下去那么简单。从点酒到敬酒、拒酒，其中大有学问，如果把握不好可能会毁了整个饭局。

无酒不成宴，好席配好酒

酒的种类与菜肴的安排也有联系，甚至与季节、宴会主题的联系也很密切。

俗话说：“无酒不成宴，无酒不成礼。”这是因为，在宴会时，除了要有美味的菜品，还要适当点上一些好酒。

中国制酒技术源远流长，品种繁多，名酒荟萃，享誉中外。酒渗透于整个中华五千年的文明史中，从文学艺术创作、文化娱乐到饮食烹饪、养生保健等，它在各方面都占有重要的位置。

是朋友，酒逢知己千杯少；是异己，酒化干戈为玉帛；是文人学士，斗酒诗百篇，一醉解千愁；是儒商俗商，不尽财源杯中来；是政客权奸，好运凭借酒，送我上青云。

当然，今天人们最看重的是酒的人际交往功能。喝酒就是交际，中国人重交际，因此不能不重喝酒。

中国人交际，最常用的方式就是请客吃饭，名为吃饭，其实主题是喝酒。世界上许多国家都有饮酒的习俗，但是没有一个国家像中国这样，赋予酒这么多的内容。

酒与交际的紧密结合，会喝酒与会“做人”紧密结合，酒品与人品挂钩，乃是社交场上最不可言传的奥秘。醉翁之意不在酒，此乃酒局真谛。杯筹来往之间，人际关系拉近不少，谈资信息源源不断而出……这也正是在网络时代，还有那么多人兴冲冲去赴宴的主要动因。

因此，在中国人的宴席上，没有酒是万万不行的，即使不胜酒力的人，也需要喝些度数稍低的酒，烘托一下气氛。

宴席上如果没有酒，多少会让客人感到无酒不欢、无酒不敬。餐饮餐饮，有时候在宴席上，“饮”往往比“餐”还重要。有人说“酒菜不分家”，有美食再搭配上好酒，的确是人生至高享受。如果说点菜人是餐桌上的设计师，那么餐桌上的酒就是宴会的指挥棒，因为酒杯一拿，互相干杯，宴席开始拉开序幕；随后大家相互敬酒、劝酒、闹酒、划酒拳，气氛热烈进入高潮；最后喝尽杯中剩酒，门前一清，宴席结束。整个宴会的起承转合，所有进程都由“酒”来象征指挥。

一般来说，正式的中餐，应该避免啤酒、欧洲葡萄酒（当然中亚的可以，如波斯葡萄酒）。所以，中餐最好配备高度名酒、中低度的宴酒（30 度左右），还有男女老幼皆宜的各种黄酒、米酒。中餐中，酒的种类与菜肴的安排也有联系，甚至与季节、宴会主题的联系都很多，需要考虑的要素有：

1. 与宴会的档次相配

比如说，你要宴请你的客户，你就要针对客户在你心中的地位不同确定宴请的档次。在宴请尊贵的客户时，自然是置办高档宴席，选用高档酒类；在宴请普通客户时，宜选中低档宴席，配备中低档酒类，这样才能使酒菜相得益彰。

2. 与宴会的季节相配

选择菜肴时要考虑季节的因素，选择酒类时也要注意配合当时的气候。比如，冬天，一般人们喜欢喝“烫酒”，既开胃又养胃，商务宴会上配备白酒；夏天则喜欢“冰镇啤酒”，有消暑的功效。

3. 与宴会的菜肴相配

商务宴会时，无论以酒佐食还是以食助饮，酒、菜往往难分家。在西餐中，酒类的选择与菜肴的搭配非常严格，而中餐虽然没有这样严格的搭配要求，但也需要注意菜、酒之间的搭配，才能宾主尽欢。

4. 与宴会的主题相配

酒与宴席主题相结合。例如：婚宴选用“喜临门”“双囍”酒；金榜题名选用“状元红”酒；寿宴选用“寿先酒”“麻姑酒”；家庭聚餐选用“全家福”酒等。

5. 酒与酒亦有搭配

在西餐中，酒与酒搭配饮用较为常见，而在中国商务宴会上很少采用这样的搭配。这是因为在中国民间有种说法，认为一个人在一场宴会中饮用多种不同性质的酒，更容易醉，所以，很多人在宴席上饮酒大多“从一而终”。但是，随着社会发展，酒的加工制作工艺日益丰富，酒的种类也越来越多，人们也渐渐开始在同一宴饮活动中选用两种以上的酒。

如果必须饮用两种以上的酒，可遵循的原则为：低度酒先，高度酒后；清淡酒先，浓郁酒后；普通酒先，名贵酒后；干味酒先，甜味酒后；新酒先，陈酒后；有汽酒先，无汽酒后。

在宴会上，如果点不含酒精的软饮料，一般是：不含糖分的在先，含糖分的在后；无汽的在先，有汽的在后。例如，中餐一般先上茶水，待客人提出要求后再上果汁、汽水等含糖的饮料。

他人为你斟酒，不要忘记“叩指礼”

宴会上，别人为你斟酒的时候，为表示对主人的尊敬，不要忘记“叩指礼”。

宴会上，别人为你斟酒的时候，特别是自己的身份比主人身份高的时候，为表示对他人的尊敬，不要忘记叩指礼。方法即以右手拇指、食指、中指捏在一起，指尖向下，轻叩几下桌面。这种方法适用于中餐宴会上，它表示向对方致敬。

据说，叩指礼来源于乾隆皇帝微服私访时。其时，下属为乾隆皇帝倒茶，乾隆怕下属在皇帝面前的那种毕恭毕敬的神态会引起别人的怀疑，因此施以叩指礼，或是以示制止，或是以暗示下属，不要再为之。不过后来人们就模仿皇帝这种行为，并以模仿皇帝的这种动作为荣，以之为崇高，并敬之为“叩指礼”，就沿用下来了。

然而，许多人并不知道这种叩指礼，当别人为你斟酒的时候，不仅不知道要行这种叩指礼以示致敬，看见同桌的人对斟酒者行以叩指礼，反而认为别人那是一种颐指气使、居高临下的表现，对此嗤之以鼻。却不知，自己才是井底之蛙，大大失礼。

正式宴会上，饮不同的酒要用不同的酒杯；酒的种类不同，斟酒的标准与顺序也有所不同。

在宴会上，如果你为客人斟酒，你需要注意以下几个方面：

1. 当面开酒

商务宴会时，主办方负责人为客户所斟的酒，应当是本次宴会上最好的酒，并应当将酒当场启封，一一为客户斟酒。

2. 斟酒有量

中国有句话叫“酒满情深”，就是说斟酒以满为敬。但这个“满”可不能理解为得溢出来。一般来说，中餐时斟酒以八分满为宜，而西餐中的斟酒要根据酒类不同而定。比如：斟红葡萄酒宜八分满；斟白葡萄酒宜六分满；斟白兰地酒宜为杯容量的二分之一；斟香槟宜先斟入杯容量的三分之一，待酒中泡沫消退后，再斟入至七分满；调鸡尾酒入杯也宜三分之一；斟啤酒宜八分酒、两分沫。

3. 斟酒的顺序

一般来讲，酒席、宴会上斟酒应从主宾位开始，然后按顺时针方向依次为客人斟酒。如在座的有年长者，或者远道来的客人，或者职务较高者，要先给他们斟酒。如不是这种情况，可按顺时针方向依次斟酒。

由于宴会的规格、对象、出席者的民族风俗习惯不同，斟酒顺序也有不同，应灵活掌握。宴请亚洲地区客人时，如主宾是男士，则应先斟男主宾位，再斟女主宾位；对主人及其他宾客，则可按顺时针方向绕台依次进行；或先斟来宾位，最后为主人斟酒，以表示主人对来宾的尊敬。

为欧美客人斟酒时，则应先斟女主宾位，再斟男主宾位。高级宴会常规的斟酒顺序是：先斟主宾位，后斟主人位，再斟其他客人位。如果由两人同时为一桌客人斟酒时，则一个从主宾开始，另一个从副主宾开始，按顺时针方向依次绕台进行。

一般来说，除主人和服务人员外，其他宾客最好不要自行给别人斟酒。如果主人亲自斟酒，宾客要端起酒杯致谢，必要时应起立以示恭敬。

4. 斟酒姿势

斟酒时，每斟完一杯，要把酒瓶稍收后顺手往右轻轻一旋，以免酒水溢出，流滴到桌面或客人身上。斟酒时，酒杯应放在餐桌上，一手扶住酒杯（高脚杯应以手指捏住杯腿，短脚杯应用手掌托住酒杯），一手倒酒，注意酒瓶不要碰触到杯口。而倒啤酒时，应两只手握着酒瓶，将酒慢慢斟入，以免泡沫过多溢出杯子。如果你是接受他人斟酒，则应拿起杯子并稍微倾斜，以便斟酒。

5．斟酒方式

斟酒的基本方式有两种：一种叫桌斟，一种叫捧斟。桌斟指顾客的酒杯放在餐桌上，你持瓶向杯中斟酒。斟一般酒时，瓶口应离杯口2厘米左右为宜；斟汽酒或冰镇酒时，二者则应相距5厘米左右为宜。总之，无论斟哪种酒品，瓶口都不可沾杯口，既有碍卫生又会发出声响。酒杯总是放在客人的右边，所以倒酒也是从客人右边倒。

最后，斟酒时，要注意面面俱到，一视同仁，不能只为个别人斟酒，这是非常没礼貌的。

宴会上要饮好开头两杯酒

好的开端是成功的一半，饮好开头两杯酒，整个饭局就成功了一半。

一般来说，参加宴会时开头两杯酒最为重要。按照宴会的惯例，宴会开始，要端起酒杯祝酒。

所谓祝酒，是指宴席上宾主互相敬酒，以示祝福、庆贺。通常先由主人向来宾敬酒并致敬祝辞，主人与来宾一一碰杯，一起欢饮，然后由来宾或来宾代表向主人祝酒，双方饮酒。祝酒是宴席上最为流行的礼仪。祝酒时，主宾都要说些有关祝福、吉利、感谢的话语。如祝寿宴席上应祝老人寿比南山、福如东海；婚礼宴席上应祝新郎新娘百年好合、白头偕老等。

通常情况下，祝酒就要碰杯。祝酒为什么要碰杯？目前有两种说法。一种说法说这种方式是古希腊人创造的。传说古希腊人注意到这样一个事实，在举杯饮酒之时，人的五官都可以分享到酒的乐趣：鼻子能嗅到酒的香味，眼睛能看到酒的颜色，舌头能够辨别酒的味道，而只有耳朵被排除在这一享受之外。怎么办呢？古希腊人想出一个办法，在喝酒之前互相碰一下杯子，杯子发出的清脆响声传到耳朵中，这样耳朵就和其他器官一样，也能享受到饮酒的乐趣了。另一种说法是喝酒碰杯起源于古罗马。古罗马崇尚武功，常常开展“角力”竞技。竞技前选手们习惯于饮酒，相互勉励。由于酒是事先准备的，为了防止心术不正的人在给对方喝的酒中放毒药，人们想出一种防范方法，即在“角力”前，双方碰杯，让自己的酒向对方的酒杯中倾洒一些。以后，这样的碰杯便逐渐发展成为一种礼仪。

中国是礼仪之邦，就是饮酒也有不少礼仪规定和礼仪规范。了解并熟练掌握这些规则和习俗，不仅能使你在酒桌上顺风顺水、挥洒自由，更能显示出你良好的修养和出色的交际能力。

1. 第一杯酒，礼貌有加

宴会上的第一杯酒好比一场表演的开场，能否吸引住观众，对后面的影响很大。第一杯酒往往能为整场宴会定下基调，开头顺畅，下面接着也就顺畅了；开头不顺畅，后面的气氛就不大容易调动。

在正式场合一般由主人举杯，在家宴上一般由晚辈向长辈敬酒，友人间的欢宴由年长者先行举杯，或由召集者先行举杯。

第一杯酒，一定要饱含祝福，为的是后面的“杯莫停”。这一杯是后面感情酒的基础，即使不想拼酒，也要努力为后面的欢愉场面打下基础。因此，举第一杯酒，要区别不同情况以礼待之。

如果是在庄重的外事场合，第一杯酒不但要礼貌有加，而且必须注意来宾的身份及风俗习惯，祝酒既要体现应有的热情，又要不卑不亢，绝不能强人所难，自己喝多少就一定让对方陪饮多少，这样不但不能达到热情接待的目的，而且还会造成负面效应。要饮酒有度，热情适度，把握尺度，展现风度。

如果是商务宴请，第一杯酒就关系到后来宴会发展的风格。那么，这杯酒就要把握住既让自己不醉，还要让客人尽兴。要有大家风范，不论会谈气氛怎样不愉快，都要尽地主之谊，为宴会后的谈判打下基础。因此，祝酒时既要热情有度，又不能与来宾拼酒，以免造成来宾的反感，影响之后的正式会谈。只有掌握以礼敬酒，以情祝酒，以智行酒，方能达到目的。如果是家宴、喜宴、庆典宴，第一杯酒虽然不必太考虑宴会上的商战斗智，但同样必须体现宴会的主题、主人的盛情、对来宾光临的企盼与欢迎。如果是友人小酌，则大可不必拘泥于形式，越是实在、贴切，越能使人感到亲切，更能让人开怀畅饮。

2. 第二杯酒，杯盛热情

一般的宴会，主人敬酒后由主宾举杯，作为礼仪性的回敬，然后宴会便进入相互敬酒阶段。由于第一杯酒已经把宴会的主题、宴会的目的、宴会对来宾的良好祝福等表达出来，这时再次互相举杯就要注重以情祝酒，杯盛热情，将热切感人的话语融入杯中献给来宾。

如果是商务宴会，更要融入深情。合作会感情为先，酒品加人品，情通事就通。如果能通过自己的深情融会双方的情感，那么一些争论和分歧也会得到缓和和化解。

如果是朋友小酌，或家宴便宴，也需要借酒抒情。通过热情洋溢的祝词，用酒使大家融情，使大家抒怀。

如，在一次友人聚会上，东道主祝酒后，一位友人站起来为大家“以情祝酒”：

“……各位朋友，让我们举起青春的金杯，大海一样深情的美酒在心底交汇，吸饮生活的芳菲，融进心田绽开友谊的花朵。为了希望，为了明日的光辉，为了大家心花怒放，为了激情让人陶醉，为祝福生意通达、财源滚滚，为祝福事业有成、展翅高飞，干杯!”

一番深情的祝酒，燃起了所有宴会参加者的激情，大家纷纷举杯，开怀畅饮，兴致高涨。

俗话说：“好的开端是成功的一半。”有一个良好的开端，事情的成功就有了基础。饮好宴会上开头两杯酒，对整个饭局具有十分重要的意义。

新鲜劝酒词，帮你开局给力

新鲜的劝酒词能够调节宴会的气氛，是宴会顺利进展的润滑剂。

所谓开局就是宴会的正式开始。一般来说，宴会以“酒”开始。端起酒杯自然少不了劝酒词，劝酒词说得好，客人的心情也好，就喝得也顺心。

中国自古就有劝酒的习俗。唐朝诗人王维有句名诗：“劝君更尽一杯酒，西出阳关无故人。”这是送别时朋友之间的劝酒词，而如今劝酒词也成为现代宴会必不可少的点缀。

劝酒最通常的说法就是喜气洋洋，多说几句客套话，听起来花样百出，朗朗上口，这样容易营造出轻松的气氛。比如最流行的劝酒顺口溜这样写道：

感情深，一口闷；感情浅，舔一舔；感情厚，喝不够；感情薄，喝不着；感情铁，喝出血。

一两二两漱漱口，三两四两不算酒，五两六两扶墙走，七两八两还在吼。

用简洁的语言串联起来的祝酒词，不仅幽默，也让对方听起来觉得有趣。人家都这么巧舌如簧地说了一大篇话了，对方怎么好意思不喝酒呢？

劝酒词也可以简单地直抒胸臆，比如祝对方身体健康、事业蒸蒸日上、生意兴隆、家庭幸福等等，这样的劝酒词虽然简单，但是却饱含情意。人们都是愿意得到别人对自己的祝福的，一般用这样的言语劝酒也会成功。

劝酒词往往是酒宴上必不可少的一项内容。劝酒词一般是在饮第一杯酒以前说的，因此劝酒词必须短小精悍，千万不能太长、太啰嗦。因为大家举杯，情绪高昂，要是你啰唆半天，热乎劲儿就冷了。

1. 围绕一个主题

一旦开始劝酒，就不要离题，要沿着一个主题，保持一个完整的结构，逐步趋向一个明快、自信的邀请，让每个人都举起酒杯，还要把你所祝愿的那个人（或那些人）的名字准确无误地牢牢记在脑子里。你的主题可以着眼于被祝愿的人的成就或品质、一件事情的重要意义、伙伴们的乐事、个人的成长或集体工作的益处等。无论说什么都要和当时的场合相适应。

例如公司50周年年庆宴会上，公司负责人可以说："此时此刻，我从心里感谢诸位光临，我极为留恋过去的时光，因为有那么多我们一起携手并进的美好回忆，但愿今后的岁月也一如既往。来吧，让我们举杯，彼此赠送一个美好的祝愿！"

2. 尽可能地表现出文采

适当地引用诗词、典故、幽默，能使讲话更有感染力。1984年，缅甸总统吴山友访问上海，市长在劝酒词中引用了陈毅元帅《赠缅甸友人》的诗句："我住江之头，君住江之尾，彼此情无限，共饮一江水。"大家都知道中缅交界只有一江之隔，两岸人民共饮一江水。话语亲切，表达了中缅两国人民之间的情谊，外宾十分高兴。可见，商务宴请时的劝酒词，添加一些文化性的辞藻，可以显著增进彼此的深厚情谊。

3. 劝酒词风格体现短、真、畅、幽、直、妙

短：劝酒词必须别致精练。宴会上大家持箸待餐，举杯待饮，客

观上要求劝酒词不能等同演讲或者作报告，必须以简短的篇幅表达深意和真情。劝酒词只有别具一格才能精练，只有精练才能体现其本质特征，才能在激情四溢时恰到好处地收尾，并且耐人寻味。

真：情溢于言表。无论接待外商还是内宾，是与客户的工作聚会还是与友人的感情聚会，酒宴上的劝酒词只有真情真意，才能使酒成为联络感情的黏合剂。以自己的真诚加上酒的作用，使宾主之间肝胆相照，使陌生的人成为朋友。

畅：语言流畅。劝酒词语言流畅能给人以愉悦的感觉，语言的流畅能让人感受到劝酒者的信念和自身对所要表达的主题和情感的信心，也更能体现劝酒者的风采。

幽：幽默诙谐。这是有智慧和修养的人才能表现出来的魅力。恰到好处的调侃、诙谐，可使酒的作用发挥到极限，幽默能给宴会带来欢快的气氛，是达到宴会目的的重要条件。

直：直截了当。忌讳遮遮掩掩、说话躲躲藏藏。劝酒词要用较短的时间把主题表达出来，所以要求直触中心，直接表明向谁祝酒、为了什么、祝福什么。说话不够直接的后果，可能是说了半天，宾客仍然不知所云。

妙：妙趣横生，妙语连珠。即用连珠妙语烘托气氛，达到妙趣横生的效果。这有一定的难度，但是也有一些技巧可以参考，比如，引用一些著名诗句、名言警句与宴会主题和现场的气氛相配合，或再加上自己的组合，见机而作。即使达不到妙趣横生的效果，在场的人也会敬佩你的创意。

其实不论什么样的宴会，劝酒词的风格都必须符合礼仪礼节，祝词如果能注重礼仪礼节，那么通过劝酒饮酒，宾主之间既能亲密无间，又保证了在一定的礼仪范畴内的“距离美”的效果。同时礼仪也是尊重他人的具体体现。

4. 适时进行联想

在劝酒时如能就地取材进行联想，也可以产生出乎意料的好效果，使人生发出许多美好的想象，从而达到使人愉悦、使人振奋的目的。例如你端起席间一杯矿泉水，在不同的情况下可以引起不同的联想，运用不同的语词。在答谢客户的聚会上你可以说：“俗话有‘如鱼得水’，看见这杯矿泉水，使我想起我们的友谊。鱼儿离不开水啊！正因为有了深厚的友谊，才使我们能在艰苦的过程中顺利成长起来。现在我们又建立了更紧密的合作，更是‘如鱼得水’。相信今后我们的友谊将会与日俱增，我建议为友谊干杯！”

5. 真诚地赞美对方

人对于赞美的抵抗力往往是微弱的，特别是在酒桌上。热闹的气氛很容易使人的虚荣心膨胀起来，而虚荣心一膨胀，人就免不了会有一些超出常规的“豪壮之举”。

6. 强调宴请的特殊意义

劝酒者在劝酒时不妨多强调一下此次宴请的特殊性，比如场合的重要性、特殊性，指出它对于对方的价值与意义，这样既能激发对方的喜悦感、幸福感、荣誉感，又能使对方碍于特定的场合而不得不愉快地再饮一杯，还使得劝酒变为两人之间独特的情感交流方式。

7. 用反语激将对方

人都有自尊心，为了维护自尊心，人有时很容易打破常规的框框做出某种突破之举。在酒桌上也是一样，如果能恰到好处地使用反语刺激对方的自尊，使其认识到不喝这杯酒将会损害他自己的尊严，那么对方就会“喝”出去了，逞一回英雄。

8. 采用以退为进的方法

对于某些酒量委实有限的人，特别是女士，过分勉强显然是不太好的。可以在饮酒量上做些让步，自己喝一杯，别人喝半杯，或改喝啤酒，以此来说服对方。

总之，新鲜的劝酒词能够调节宴会的气氛，是宴会顺利进展的润滑剂。

酒敬到位，感情自然升华

人与人的感情交流往往在敬酒时得到升华，如果你不懂得敬酒，在酒桌上就失礼了。

中国人的好客，在酒席上发挥得淋漓尽致。人与人的感情交流往往在敬酒时得到升华。为了敬酒，酒席上有许多趣话，如“感情深，一口闷；感情浅，舔一舔”。如果你不懂得敬酒，在酒桌上就失礼了。

李明与赵燕国庆期间结婚。家里的亲戚朋友都去了，大约办了十几桌宴席。按当地的习俗，在婚宴上，新娘要向男方的亲戚敬酒。赵燕对李明的亲戚不熟悉，敬酒时赵燕让刘明提醒她该如何称呼、该先给谁敬。

李明是个内向的孩子，平时少言寡语，在宴会上有些紧张，就忘了提醒赵燕。赵燕只认识桌上的姐夫，就举杯向姐夫敬酒。姐夫当面提醒她：“敬酒的顺序可不能错了啊！舅爷在场，你该先给舅爷敬酒才是。”李明和赵燕听了以后感到很是尴尬，连忙向舅爷道歉。

很显然，赵燕在婚宴上应该按辈分和年龄敬酒，李明没有及时提醒新娘也有责任。在敬酒时失礼，无疑是很丢面子的事。为了在宴会上避免这种事的发生，要了解敬酒的礼仪。

1. 敬酒的几种方式

①文敬：这是传统酒德的一种体现，即有礼有节地劝客人饮酒。酒席开始，往往在主人讲上几句话后便开始了第一次敬酒。这时，宾主都要起立，主人先将杯中的酒一饮而尽，并将空酒杯杯口朝下，说明自己已经喝完，以示对客人的尊重。客人一般也要喝完。在席间，主人往往还要分别到各桌去敬酒。

②回敬：即客人向主人敬酒。

③互敬：客人与客人之间敬酒。为了使对方多饮酒，敬酒者会找出种种让对方必须喝酒的理由，若被敬酒者无法找出反驳的理由就得喝酒。双方寻找“论据”的同时，人与人的感情交流得到升华。

④罚敬：这是中国人敬酒的一种独特方式，也就是“罚酒”。罚酒的理由也是五花八门，最为常见的可能是对赴宴迟到者的“罚酒三杯”。有时也不免带点儿玩笑的性质。

2. 正式敬酒和普通敬酒在时间上的区别

敬酒会使现场气氛热烈而欢快。但是，敬酒分为正式敬酒和普通敬酒两类，应严格加以区分。

正式敬酒一般是在宾主入席、用餐开始前。而且一般都是由主人来敬，同时主人还要致以较为正式的祝酒词。有时候，也可以选择在吃过主菜之后、上甜品之前致祝酒词。总之，应安排在特定的时间进行，而且以不影响来宾用餐为首要考虑。

而普通敬酒，只要是在正式敬酒之后就可以开始了。但要注意的是，敬酒需选在对方更为方便的时候，比如对方当时没有和其他人敬酒，嘴里也不在咀嚼，即你认为对方可能愿意接受敬酒的时候。而且，如果向同一个人敬酒，应该等身份比自己高的人敬过之后再敬。

所以，如果你是主人，你应该首先举杯，说些场面话；如果你是客人，则应等主人敬酒后再敬酒。

3. 敬酒的顺序

一般来说，敬酒应该视年龄大小、职位高低、宾主身份排序，因此事先一定要考虑好敬酒的顺序，分清主次，避免出现尴尬的情况。假如是与不熟悉的人在一起喝酒，可以根据统一的顺序，如先从自己身边起，按照顺时针方向开始敬酒，或是从左到右、从右到左敬酒等等。也可以事先打听一下客人的身份，或者留意别人如何相互称呼，做到心中有数，避免出现尴尬或伤感情的局面。

在正式宴席上，一般先由主人向列席的来宾或客人敬酒，会饮酒的人则回敬一杯。如果宴席规模较大，主人则应依次到各桌敬酒，而各桌可由一位代表到主人所在的餐桌上回敬。

向外宾敬酒时，应按礼宾顺序由主人首先向主宾敬酒。在国外，正式宴席上通常由男主人首先举杯敬酒，并请客人们共同举杯。

正式宴会上，女士一般不宜首先提出为主人、上级、长辈、男士的健康干杯。

4. 注意事项

在宴会上，饮酒特别是祝酒、敬酒时的“干杯”需要有人率先提议，可以是主人、主宾，也可以是在场的人。提议干杯时，应起身站立，右手端起酒杯，或者用右手拿酒杯再以左手托扶杯底，面带微笑，目视祝酒对象并说出祝福的话。

席间碰杯有很多规矩。通常是主人和主宾先碰，然后主人与其他客人一一碰杯。人多时可同时举杯示意，不一定要碰杯。碰杯时要双目平视对方致意。宴会上的相互敬酒可以活跃气氛，但要适度，不要勉强他人。本人应控制酒量，如不会饮酒，可事先言明只喝饮料，切不可因饮酒过多而失言、失态。

有人提议干杯后，要手拿酒杯起身站立。即使是滴酒不沾，也要拿起杯子做做样子。将酒杯举到与眼睛平齐的高度，说“干杯”后，将酒一饮而尽或喝适量。然后，还要手拿酒杯与提议者对视一下，这个过程就算结束。

吃中餐时，干杯前，可以和对方碰一下酒杯；敬酒碰杯的时候，应该让自己的酒杯低于对方的酒杯口，以表示你对对方的尊敬。用酒杯杯底轻碰桌面，也可以表示和对方碰杯，当你离对方比较远时，完全可以用这种方式代劳。如果主人亲自为你敬酒，干杯后要回敬主人，和他再干一杯。

祝酒时，不要交叉碰杯。在主人致辞、祝酒时，其他人应暂停进餐，停止交谈并注意倾听。

一般情况下，敬酒就意味着干杯，意即将杯中酒喝干。有些人借敬酒之名行灌醉别人之实，甚至偷偷在别人饮料中倒上烈性酒，这些都是有违礼仪要求的。

祝酒巧妙才能赢得好感

恰当的祝酒让人乐于干杯，喝了酒也就增进了友谊。

几乎所有经历过酒宴的人都有过切身体会，人在交际过程中酒的作用是非常重要的。喝酒总需要有个理由，碰杯、敬酒都要有说辞，不然，人家为什么要喝你的酒呢？端起杯来，先要知道，敬酒有一些潜规则是必须注意的。如果敬酒不得当，别人就算喝了你的酒，心里也会对你颇有微词，达不到很好的效果。

小陈是大陈的堂弟，刚刚大学毕业，现在给大陈做秘书。一日大陈带着小陈赴宴，一方面是让他多见见世面，另一方面是介绍一些生意上的客户给他认识，也便于小陈日后的工作。

席间敬酒不断，不管谁敬酒，小陈都会随着堂哥站起来陪敬，可是每每举杯时，小陈的杯沿总是高出其他人许多，而且总是碰得酒杯“哐哐”作响。小陈这种表现让大陈深觉脸上无光，不时拿眼睛瞪小陈，可是小陈却不知所以。

为什么大陈不时瞪小陈呢？小陈做错什么了吗？是的，别人敬酒时，站起来是没错的，可是小陈不知道一般敬酒时自己的酒杯都得略低于对方。如果对方是长辈且是自己的上级，一般是碰其酒杯的三分之一处略低，而且碰杯时不是拿整个杯子去碰，而是略倾斜酒杯，拿自己的酒杯口去碰。但不要太倾斜，否则有做作之嫌。如果对方是级别比你高很多的领导，或是年长你很多的长辈，你就要用双手敬酒。另外，也不必碰得酒杯“哐哐”作响，只要发出清脆的碰撞声即可。

酒桌文化有一定的讲究，如何敬酒要因人而异，也要因地区文化的差异而有所不同，要具体情况具体对待。

一般来说，敬酒有这么几点需要注意：

第一，找准自己的位置，如果你既不是领导又不是主角，那一定要等领导相互喝完或者主角都表现完了，才轮到自己敬酒。敬酒时要非常礼貌，一定要站起来，双手举杯。

第二，敬酒一般是一人敬一人，或者多人敬一人，决不可一人敬多人，除非你是领导。

第三，自己敬别人，如果不碰杯，自己喝多少可视情况而定，切不可比对方喝得少。一般而言敬酒的人都会“先干为敬”，说的就是这个道理。敬酒碰杯时，也通常说“我喝完，你随意”，显得大方、大度。

第四，端起酒杯，右手握杯，左手垫杯底，记着自己的杯子要永远低于别人。因为是敬别人嘛，自然要自己低点。当然，如果你是领导，就不要太过于谦虚把杯子放得太低，否则下属们谁都不敢高于你的杯子，这酒还怎么喝？

第五，先敬主题人物、核心人物或者领导，如果没有特殊人物在场，敬酒最好按时针顺序，不要厚此薄彼。

别人劝酒都会花上百样心思，不由得你不喝，但是你也不能拿起酒杯直接干了，那样喝酒就少了许多乐趣。要有来有往，有劝酒词，就要有回敬的话，这样才有意思。

酒桌如战场，酒桌如商界。适度的劝酒让人乐于干杯，喝了酒也就增进了友谊；恰当的回应也是表明了喝酒喝得明白，不是有酒就喝，也不是不敢还言。好的祝词能让人欣喜，从而对你的好感也随之增加；恰好说到对方兴奋点的祝词能让对方喜不自胜，喝酒也喝得畅快。酒量不在高，但一定要杯杯都喝得精彩。

学会劝酒，拉近距离

中国人的饭桌上总是离不开劝酒，有的人总喜欢把酒桌当战场，想方设法劝别人多喝几杯，认为不喝到量就是不实在。以酒论英雄，对酒量大的人还可以，酒量小的人就犯难了。有时过分地劝酒，会将原有的朋友感情完全破坏。

劝酒时固然会摆出一百个理由，非要让对方喝下这杯酒不可，但是有时候如果对方真的没酒量或者没心情，强行劝酒就只会适得其反。即便对方很能喝，也不要一味只是劝酒，那样的话，除了喝酒还有什么意义呢？劝酒有分寸，也有学问。

会劝酒的人，拿起杯来，一两句话说得人心服口服，心甘情愿地喝下这杯酒，还不会有被逼的感觉。劝酒不过是逢场作戏，但是劝酒有道的人说出话来不会让你觉得是客套话，而让人倍感亲切，这酒喝着无比舒服。劝酒从来没有什么套路，会劝酒的人就像大侠一样，出招时出人意料，别出心裁，让人惊喜不已，又不得不中招。

这样的劝酒可谓是将其艺术化，将酒桌变得生动有趣，喝酒不再是对瓶吹，也不再是喝闷酒，而是喝得其乐融融。酒桌上喝好了，还有什么事办不成呢？

劝酒时要摸清对方的脾性。有的人来者不拒，有多少喝多少。有的人很随和，不会顾及自己的面子、架子、位子，很融洽地跟下属就能喝起来，这样的人最容易劝酒，不用费吹灰之力就能达到很好的劝酒效果。可是有的人天生扭捏，脾气怪，他看得起的人才会一起喝酒，万一你哪一点不入他老人家眼，你就算磨破了嘴皮子他也全当耳旁风，这样的酒就算勉强喝了也没意思。

劝酒的顺序也要把握好。在席上有求于某位客人时，对他自然要倍加恭敬。但是要注意，如果在场有更高身份或年长的人，则不应只对能帮你忙的人毕恭毕敬，也要先给尊者长者敬酒，不然会使大家都很难为情。一般情况下敬酒应以年龄大小、职位高低、宾主身份为序，敬酒前一定要充分考虑好劝酒的顺序，分明主次。与不熟悉的人在一起喝酒，也要先打听一下身份或是留意别人如何称呼，这一点心中要有数，避免出现尴尬或伤感情的局面。

劝酒时最重要的其实是宾主的呼应。有劝、有答，这样的酒喝着才有意思，才能达到通过劝酒增进感情的目的。

喝酒要喝得有意思，妙就妙在大家都给喝酒赋予了不同的含义，然后开开玩笑，使喝酒的过程妙趣横生。这样，就算没人劝酒，喝得也津津有味。

酒不醉人人自醉。酒助人兴，如果能够巧妙地在酒桌上将酒的作用发挥到极致，就能够极大地增进彼此的感情。喝酒有讲究，劝酒也有学问。劝好酒，让人喝着舒心，应酬的效果就事半功倍了。

过犹不及，劝酒要把握好分寸

在劝酒的时候要把握好分寸，因人而异，因地而异，不要盲目地劝酒。

唐代于武陵曾作诗《劝酒》：“劝君金屈卮，满酌不须辞。花发多风雨，人生足别离。”当然劝酒并不是必然和“伤离别”相联系的，劝酒大多数时候是在欢快的气氛下进行的。

劝酒中的“劝”字，根据《新华字典》，解释为：“劝说，讲明事理使人听从。”由此我们可以看出“劝酒”这个词本身是个中性词，并不包含有恶意或者善意。万事都讲究一个“度”字，因此，劝酒并不等于强行灌酒，不等于一定要喝伤喝倒；劝酒也并不等于事故和眼泪，不等于腐败和犯罪。恰恰相反，劝酒包含的是一种美好的意愿和祝福，是我们内心情感的一种直接的表达。

中国的历史是离不开酒的，三国时期的曹操和刘备“煮酒论英雄”的典故，足以说明酒在沟通交流中的媒介作用。正因为酒有这些重要性，所以劝酒要基于适当条件下的基本礼节和对人的起码尊重。

在人们的日常生活中，酒不是被作为一种单纯的饮料来看待的，而是人际关系的“润滑剂”和个人性格的“壮胆剂”。劝酒能起到调节人际关系、培养和促进人们感情的作用。中国是一个人情社会，酒可以帮助中国人搞好公共关系。在饭桌上，酒杯一端，气氛立刻就活跃了许多；互敬几杯，彼此的感情就亲密了不少。平时沉默寡言的人酒过三巡，也可能会妙语连珠。通过劝酒可以突破自我，增加表达自己想法的勇气，可以开拓社交的平台。

劝酒最需要注意的一点，就是切莫强求。每个人的酒量都不一样，有的人天生豪饮，如《水浒传》里的英雄们，大碗喝酒，大块吃肉，不用你劝，人家自己就一碗接一碗地喝上了；但有的人却天生不胜酒力，如《红楼梦》里的林妹妹，吃了螃蟹怕积食要喝点黄酒助消化，却只是拿起酒杯来抿了一下，也就放下不喝了。这样的人，就算你找出100个理由劝酒，她不喝就是不喝，反而还会觉得你非常讨厌，你就是吃力不讨好了。因此，劝酒前一定要观察好，哪些人能喝，哪些人不能喝，找对了人再劝酒，省得碰了一鼻子灰自讨没趣。

大伟在一家公司做业务员，每次公司聚会，一端上酒瓶子，他都先得问一声：“今天准备了几箱酒？”不明就里的人闻言，准会被他唬得脸色大变。一般人喝酒是论杯喝，酒量大的论瓶喝，哪见过论箱喝酒的？要命的是，大伟酒量大，自己喝着感觉不过瘾，就变着法儿劝人和他一块儿喝，问题是他那么大的酒量，谁敢同他相提并论？

“来来来，感情浅抿一抿，感情深一口闷。干了干了，我先干为敬。”大伟劝酒也不管对方如何，一仰脖子，先将自己那杯酒喝掉。对方如果还没动静，大伟还会不依不饶：“怎么着？瞧不起兄弟是不是？咱也没有得罪过你呀！兄弟已经干了，就看你的，给个面子好不好？”如此，非逼着人家喝了那杯酒他才罢手。结果一桌人都让他给喝趴下了，大伟还要劝人喝酒，弄得大伙儿酒桌上一瞧大伟端起酒瓶子，小腿肚子便控制不住地要发抖，不知他又要劝谁的酒。时间一长，大家对大伟拼命劝酒颇为反感。

俗话说：“过犹不及。”劝酒如果不懂得分寸就会引起对方的反感。大伟自己酒量很好，就在宴会上强人所难，“逼”同事喝酒，难怪同事见他劝酒就发抖。

劝酒时，应该注意这样几个问题：

1. 劝酒要把握好时机

宴席刚开始的时候不要劝酒。因为每个人都会根据自己的酒量适当喝一些，这时劝酒显得多此一举，不劝也能喝，何必非要劝呢？宴席要结束的时候不要劝酒。“天下没有不散的筵席”，都已经喝得差不多了，如果再劝酒，就有些强人所难了；而且还容易喝多，酒后失态是小事，如果发生其他意外，那就后悔莫及了。劝酒的时候一定要把握好劝酒时机，最佳的劝酒时机是宴席进行到一半的时候，这时候劝酒能活跃酒桌气氛，也很容易劝酒成功。

2. 劝酒要看准对象

并不是酒桌上的每个人都要劝，劝酒的时候一定要看准对象。对酒量小的人不要劝，本来就喝不了太多酒，如果再劝的话，有点难为人家了；对喝酒特别实在的人（倒多少喝多少的人）别劝，这样的人自己就能喝好，也能把握好，如果再劝的话，一定会喝多；和女士一起吃饭的时候，不要对女士劝酒，这样显得不礼貌。那么，要对什么人劝酒呢？应该对有酒量但还没有喝多少酒的人进行劝酒。这样，对方能感受到你的热情，从而欣然接受。

3. 劝酒要分清场合

并非所有的场合都可以劝酒，有些场合不宜劝酒。比如，不太熟悉的人第一次坐在酒桌上喝酒，互相不了解对方的性格和酒量，不宜劝酒。即使劝，也要注意分寸，如：“我喝了，大家随意。”对方悲伤的时候喝酒，不宜劝酒。本来人家就心情不好，“借酒消愁愁更愁”，如果再一味地劝酒，对方就极容易喝多酒。上下级在一起喝酒的时候不宜劝酒。下级劝上级喝酒时方法不多，往往以牺牲自己为代价，自个儿喝上一杯，领导随意沾唇。而上级劝下级，下级却不能不喝，如此不公平，还是别劝酒吧！最适合的劝酒场合应该是在充满喜庆气氛的酒桌上，如新婚之喜、升学之喜、乔迁之喜等等。

4. 劝酒语要文明

劝酒的时候，劝酒语绝不能粗俗，要文明、真诚，体现出当时酒桌的氛围。比如：“为我们初次合作就取得了圆满的成功，干一杯!”“为我们高中珍贵的同学情谊干杯!”“感谢您给我的无私帮助和热情鼓励，我敬您一杯。”“我常年工作在外，不在爸爸身边。今天是您老60大寿，在这个特殊的日子里，我敬爸爸一杯，祝爸爸健康长寿!”像这样文明高雅的劝酒语，能恰如其分地表达敬酒者的心情，令人回味。

总之，在劝酒的时候要把握好分寸，因人而异，因地而异。不要盲目地劝酒，这样不但起不到调节气氛的作用，而且还容易节外生枝，使原本友好的关系产生裂痕，甚至发生其他意想不到的事情。

拒酒有妙招，说对话才能少喝酒

在酒桌上拒酒辞说得好，才能使酒宴气氛既融洽，又不失活跃。

参加宴会时，大家都是乘兴而饮。但由于每个人的自身条件不一样，酒量也不一样。如果酒喝得适量，是有益于身体的；但是，当身体有健康隐患的时候，还是少喝为好。因此，在面对对方的盛情相劝时，我们还需巧妙地拒绝。成功的拒酒，不但能使自己免受肠胃之苦，而且不会让对方觉得你不给面子，更不至于伤了和气，产生矛盾。

在酒桌上要正确估量自己的实力。不要太冲动，尽量保留一些酒力和说话的分寸，既不让别人小看自己，又不会过分地表露自身。选择适当的机会，逐渐显露自己的锋芒，才能稳坐泰山，不致使别人产生“就这点能力”的想法。那么，怎样做到举止有度、恰当表现呢？你不妨参考下面的做法。

1. 面带笑容，好话说尽

如果你觉得不胜酒力，就要学会拒酒。有经验的拒酒者，任凭你劝得天花乱坠，他就是笑眯眯地频频举杯而不饮，而且振振有词。

例如，文先生乔迁之日，特邀亲朋祝贺，小胡也在其中，然而小胡素来很少饮酒，且酒量“不堪一击”。酒桌上，小马提议和小胡单独“意思”一下，小胡深知自己酒量深浅，忙起身，一个劲儿地扮笑脸，一个劲儿地说圆场话：

“酒不在多，喝好就行。”

“经常见面，不必客气。”

“你看我喝得满面红光，全托你的福，实在是……”

结果使小马无可奈何，只好作罢。

2. 实话实说，以身体健康为由推酒

喝酒本是为了交流情感，也是为了愉悦身心，这一点大家都很清楚。如果为了喝酒而喝酒，以至于损害了健康，那就显然因小失大了，这是谁都不愿意看到的。因此，在我们实在不能喝或者不愿意再喝的情况下，可以以身体不舒服或是患有某种需忌酒的疾病（如肝脏不好、高血压、心脏病等）为理由拒绝对方的劝酒，这样对方无论如何不好再强求了。

某局领导参加一个宴会，跟其好友陈林久未谋面，提出要和他痛饮三杯。该领导说：“你的厚意我领了，遗憾的是我最近一段时间身体不适，正在吃药。医生特意嘱咐，不能喝酒，我也好长时间滴酒不沾了，只好请你多关照。好在来日方长，后会有期，日后我一定与你一醉方休，好吗?”此言一出，大家都纷纷赞许，陈林也只好见好就收了。

敬酒，本就是表示尊重对方。如果对方身体不适，那就要适可而止，这样才能让对方感到你是真的尊重他。

3. 以喝酒过度的严重后果来推酒

饮酒应该是以喝好不喝倒、让客人乘兴而来尽兴而归为原则。有些人，尤其是年轻人，在参加宴会时，总是以酒论英雄，来者不拒。在劝酒的时候，也是死缠烂打，那种不顾实际以把人喝倒为目的的劝酒是不可取的，乃是劝酒大忌。

作为被劝酒者，当酒喝到一半有余时，应向东道主或劝酒者说明情况。

例如:“感谢你对我的一片盛情，我原本只有三两酒量。今天因高兴，多喝了几杯，再喝我这身体就吃不消了，还望你能体谅。”如此推辞以后，就再也不要喝了。这种实实在在说明后果和隐患的拒酒术，意在使劝酒者明白“乐极生悲”的道理，他自然也就见好就收了。

4. 以家人不同意为由推酒

一般来说，以爱人的禁止为由拒酒，往往容易让对方觉得你在找借口推辞，这是因为他想象不到这个问题对你有多么严重。因此，你必须在拒酒时把自己不听“禁令”的后果生动地展示出来，让对方感到让你喝酒真的是害了你，那么对方也就停止劝酒了。可以说，把理由讲得真实可信，是使用此方式拒酒的关键之处。你可以说：“我爱人一闻我满口酒气就和我翻脸。我不骗你，所以你如果是真为我着想，那我们就以茶代酒吧!”这样一说，对方也就无话可说了。

5. 挑对方劝酒话中的毛病

对方劝你喝酒，总会找这样或那样的理由，而这理由有时是靠不住的。特别是一些并不太高明的劝酒者，其劝酒语中往往会有不少漏洞可抓。抓住这些漏洞，分析其中道理，最后证明你不应该喝这杯酒，或者应该是别人喝，总之到最后要不了了之。只要这漏洞抓得准，分析得又有理有据，那么对方就无话可说，只好放弃这位难对付的“工作对象”。

在一次朋友聚会上，有人这样向一位章姓先生劝酒：“张先生，这一桌席上只有我们两位姓张，咱们500年前可是一家，看来我们是有缘分，这杯酒应当干掉！”此时章姓先生抓住其疏漏这样拒酒：“哦，我很想跟您喝这杯酒，可是实在对不起，您可能搞错了，我的‘章’是‘立早章’，不是‘弓长张’，我也不知道这两个同音不同字的姓500年前是不是一家，您这杯酒我不好喝。”对方理由不成立，也就没法劝你喝酒了。

6. 巧设圈套，反守为攻

反守为攻，意即先不动声色，静听其言，等待时机。一旦时机成熟，抓住对方言辞中的“突破口”，以此切入，反守为攻，使对方无言争辩，从而达到拒酒的目的。

有位朋友新婚大喜之日。当酒宴进入高潮时，某“酒仙”执意请三位上座的来宾一起，一人“吹”一瓶。面对“酒仙”言辞上的咄咄逼人，其中一人站起来说：“我想请教你一个问题，‘三人行，必有我师焉’是不是孔子的话？”

“酒仙”很干脆地回答：“是的。”

来宾又问：“你是不是要我们三个人一起喝？”

“酒仙”答：“不错。”

来宾见其已入“圈套”，便说：“既然圣人说‘三人行，必有我师焉’，你又提出要我们三人一起喝，你现在就是我们三位最好的老师，请你先示范一瓶，怎么样？”

这突如其来的一击，逼得“酒仙”只得解除“酒令”。

此外，说酒话的时候要注意不要超过必要的限度，切忌感情用事，胡说乱侃，否则将适得其反，达不到预期的效果。

酒桌上切忌厚此薄彼

在宴会上，如果只想着讨好贵客而冷落了其他客人，这是一种失礼的行为。

人们在社交中需要分清主次，有轻有重，不可能平均。但聪明的人，在保证“重点”的时候，绝不忽略“一般”。在人际交往中“厚此薄彼”是不可取的。

所谓“厚此薄彼”，是指重视或优待一方，轻视或冷淡另一方，形容对人、对事不同看待。参加宴会的人，身份和地位自然是不一样，适当的尊敬贵客自然是应该的。但是如果只想着讨好贵客而冷落了其他客人，这是一种失礼的行为。

如何在酒桌上面面俱到，使每个人都感受到你的热情呢？这需要你掌握一定的技巧。

中国有句古语，叫做“一人向隅，举座不欢”。当客人怀着欢欣的心情坐到你的宴席上来的时候，他们倒不是为了吃点喝点什么，而是为了通过这种社交形式互诉衷肠、增进友情。只要主人能以平等的态度对待每一个客人，那么，在饭局上做到“皆大欢喜”是不难的。

要处理好酒桌上人与人之间的多角关系，做到不偏不倚、一视同仁，应该注意哪些方面呢？

1. 勿以尊卑定冷热

无论职务高低，那些大人物与一般平民之间在人格上都是平等的，在日常生活的交往中也是平等的。在一般的饭局上，只要不是什么特殊需要，尽可以随意一点。这样不仅有好处，甚至可以调节“官”与“民”关系。但如果把平日里“官”和“民”的关系延伸到宴会桌上来，那不仅不会使上司提高威信、让上司脸上有光，反而会适得其反。

刘鹏在一家国企工作，岁末年终刘鹏顺利升职。这次升职多亏陈主任的帮忙，刘鹏为了表示感谢，大年初三隆重地宴请陈主任。刘鹏把宴会地点选在一家五星级酒店，在座的除了陈主任，还有刘鹏的几个重要的亲戚朋友。

宴会上，刘鹏频频向陈主任敬酒，说了许多感激的话。整个宴会刘鹏几乎都在跟陈主任说话，其他客人被冷落在一边。宴会结束后，刘鹏的亲戚朋友都感到很不愉快。

陈主任是刘鹏的上司，并对刘鹏有知遇之恩，在宴会上对上司恭敬有加也是情理之中的事。但是因此忽略其他客人就不对了，酒桌上如果只跟陈主任讲话，其他客人也就没必要请了。

在宴会上被人冷落是一件很尴尬的事。当你冷落客人时，客人心里会想："我是不是不该来？你看他对领导这么热情，对我却爱理不理的，下次再也不参加他的宴会了。"

2. 勿以亲疏定冷热

在宴席上，来的客人之中，会有与主人关系比较亲密的，也有与主人关系一般的人，在这种场合，特别要注意不能亲此疏彼。

在与人交往时，要既不谄媚讨好位尊者，也不歧视冷落位卑者，端庄而不过于矜持，谦逊而不矫揉造作，充分显示出你的诚挚内心。

在应酬场合中，如果有三个人，那么其中一个人可能会是本次应酬的"次要者"。如果在应酬过程中这位"次要者"遭到了冷落，他在心里就会产生不被重视的感觉，非常尴尬，以后他便会找出各种各样的理由，拒绝出现在这样的场合。这样，你就有可能因此而失去一个可以在某个方面向你提供帮助的伙伴。

适当地让"次要者"参与到你们的谈话中，不仅可以打消"次要者"的尴尬，同时还可以为你赢得朋友的心。

让"次要者"感到他的存在，可以有以下 3 种形式：

1. 不时地向“次要者”询问一些平常的问题

在宴会上，你如果只顾与主要客人交流，“次要者”往往会觉得你与他距离很远。其实，拉家常极容易拉近彼此的距离。这时，你不妨与“次要者”谈谈家庭琐事。比如，孩子在哪里读书、成绩怎么样，家里父母身体可健康等等。

2. 常常示意“次要者”喝茶或吃点心

如果你不知道跟“次要者”说什么，不妨频频示意“次要者”喝茶或吃点心。

3. 让“次要者”参与到你们的谈话之中

当你与宴会主角谈得热火朝天时，可能正是身边客人最不愉快的时候。你们谈得越热烈，越衬托出周围的客人备受冷落。这时你不妨与周围的客人分享你们的话题。

在宴会上，面对不同的客人一定要考虑周全，力争做到面面俱到，既突出主客的地位，也不冷落其他客人。

第八章

饭桌社交讲技巧，八面玲珑破困局

众所周知，中国人的社交大都在饭局上。在饭局上社交，稍有不慎，难免会陷入令人尴尬的困境。饭局上一旦遇到棘手的事情，不必心慌，一定要保持镇静，然后巧施妙计使自己摆脱困境，以挽救自己受损的形象。

活跃餐桌气氛，避免冷场

在饭局上，人们最希望出现令人愉悦的场面，而能够制造欢乐气氛的人自然最受欢迎。

朋友交流、同事聚会、客户初次见面……中国人所有的社交活动都离不开餐桌。不懂得活跃饭局的气氛，一旦出现冷场的现象是件很尴尬的事。

小程在一家公司做业务工作。一次，他宴请一位重要客户。这位客户很特别，在宴会上既不抽烟也不喝酒，这令小程很头疼。以往宴请客户，小程都是靠烟酒来活跃宴会气氛，没想到这位客户不吃这一套，小程没招了。结果小程跟客户谁也不说话，冷场的宴会令小程十分难堪。客户对小程的印象自然也好不到哪里去，小程的生意泡汤了。

在饭局上，人们最希望出现令人愉悦的场面，而能够制造欢乐气氛的人自然最受欢迎。以下方法可帮助你成为社交场上的活跃人物。

1. 适当夸张的赞美

老朋友、新同事见面后，免不了要介绍寒暄一番，这是个极好的活跃气氛的机会。借此发表一番“外交辞令”，把每个人的才能、成就、天赋、地位、特长等做一些夸张的渲染，这可使朋友们感到自己已深深为你所了解。尤其是利用这种方式把朋友推荐给第三者，谁也不会去计较真实性。这种把人抬得极高但没有虚伪、奉承之感的介绍，会立即使整个气氛变得异常活跃。

2. 引发共鸣感

朋友、同事相聚，最忌一个人唱独角戏，大家当听众。成功的社交，应是众人畅所欲言，各自都表现出最佳的才能，做出最精彩的表演。为达到这一目的，就必须寻找能引起大家最广泛共鸣的内容。有共同的感受，彼此间才可各抒己见，仁者见仁，智者见智，气氛才会热烈。所以，你若是社交活动的主持人，一定要把活动的内容同参加者的好恶、最关心的话题、最擅长的拿手好戏等因素联系起来，以免出现冷场。

3. 不妨搞点恶作剧

善意地、有分寸地取笑调侃朋友并不是坏事，双方自由自在地嬉戏，超脱习惯、戒律的束缚，远离规则的界限，享受“自由”和解除戒律的“轻松”，是极为惬意的乐事。恶作剧具有出人意料的效果，它起于幽默，成于欢笑。人们在捧腹大笑之际，会深深地感谢那个快乐的“制造者”。

4. 寓庄于谐

社交中需要庄重，但自始至终保持庄重气氛就会显得紧张。“寓庄于谐”的交谈方式比较自由，在许多场合都可以使用。用幽默、诙谐的语言，同样可以表达较重要的内容。当年毛主席在接见国民党谈判代表刘斐先生时说：“你是湖南人吧！老乡见老乡，两眼泪汪汪。”这番话顿使刘斐先生的紧张心情减去了一大半，打消了他的拘束感，紧张的会谈气氛也因此缓和了下来。

5. 提出荒谬的问题并巧妙应答

生活中，总是一本正经的人会给人古板、单调、乏味的感觉。交谈中，不时穿插一些朋友们意想不到的、貌似荒谬而实则极有意义的问题，可以很好地活跃气氛。也许会有人时常问你一些荒谬的问题，如果你直斥对方荒谬，或不屑一顾，不仅会破坏交谈气氛、人际关系，而且会被人认为缺乏幽默感。

学会提出引人发笑的荒谬问题，并能巧妙应答，有助于良好社交气氛的形成。

6. 带些“小道具”

朋友相聚，也许在初见面时打不开局面，陷于窘境，出现冷场。这时，你随身携带的小道具便可发挥作用。一个精致的钥匙链可能引

发一大堆话题；一把扇子即可题诗作画，唤起大家别致的兴趣……小道具的妙用不可小瞧。

7. 制造一些无伤大雅的“小漏洞”

漏洞是悬念，是“包袱”。制造它，会使人格外关注你的所作所为；待你抖开“包袱”之后，人们见是一场虚惊，都会付之一笑。

8. 适当贬抑自己

自我贬低、自我解嘲，这种战术是最高明的。往往是老练而自信的人才采取这种方式。贬抑会收到欲扬先抑、欲擒先纵带来的效果，众人将在哄笑声中重新把你抬得很高。自我贬抑既可活跃气氛，又能博得他人好感。

9. 故意暴露一下“缺点”

你可以偶尔故作滑稽，或搞出一副大大咧咧、衣冠不整的样子；或莽撞调皮、佯装醉汉，摆出一副满不在乎的神情等等。这些“缺点”，平素在你身上不常见，人们突然观察到这种变化，会有一种特殊的新鲜感。而你收得拢、放得开的举止会令人捧腹大笑，使大家对你刮目相看。

10. 不妨“伤害”一下对方

经验证明，彼此毕恭毕敬的婚姻未必就没有矛盾，而平日吵吵闹闹的夫妻可能会更亲热。朋友间也是如此，若心无芥蒂、毫无隔阂，那么开句玩笑、贬低一番对方、互相攻击几句或者打几拳、给两脚等等，并不是坏事，大家反倒显得亲密无间。社交中，心无戒备、偏见与恶意的小小逗弄、调侃，会使朋友、同事更加放松亲密。诙谐、戏谑中的“君子风度”，最能活跃气氛。

当然，若要社交的气氛理想，除了在形式上做文章外，最主要的还是内容的新颖、别致。内容本身充满活力，活动才会活泼、欢快。

随机应变，“阴谋”饭局以智取胜

在“阴险”的饭局上，头脑一定要灵活，要随着饭局情况的变化灵活机动地应付，以防被人暗算。

人际关系的复杂多变决定了饭局的性质也是极其复杂的。有表示感激的饭局，也有设圈套的饭局。设有“圈套”的饭局，在灯红酒绿里埋藏着陷阱，涌动着漩涡，觥筹交错间暗藏着玄机，隐藏着杀机与阴谋。

“青梅煮酒论英雄”被称为历史上最阴险的饭局。潦倒落魄的刘备，躲在后花园种菜，算是积蓄能量吧。大政治家曹操那天不知想到了什么，请刘备喝酒。所谓“酒无好酒，宴无好宴”，一盘青梅，一盏酒，应该还没有到“酒至半酣”的程度，两个人就聊起了当时政坛的格局。刘备最大的特点之一是“装孬”，而装孬最成功的一次，可能就是在“论英雄”时。

曹操用龙的变幻无穷作为谈话的开场白，可谓是老奸巨猾。心怀鬼胎的刘备此时只能藏锋，唯恐曹操怀疑到自己，便耍起了装疯卖傻的把戏。老谋深算的曹操不上当，与他纵论起天下的英雄。刘备这时候装起了糊涂，小心防备决不上当，在曹操步步紧逼的追问之下，他相继将袁术、袁绍、刘表等抛了出来。这些在当时算得上是呼风唤雨的人物，可是还算不上英雄，刘备举出一个，曹操就否决一个。曹操对这些人物的点评，虽然是寥寥数语，却是字字中的。就像扒洋葱一样，眼看着扒到了刘备自己身上，老天爷适时地帮助刘备了。

曹操手指玄德，然后又指着自己说：“今天下英雄，惟使君与操耳！”这句话后，刘备大吃一惊，以为曹操看破了自己韬光养晦的谋略，吓得“手中所执匙箸，不觉落于地下”。假如老天不帮忙，刘备

估计这一次难逃曹操的算计，不死也得脱层皮。偏偏那一刻大雨即将来临，雷声大作。聪明的刘备抓住机会，从容拾箸曰：“一震之威，乃至于此。”曹操哈哈大笑：“大丈夫竟会害怕打雷?”刘备用一句“孔夫子也怕打雷”搪塞了过去。

曹操好像相信了刘备，一个连打雷都害怕的人，还有什么可担心的呢？这是两个老大之间的较量。处于明处的曹操，精明强干，处处都主动出击；而防守一方的刘备，则本着“小心驶得万年船”的宗旨，深谙寄人篱下者的生存法则，老老实实种菜。本以为休养生息一段时日东山再起，没想到曹操却因谋士的话语而对种菜人生疑，才有了这么一段精彩紧张的“论英雄”。

青梅煮酒以后不久，刘备也找了个机会逃走了。他不敢再躲在曹操麾下，因为曹操不会糊涂到每一次都发现不了刘备真正的英雄潜质。吃饭吃出这样的味道，吃出这样的精彩，比之现在的酒席，两者实在不可同日而语！

历史上的曹操是个多疑的人，正是刘备在曹操摆设的饭局上随机应变，才躲过了曹操的谋害与猜忌。

今天商界或官场上暗藏玄机的饭局，绝不亚于历史上的任何朝代。虽然，它们没像历史上那些著名饭局导致改换朝代的结局和人头落地的悲剧，但更加伪装隐蔽，更加高深莫测，更加阴险毒辣，更加绝情残忍。这些阴谋的饭局，对好人的伤害，对对手的摧残，仍然是致命一击。

为了在“阴险”的饭局上能够保护自己，你不妨从以下几点做起。

1. 事先推测，巧妙回绝

常在饭局混的人都有丰富的经验，一般来说饭局的吉凶是可以预先推测出来的。如果你觉得这个饭局不妙，你可以找理由巧妙地拒绝参加。比如说，提前说身体不适，或者爱人身体不适需要自己陪伴。拒绝赴宴时，理由一定要说得诚恳，不能让人觉得你在故意推辞。对方见你确实不便，也就不会勉强你了。

2. 言多必失，少说为妙

如果实在推不掉，那就镇定自若地去赴宴。但要注意，说话一定要谨慎。俗话说：“言多必失。”在宴会上话说得越多，漏洞也越多，就越容易授人以柄。因此，你可以在宴会上多吃菜少说话，对方也就抓不住你的把柄陷害你。

3. 仔细揣摩，三思而言

一般来说，这种饭局的设局者都是有备而来的。在饭局上，他会想方设法地套你的话，探听你的虚实。这时面对对方的问话，你绝对不可以信口开河中了对方的圈套，一定要三思而言。

4. 迎合对方，适当装傻

通常来讲，阴险的饭局都是因为你在某些方面超越了对方。对方借饭局来摸你的底，这时你绝对不可以把饭局当做展现自己优势的舞台，而是适当表现得比对方差一些。这样就会消除对方的疑虑。

总之，在“阴险”的饭局上，头脑一定要灵活，要随着饭局情况的变化灵活机动地应付，以防被人暗算。

巧施妙计，摆脱宴会尴尬场面

参加宴会，不可避免地要遭遇到尴尬，这时需要你巧施妙计摆脱困境。

所谓“尴尬场面”是指处境为难或棘手难处理的事情。有时，尽管我们在宴会上十分谨慎，但还是会发生难以预料的事情，使我们陷入尴尬的境地。许多人一旦在大庭广众下遇到尴尬事就心慌意乱，不知所措。宴会上出现意外在所难免，应该灵活应付，力争挽回自己受损的形象。

张琼在美国拿到学位后，在一个大型保险公司的分公司找到了工作。圣诞节前夕，该地区的几个分公司联合在一家五星级宾馆里开圣诞晚会，把总裁也请来了。

到了晚上，张琼穿着灰色的西服裤装，平底鞋，背着平时上班用的大皮包，顶着清水挂面头，连口红都没涂；张琼老公也好不到哪儿去，穿着运动式西装单件外套，西服里面套着毛衣，两人就这样来了。

一进门，张琼就懵了：富丽堂皇的大厅里，满眼里见到的就像电影里演的那样，男士黑西装黑领结白衬衫，女士个个是低胸露背晚礼服，浓妆艳抹，珠光宝气，端着酒杯，三五成群地聊天寒暄。

人们看到他们两人的时候，什么样的表情都有。张琼这时真是恨不能赶紧找个地缝钻进去。当时那个场面，不管是用“丑小鸭”还是“丑老鸭”，都不足以形容张琼的惨状，她简直就像是个怪物！

目光所及，看到同事，对方只是轻轻地点个头就避开目光，生怕被别人看出来自己认识张琼似的。于是，张琼只能拉着老公拿了食物躲到角落里，低着头吃。那天的食物十分美味，他们却感觉如芒在背。

当第一只舞曲响起时，张琼和老公偷偷溜了出去。

参加宴会，难免会遭遇到尴尬。下面就介绍一些应对宴会尴尬的技巧：

1. 可以脸红，但是不能心慌

镇定，再镇定。当尴尬突然出现的时候，瞬间的脸红在所难免，但绝对不能心里慌乱。那样既无补于事，又容易让别人觉得你太懦弱。

2. 不要轻易辩解

人们常说：“解释就意味着掩饰。”在宴会上出现过失，你越辩解越得不到别人的谅解，客人反而会觉得你很虚伪。因此，坦诚认错才是上策。

3. 勇于自我解嘲

既然尴尬的局面已经不可避免，就应当拿出足够的勇气来面对现实，甚至直接向尴尬挑战。宴会上遇到尴尬事你要“放得下，想得开”，来点自我解嘲，就能化解矛盾，平衡心理，使自己从苦闷、烦恼、消沉的泥潭中解脱出来。

4. 随机应变

善于随机应变地处理情况，不仅可以使尴尬不再那么难堪，而且提供了不可多得的自我表现的机会。李君一直是公司里默默无闻的一员，一次向新人介绍公司领导时，他误将公司总经理的名字读错，当时现场安静异常，总经理面露不悦。李君觉察后立即转而介绍自己，说完后又补充道：“我们公司的领导从来没有架子，但在这个公司，除了领导的名字什么都不许错。”紧张的场面一下松弛下来。

5. 装傻充愣

这是厚脸皮的万用灵方。它可以轻而易举地将尴尬施加的影响化解掉。谁都知道傻子总被人们嘲笑，但从未有尴尬时刻，因为傻子做傻事没什么新鲜的，他自己也不在乎。虽然我们不是真的要当傻子，可是在特殊时刻采用一些特殊方法来脱危解困，又有什么不好呢？

6. 迅速撤离现场

惹不起躲得起，三十六计走为上策。如果你的确没有勇气和能力应付尴尬，你的最佳选择就是迅速撤离现场，越快越好。对那些天生胆小怕事但是异常敏感的人来说，提前预见尴尬发生的可能性或是当尴尬的事态稍有苗头时就赶快离开，实在是妙不可言的高招。这就好比，再大的掌力，如果没有受力的脸，那也不过就是一阵风罢了。

7. 将计就计，化不利为有利

利与不利从来就是相对而言，只要找到关键点，化不利为有利并非不可能。对一个刚刚工作的女秘书来说，入职后第一批信件中就有两封寄错了地址，还有什么会比这件事更令人尴尬呢？然而，如果你在知悉情况后马上打电话向客户致歉，并且在客户拒绝后连续打上一天的电话，就一定能感动对方。

8. 转移尴尬

医学上有所谓的移痛法，当一种难以征服的痛苦被另一种较易征服的痛苦替代时，前一种痛苦往往在后一种痛苦的作用下，逐渐失去原来的痛感。这种方法同样适用于尴尬时刻的自我调节。当然，转移尴尬还有另一种方式，就是将尴尬转移到旁观者的身上。不过必须注意一点，你所转移的尴尬，应该是善意的制造玩笑的契机。

9. 故作心理脆弱

人们普遍同情弱者，在尴尬出现的时刻你可以立即做出适度“夸张”的反应，可以是懊悔不已，可以是痛苦万状……总之，一定要让别人看起来觉得你心理异常脆弱，仿佛刚才的事情已经严重伤害到了你的自尊心。一般情况下，人们在看到你的“惨状”后肯定不会再对你穷追猛打，尴尬也就不了了之。

10. 予以强烈反击

这是应付尴尬时最应谨慎采用的方法。首先要考虑反击对象的身份，其次是环境，再次是反击的力度把握。因为尴尬本身并不是大得惊人的问题，充其量是一个过失，所以在决定予以反击之前，一定要搞明白自己反击的目的何在。假如反击的结果是解脱了自己而伤害了别人，那最好放弃；假如反击的结果是皆大欢喜，那么不妨一试。这类结果直接体现着当事人对另一方的了解以及他对反击力度的精确把握。宗旨只有一条：利己也不损人。

女白领如何拒绝陪酒尴尬

职场女性如何拒绝陪酒，又不至于把领导得罪？这就得用点心计，才能少受罪甚至不受罪。

白领丽人如何拒绝应酬？女白领拒绝陪酒的技巧及说话术有哪些？人在江湖漂，许多事都是身不由己，对于白领丽人，应酬、陪酒，更是一大头疼的事。

公司时常有这样或那样的应酬，特别是当来客大多是男性的时候，领导常会想到把单位的女性拉上去“陪酒”。哪些人可能会被领导叫去陪酒呢？漂亮或能喝是必须的，要不酒桌上怎么热闹起来？这一顿饭也就没有多大意义了。所以有两种女人最有可能被叫去陪酒：一种是不一定长得漂亮，但绝对能喝，可以让男人招架不住；另一种则是不一定能喝，但绝对长得漂亮，这样酒桌上就多了兴奋点，喝不好酒也不会觉得无趣。

艾嘉是个个子高挑的女孩，有着模特般的身材，很会化妆。看见她，总是能让人想到一个词语：冷艳。

艾嘉是北方人，刚来武汉一年，由商务代表升为总经理秘书。第一次陪同老总出去应酬给艾嘉留下了难以磨灭的印象。那次是老总请几位上级主管部门领导吃饭，她去陪同。六人中，只有艾嘉一人是女孩。事先，老总什么也没交代，只让她见机行事。

饭局中途，大家酒意正浓，坐在艾嘉对面的李总忽然半开玩笑似的说：“有刘小姐这么美丽的姑娘坐在身边，真是天赐福气啊!”

艾嘉不知道怎么迎合，老总立马给艾嘉丢过去一个眼神，示意她坐到李总身边去。

艾嘉是个文静的女孩，面对老总的示意，她觉得很难为情。不过去吧，违背了老总的意思；过去吧，自己又不情愿。艾嘉开始后悔来参加这个饭局了。

最终，艾嘉纠结地走过去了。老总看到她不乐意，当时就沉下脸了。可当艾嘉刚刚坐下来，李总就热情地搂抱着她，要和她喝交杯酒，还要吃她喂的菜。艾嘉从未见过这种场面，觉得自己受了侮辱，愤愤离开。

事后，当老总将艾嘉狠狠批评了一顿，艾嘉才知道，原来这是一笔上百万的单，因为她的“不配合”而泡汤了。一气之下，艾嘉辞职了。

从案例中可以看出，职场女性驾驭这种场合并不容易，因此一般的女性并不愿意在宴会上陪酒。但如何拒绝，又不至于把领导得罪？

这就得用点心计，才能少受罪甚至不受罪。针对各自的情况，有这样几个屡试不爽的办法。

1. 走为上计

如果你事先对酒局有所预料，可以提前对领导或同事说有事，找机会“脚底抹油溜之乎”。并在他们最可能找你的时候，关掉手机。这样不知者不为怪。领导追问，讲明事因，并陈说手机没电了，自然可以遮过。这就叫“三十六计走为上”。

2. 疏不间亲

领导专门嘱咐，事先就有通知，你临时找事由要走，会让领导觉得你不顾大局，说不定还会惹恼领导。这时，可以先爽快答应，背后打电话给自己的家人或是玩伴，让他们在酒宴未开始时打一个电话过来，称家里有什么急事。这样，当着领导和客人的面，让领导弄清是什么状况，然后十万火急地请求离开。这叫“疏不间亲”。

3. 金蝉脱壳

万一无法逃走，那就索性坐下来装不舒服，但也不显出要走的样子。等开席饮酒时，先喝一大口，然后装着极不舒服大口吐出来弄脏桌椅，并称近日自己身体极不舒服。领导见桌椅弄脏，自然觉得败兴，但又怪不得你。你这时提出要去看医生或是去休息，领导自然不会再留你。这叫“金蝉脱壳”。

4. 无中生有

平常准备一份体检证明，管它是谁的，大致改成自己的名字即可。只要是关于这“炎”那“症”的，这“高”那“低”的，郑重其事在领导面前掏出来，说明自己不能沾酒的原因。如果领导说，不一定要喝酒，关键是去凑凑气氛，你只要态度坚决一点，并说让身体状况好一点的同事去，领导自然就无话了。这叫“无中生有”。

5. 声东击西

万一找不到其他办法，如果陪酒者中有交心的男同事，可以找一由头，假装话不投机就动起肝火来，说到激动处，起身怒气冲冲地离去。这样，领导见状，也不好怎么说，最多说你脾气不好，也只得由你去了。此为“声东击西”。

6. 以攻为守

第一次喊你去陪酒，你说酒精过敏。硬要你去，你酒没有喝多少，就装着酒醉倒地，把领导给吓个半死。要么就开始故意借酒装疯、搅局、乱说或是打人，弄得酒席大乱。自然就不会再让你去陪酒了。此为“以攻为守”。

7. 假痴不癫

领导喊你去，你说不能喝，吃饭倒是喜欢。去了，反正一根筋，顽固到底，不和任何一个人喝，也不管那些酒桌上的礼仪，装着不懂场面上的事，让领导和客人都觉得无趣，领导看你在酒桌上没有培养前途，自然就不喊你了，于是可以自保。此叫“假痴不癫”。

8. 先发制人

平常就当着领导的面表示自己最讨厌吃吃喝喝的那一套了，并对其他单位的吃喝饭局表示不屑。这样领导一想到你的态度和样子，道不同不相与谋，也就不愿喊你去陪了。这叫“先发制人”。

9. 虚张声势

领导安排你去陪酒，领导话未说完，你说声“对不起”惊慌失措地跑出去上洗手间。

过个十来分钟再回来，继续聆听领导的安排。未听完，再说一声“对不起”，慌张地跑出去上洗手间。如此三翻四复，一看就是肚子坏了。最后，可能不需要讲任何话，领导就已打消要你去陪酒的想法了。此为“虚张声势”。

总的来说，在饭局上女人要懂点心机，才能应付饭局中的困境。

当众应对别人的有意刁难

宴会上面对刁难的困境，要采取适当的技巧化解尴尬，切忌恼羞成怒。

在宴会上，当你正在和一大群朋友侃侃而谈的时候，突然有人接过你的话头，当着众人的面刁难你，让你下不了台；或者你正在一个正式的场合和别人交流，有人冒出一句“语不惊人死不休”的话来，当时就让你面红耳赤、满脸是汗，难堪至极。遇到别人这样的有意刁难，你该如何应对呢？

宴会上并非所有的人都对你友好和善，遇到不顺心的事在所难免。宴会上的人五花八门，性格各异。你在宴会上，不免会碰到一些刁钻古怪之人，他们会在一些正式或非正式场合对你进行无故的有意刁难。那你就得提防点，并要适时采取恰当而有效的应对措施。当然，面对别人的有意刁难，还想保持平静和理智，这的确是有难度的。

既要保住自己的面子，又不至于因回击过头而显得无礼，如何说话才能把握好其中的度？这也是有技巧的。

1. 请君入瓮

宴会上，当对方蓄意刁难，说出使人难堪窘迫的话时，最好的解决方法是采用“请君入瓮”的方法，巧用话语把对方也引入这种局面中，然后全身而退，让对方作茧自缚、自食其果。

一天，爱尔兰剧作家萧伯纳参加一个宴会。坐在他旁边的一位美国金融家对他说：“萧伯纳先生，如果您让我知道您正在思考什么的话，我愿意给您一美元。”

金融家的话明显是在嘲笑萧伯纳的穷困，只听萧伯纳回答：“啊，可我的思考一美元也不值，我所思考的正是你！”

萧伯纳就是巧妙地“接过”了刁难者的话题，设计了一个圈套，将刁难者与话题中的事物联系起来，从而使自己全身而退，反倒让对方成为被要弄的笑料。

2. 以相同思维反击

当别人的有意刁难你不能直接回答时，不妨采用与对方一样的思维，照他那样的逻辑方式如法炮制，再设一个相同句式的问题来反问对方，这样就巧妙地把球踢给了对方。

在一个涉外晚宴上，一名英国人对一位中国作家说：“没有文化大革命，可能也不会产生你们这一代青年作家。那么文化大革命在你看来究竟是好还是坏?”

这个问题，分明是在有意刁难。中国作家灵机一动，立即发问：“没有第二次世界大战，就没有以反映第二次世界大战而著名的作家。那么你认为第二次世界大战是好还是坏?”英国人无言以对。

中国作家巧妙的回答，把球又踢给了对方，对方自然无话可说。

3. 大智若愚

在宴会上，如果有人刁难你，但不是什么大是大非的原则问题，你大可一笑了之、大智若愚，全当不懂对方的话，而让对方自讨没趣。你就可不战而敌自退了。

1992年美国大选期间，克林顿在一家宴会上遇到了一个反对他当选总统的人。这个人当面攻击他，说他不过是夫人的一个木偶，言外之意是克林顿做不了一家之主，更不够格做一国之主。这句话无疑潜藏着杀机，可谓刁难至极。但克林顿却回答：“不知你是竞选总统还是竞选克林顿夫人?”

一句妙答，让故意来刁难他的人无言以对。克林顿这种带点傻气的话，其实是大智若愚，既回避了他人对自己因年龄太轻而不能胜任大国总统的怀疑，又消除了对方对其夫人可能干政的质疑。

4. 巧用反问

当对方的问题很难回答或发问的角度很刁，你回答肯定、否定都可能出差错时，那就不要回答，你可以把问题再还给对方，巧用反问，将对方一军。

比如，一天国王宴请阿凡提，席间国王故意问他："人人都说你聪明，不知是真是假？如果你能数清天上有多少颗星星，我就认为你聪明。"阿凡提说："如果你能告诉我，我骑的毛驴有多少根毛，我就告诉你天上有多少颗星星。"

阿凡提巧用反问，令国王无法回答。巧用反问是应对尖酸刻薄之人的一个很普遍、实用的技巧。

5. 化被动为主动

先有意放松，解除对方的戒备心理，为能牢固地把握主动权打基础。等到对方上钩了，再予以反击，让对方措手不及、哑口无言。在应对别人有意刁难时，这也不失为一个很好的办法。

例如，美国前总统卡特竞选总统时，他与母亲参加了一个晚宴。席间，一位爱找碴儿的女子问他的母亲："你儿子说如果他说谎，大家就不要投他的票。你敢说他从未说过假话吗？"

卡特的母亲平静地说："不，我儿子说过。"

"那说过什么谎话呢？"那女子喜出望外地追问。

"善意的谎话。"

"什么善意的谎话？"

"你记不记得几分钟前，当你跨进我家门时，我儿子说你很漂亮、见到你很高兴？"

面对记者来者不善、咄咄逼人的问话，卡特的母亲没有惊慌失措反倒沉着应对，顺着她的意图，承认卡特说过谎，让她心中一喜。殊不知，这是卡特母亲故意说的"纵"。女子果然中计，忙追问详细情况，卡特母亲话锋一转，对谎话加以限定。她依然不知是计，还在追问卡特母亲“何谓善意的谎话”，等卡特母亲解释清楚，她才知道怎么回事，除了自取其辱之外，别无他获。

另外，面对刁难切忌恼羞成怒，不要直接指责对方，否则难免会激起对方的反唇相讥，由此陷入进一步的唇舌相争。当然，表现过于温和也不好，说一些拖泥带水的话会让对方觉得你是一个软弱易欺负的人，没准还会找机会再刁难你。

巧妙应对别人的奚落

在宴会上，面对被人奚落的困局，你应随机应变调动自己的智慧，化被动为主动，使尴尬境遇烟消云散。

在宴会上，你得处处小心，用平和的心态去应对所有的人。俗话说：“人上一百，五颜六色”，不是所有人都是你想象中的那样好应付。假如在宴会上你遇到别人有意无意奚落、挖苦、讥讽你，你该怎么办？是消极被动躲避，还是积极主动迎击？

在一次宴会上，小关为活跃宴会气氛，热情洋溢地讲起了笑话。在座的一位客人突然说道：“你讲的所谓笑话我不懂。”小关知其是来者不善，明摆着就是对他的当众奚落，就马上尖酸地当众顶了回去：“你莫非是长颈鹿？只有长颈鹿才可能星期一浸湿的脚，到星期六才感觉到呢！”这样刻薄的反唇相讥，令其他客人一片哑然。

在宴会上，面对被人奚落的困局，你应随机应变调动自己的智慧，化被动为主动，使尴尬境遇烟消云散。“兵来将挡，水来土掩”，你可视不同的对手，选择不同的应付办法。

若判明来者不善，是怀有恶意，故意挑衅，你可以“以眼还眼，以牙还牙”，有理、有节，礼貌而巧妙地回敬对手，针锋相对，“原物”顶回。

俗话说：“害人之心不可有，防人之心不可无。”你的还击也要讲究一定的尺度，不可出口伤人。而且防卫要注意有礼貌，不管是用“软”办法，含蓄反驳，还是用“硬”办法，原话顶回，都要有理、有节。这样不仅不至于造成不利影响，而且也不至于损坏自己的形象，反倒显示了自己的气度。

在宴会上，如何应对别人的奚落，具体你可从以下几个角度做。

1. 自我解嘲

在宴会上，假如有人冲着你横眉竖眼，恶语中伤地骂道：“你这个人两面三刀，专门告我的阴状，想踩着别人的肩膀爬上去，没门！”如果你心中无愧，完全不必大发雷霆，倒不妨反诘：“哦！是真的吗？我倒要洗耳恭听。”然后诱使谩骂者说下去，直到对方找不到词儿了，你再“鸣金收兵”。在这种情况下，你以温文尔雅、彬彬有礼的方式笑迎攻击者，显然比暴跳如雷、大动肝火要好。

2. 避实就虚

一般人，都有一种造反心理。当别人对你的某件事半信半疑，并刻意对你进行挖苦奚落时，你不必过于计较，针锋相对地摆出一大堆道理来，这样过于认真与激烈只会适得其反。应避实就虚，以一种柔中带刚的方式，制止他的言行。

比如，你刚被提拔到某领导岗位，为庆祝升职摆宴席。宴席上，有嫉妒的同行对此揶揄道：“这下子你可平步青云、扶摇直上了吧！”你听了不必拘泥，可一笑了之：“是这样吗？你算得这样准？”用这种不卑不亢的方法，立即使对方语塞。

再如，有人以半真半假的口吻问：“听说你得了一大笔奖金，该‘发财’了吧？”你就实避虚地回答：“你也想吗？咱们一起来干。”语中带点锐气，别人想再问，也不大好意思了。

3. 糊涂卖傻

宴会上，当人贸然对你进行奚落时，不妨适时糊涂一下，装聋卖傻，故意不接奚落者的话题。至此，奚落者也会自觉无趣，便不再言语。

如，英国前首相威尔逊在一次政务宴会上阐述自己的政治主张，其中有一个脾气暴躁的反对派开口就骂："狗屎！垃圾！"显然，他的意思是叫威尔逊"别再胡说八道"。

威尔逊却不理会其本意，只是报以容忍的一笑，安抚道："这位先生，我马上就要谈到您提出的脏乱问题了。"捣蛋者一下子哑口无言了。

4. 沉默蔑视

如果对方来势汹汹、盛气凌人，前来指责辱骂你，而你确信真理在手，就可以以藐视的目光、冷峻的笑颜，让他尽情地发泄个够，而不予理会。有时沉默无言的蔑视，能抵得上万语千言。这不能不算是一个明智的应对方法。

5. 借题发挥

如果对方借着某件事情为题目来奚落你，你也可以将题目进行一番发挥。

一次，一位领导人宴请美国记者。宴会上，记者看到秘书用一支美国派克钢笔做记录，就带着几分讥讽的口气问："请问阁下，你们堂堂中国人，为何还用我们美国的钢笔呢？"

这明显是在有意奚落。聪明的领导人马上听出了他的言外之意，灵机一动，庄重而又风趣地答道："提起这支钢笔呀，话就长了。这可是一位朝鲜朋友的抗美战利品，是他作为礼物赠送给我的。我无功不受禄，就拒收。朋友说，留下做个纪念吧。我觉得很有意义，就收下了贵国这支钢笔。"那个记者听后，一脸窘相，怔得半晌也说不出半句话来。

面对外国记者的奚落，该领导人在宴会上成功地维护了国家的形象。

另外，在宴会上，面对别人的奚落切忌情绪过于激动。猛烈进攻、出口伤人，甚至动辄打人等，这都无异于自毁形象。

跳出“两难”问题的圈套

所谓“两难”问题，就是不论你回答“是”或“否”，都可能给你带来麻烦的问题。回答这类问题必须用心。

很多人都知道一个著名的两难问题：

男友请女友吃饭。席间女友问她的男友：“如果有一天，我和你的妈妈同时掉进河里，你会救谁？前提是，你只能救一个。”这个问题大家一定不会陌生，可是，回答呢？有谁的回答是让人满意的？

回答 A：我会救你。女的一定是当时开心了，可是事后会想，你连自己的母亲都不会救，我还能指望你什么呢？以后，你一定也会抛弃我的。

回答 B：我会救我妈。女的大发雷霆，喊道：“好啊！你下半辈子和你妈过去吧！我们完了！”于是离席而去。

这个问题看似没法回答，因为无论怎样回答都一样。

在宴会上，问这种问题的人总是别有用心，话中有话，要听出对方的弦外之音，是难点之一。回答这种问题，“左”也不是，“右”也不是，该如何选择，是难点之二。如果问题来自于你不能得罪的人，或者在公众场合被问到，更会让你的回答难上加难。

1. 回避正题

在那些不宜完全根据对方的问题来答话的场合，可采用回避正题的模糊回答，它能让你巧妙避开对方问题中的确指性内容，让对方感觉到你没有拒绝他的问题，但又不是他期望的答案。如：

项羽自立为霸王后，想杀刘邦。

范增出主意说：“大王请刘邦赴宴，席间大王问他：‘寡人封你到南郑去，你愿不愿意去?’如果他说愿意，你就说他意图养精蓄锐，有谋反之心，可以绑出去杀掉；如果他说不愿意去，你以违抗王命之名杀掉他。”

宴会上，项羽问刘邦：“刘邦，寡人封你到南郑去，你愿不愿意去?”

刘邦答道：“臣食君禄，命悬于君。臣如陛下坐骑，鞭之则行，收缰则止。臣唯命是听。”

项羽一听，无可奈何，只好说：“刘邦，你要听我的，南郑你就不要去了。”

刘邦说：“臣遵旨。”

刘邦的语言，避开项羽问话的前提，而故意说对项羽忠心耿耿，“唯命是从”，从而使项羽找不到借口杀自己，为自己日后卷土重来创造了机会。

2. 自嘲圆场

有时有的两难问题被问及，无论怎样回答都会让人觉得脸面无光。此时不妨自嘲一下，给自己圆圆场。如：

某先生酷爱下棋，但又死好面子。一次与一高手对弈，连输三局。别人问他胜败如何，他回答道：“第一局，他没有输；第二局，我没有赢；第三局，本是和局，可他又不肯。”

乍一听来，似乎他一局也没有输：第一局他没输，不等于我输，因下棋还有个和局；第二局我没赢，也不等于我输，还有和局嘛；第三局也不等于我输，本是和局，可他争强好胜，我让他了。

3. 迂回出击法

宴会上，对于一些不能得罪的人提出的难题或者无理的要求，不要急于做正面的反击。可以采取迂回的技巧，避免与对方正面冲突，在抓住对方漏洞的前提下，再不动声色地反击，从而反败为胜。如：

一次，乾隆皇帝设宴款待纪晓岚。席间，乾隆想开个玩笑，以考验著名才子纪晓岚的辩才，便问纪晓岚：“纪爱卿，‘忠孝’二字当作何解释？”

纪晓岚答道：“君要臣死，臣不得不死，是为忠；父要子亡，子不得不亡，是为孝。”

乾隆立刻说：“那好，朕要你现在就去死。你怎么办？”

这实在是不好回答的问题。若回答不去死，则属违抗圣旨；回答去死，未免太冤。怎么回答呢？纪晓岚灵机一动，有了主意，说道：“臣领旨！”

“你打算怎么个死法？”

“跳河。”

“好吧！”乾隆当然知道纪晓岚不可能去死，于是静观其变。纪晓岚离席而去，不一会儿，纪晓岚回到乾隆跟前，乾隆笑道：“纪爱卿何以未死？”

“我碰到屈原了，他不让我死。”纪晓岚回答。

“此话怎讲？”

“我去到河边，正要往下跳时，屈原从水里向我走来，他说：‘晓岚，你此举大错矣！想当年楚王昏庸，我才不得不死；可如今皇上如此圣明，你为什么要死呢？你应该先回去问问皇上是不是昏君，如果皇上说他跟当年的楚王一样是个昏君，你再死也不迟啊！”

乾隆听后，放声大笑，连连称赞道：“好一个如簧之舌啊！”

这里，乾隆是根据纪晓岚提出的“君要臣死，臣不得不死，是为忠”之论叫他去死。此令顺理成章，纪晓岚怎样回答都很难，于是他聪明地采用了迂回出击的办法，到最后反把难题留给了皇上。乾隆当然不能承认自己是昏君，所以，纪晓岚很自然地把自己从“死”中解脱出来。这一招，既没有损害乾隆面子，又点出了他的无理之处，还博得了皇帝的夸奖。

4. 相似问题反击

宴会上面对别人的刁难，面对两难问题，有时不必去冥思苦想，只要采用与他相似的问题进行反击，以其人之道还治其人之身，让对方承受自己设计的圈套，从而使自己轻轻松松得以解脱。如：

宴会上，一客人刁难一位姑娘："你说，接下来我是吃武昌鱼呢，还是吃芹菜？你若猜中了我喂你一口菜；你若猜不中，你喂我一口菜。"说罢，客人拿起筷子做了一个欲夹未夹的姿势。对此，姑娘怎么答都不会对，不论回答什么都会遭到客人的戏弄。这时，姑娘掏出手绢揉成一团："女士优先。请让我先问你一个问题好吗？"那人有恃无恐，便答应了。姑娘便说："你猜猜，我这手绢是要丢向左边，还是丢向右边？若答对了我敬你三杯，若答错了自罚三杯。"那人当然同样不能答，只好作罢。

5. 巧用对比

有些问题，如果直接回答，无论是哪种答案都不妥。这时，巧用对比不失为一个解脱的办法。最好能选用一些人们熟悉的事物对比，重要的是这些事物还恰恰能包含或说明自己的观点或态度。

宴会上面对两难问题，切忌立即反唇相讥。对方问这种问题，固然有失妥当，但如果你反唇相讥将有失风度。对于非"左"即"右"的问题，切忌在对方问题所提供的选择中做单一选择，无论是"左"还是"右"，都正中了对方的"圈套"。

面临是非，你要"急刹车"

在宴会上遇到麻烦时，设法脱离困境，以保护自己为最终目的。

是是非非几乎存在于社会的每一个角落里，宴会当然也不例外。宴会上有形形色色的人，很容易成为一个是非之地。

而你可能是个很有正义感的人，忍不住要挺身而出；也可能你是个容易冲动的人，眼里不能容沙，碰上看不过的事就要马上说出来。

但不管你是什么样的人，是非不要轻易招惹，等沾在了身上想甩也甩不掉，也说不定哪天会招来飞来横祸。万一你不幸卷入是非之境，那还是要明智地采取相应的应对措施及早脱身离开才是，以免殃及自身。

远离是非之地，实际上就是在宴会上遇到麻烦时，设法脱离困境，以保护自己为最终目的。

在某一外企工作的陈亮，不久前险些卷进了一场是非之中。

事情是这样的：陈亮应朋友之邀去酒吧喝酒。喝酒时，朋友告诉他，他和公司一位同事因某事发生了一点纠纷。并且说："那家伙狂得很，他胆敢再来找我，我非跟他拼命不可。"

陈亮知道，他的这位朋友和他的同事都是莽撞之人，易激动，好感情用事。于是他好言劝了几句，让他冷静，不要冲动。谁知，朋友笑了笑说："那有什么？还不是小菜一碟，你看我怎么收拾他。"

陈亮以为朋友是酒后说的话，当不得真的，就没往心里去。没想到第二天，那位朋友真的来找他，再次请他去喝酒，并且说酒后让他"看场好戏"。

这时，陈亮才意识到问题的严重性。如果他去赴宴，对方会以为他是帮手，继而迁怒于他。那样的话，他就成了别人的敌人，随时会有麻烦。

想到这里，他就下定决心，决不介入此事。于是他告诉朋友，他那天要开会，不能请假，以此为借口支走了朋友。之后不久，听说那位朋友酒后与人打架，甚至无知而粗鲁地动了刀子。

得知这些情况后，陈亮暗自庆幸自己没有卷入他们的是非中。他不敢想象，如果自己卷进去，这次肯定脱不了干系，日后还不知道会有什么麻烦。

陈亮巧妙拒绝了赴宴，才躲过了一场打架斗殴。如果陈亮参加了宴会，宴会结束朋友让他去打架，陈亮无论去还是不去都很难为情。去了，得罪了对方；不去，得罪了朋友。因此，他提前推掉，谁都不得罪。

面临是非要懂得及时刹车，才能避免陷入是非之地。在宴会上，如何远离是非之地？具体可参考以下做法。

1. 适可而止，全身而退

例如，工作中平级领导之间，有太多的微妙关系存在，大部分是亦敌亦友的。无论私交如何要好，在上级领导面前，他们还是有数不完的斗争。今天，两人像最佳拍档，在办公室成了“铁哥们儿”；但很有可能几天后，两人就反目变成仇人了。

所以，某些人可能为了某些目标，希望化干戈为玉帛，以方便日后好做事。但亲自出面又太唐突，于是便找来“和事佬”，让“和事佬”安排一个饭局。

本来，使人家化敌为友，是一件好事。但参加这样的饭局，你需要做些保护自己的工作，也就是说要适可而止，给自己的行动定个界限，使自己最终实现全身而退。

你最好对双方的对与错均不予置评，更不宜为某人去解释。告诉他俩“解铃还需系铃人”，你的义务到此为止。

在同事间的宴会上，对领导不满、对单位不满，这样的同事永远大有人在。遇上有同事来诉苦，指责某人有意为难他，或单位某方面对他不公平，你应该做到既关心同事的利益，又要适可而止，置身事外，让自己在有可能卷入的是非漩涡面前全身而退。

2. 区别对待，步步为营

平日很要好的两个人，请你吃饭时分别在你跟前数落对方的不是，然而两人表面上依然友好。这时候，你该怎么办呢？两头为难是一方面，除此之外，你更该小心，因为有种可能是：两人是在对你有所试探。

有些人心胸狭窄，十分小气，又善妒忌，所以因为某些问题令两人发生矛盾，这是不足为奇的。但他们表面上又不愿翻脸，故向较亲近者倾诉心中情，是再自然不过的事。

这时，你这个“夹心人”并不难做：于两人都冷淡待之。对方发现没有人同情，必然会掉头另找他人，那么你就自动脱身了。

如两人是别有用心，旨在试探你对他俩的喜恶程度，这下你就该采用步步为营的战术了。

既然对方的动机不良，你也不必过分慈悲，不妨还以颜色。分别跟他们说：“对不起，我不愿听你说朋友的坏话，因为我根本不想批评你俩！其实，我的看法对你们并不重要呀！”利用这一招，他们必然会知趣而退。

3. 走为上计

在宴会上不沾上是非，最典型的莫过于“三十六计走为上”。“走”不是消极逃跑，而是主动脱离一种极为尴尬的是非处境；待时机成熟，情况有所转机后，再去积极处理，以图重新打开自己的人生局面。任何是非都会让你受累，而如何彻底摆脱它，则是做人的真学问。面临是非之境，逃离是最佳之策，切忌老是充当“和事佬”和“夹心人”；若不幸充当，也要谨慎应之。

餐桌上没话也要找话说

在饭局中，如何迅速缩短距离？一定要学会寻找话题。好话题，是初步交谈的媒介。

饭局的作用在历史的进程中不断地外延化。如果吃饭只顾着闷头大吃，饭桌上没有一句话，那这饭还不如不吃的好。

王杰已经26岁了，可是还没有女朋友。婚姻大事非同小可，家里人很替他着急。后来，姑妈为他介绍了一个女孩子。在姑妈的鼓励下，王杰第一次约女孩子去吃饭。

平时，王杰是一个很内向的男孩，很少与人打交道，见了女孩子更不知道说什么。菜上来了，也没让一下对方，就自己吃起来了。女孩子反问他："你怎么不管别人，先自己吃起来了？"王杰羞得脸通红，连说"对不起"。女孩子本来想找一个活泼的男孩子，而王杰给她的感觉就像一个"闷葫芦"。之后，姑娘再也没跟他联系过。

饭局上没有话题可谈，是很令人尴尬的事情。王杰因在宴会上不懂说话而错失一段良缘。

古人讲究"食不言，寝不语"，不知道古人在餐桌上是不是也是不苟言笑、仪态拘谨。其实古人是很明白科学道理的，吃饭时说话很容易被呛到，严重了还会有生命危险；睡觉前若是说话太多，神经就会兴奋，容易失眠。但是现在人们生活忙碌，亲人、朋友不常见面，所以餐桌上往往是人们交流的场所。即使是家里的一日三餐，也是家人交流最多的时刻。于是餐桌上的话题因人而异、因场合而异。

热闹的活动聚会为大家提供了见面和交流的平台。但是在众多陌生面孔参加的聚会或者饭局中如何迅速缩短距离？一定要学会寻找话题。好话题，是初步交谈的媒介、深入细谈的基础、纵情畅谈的开端。好话题的标准是：至少有一方熟悉，能谈；大家感兴趣，爱谈；有展开探讨的余地，好谈。那么，怎样找到话题呢？我们可以考虑从以下几个角度入手：

1. 中心"开花"

如果参加饭局的很多朋友是第一次见面，在这样比较陌生的环境中，要选择众人关心的事件为话题，把话题对准大家的兴奋中心，比如最近的食品安全问题。这类话题是大家想谈、爱谈、又能谈的，人人有话，自然能说个不停了。

2. 即兴引入

巧妙地借用彼时、彼地、彼人的某些材料为题，借此引发交谈。有人善于借助对方的姓名、籍贯、年龄、服饰、居室等等，即兴引出话题，常常取得好的效果。举个简单的例子，比如对方说自己家是哪里哪里的，而你恰好对那个地方有所了解，那么不妨从这个话题开始谈起，慢慢地就会找出其他的话题。“即兴引入”法的优点是灵活自然，就地取材，其关键是要思维敏捷，能作由此及彼的联想。

3. 投石问路

向河水中投块石子，探明水的深浅再前进，就能有把握地过河。与陌生人交谈，先提一些“投石”式的问题，在略有了解后再有目的地交谈，便能谈得更为自如。在聚会时见到陌生的邻座，便可先“投石”，如询问：“你也是主人的朋友吗?”无论是与不是，都已经进入交谈。

4. 循趣入题

问明陌生人的兴趣，循趣发问，能顺利地进入话题。如对方喜爱象棋，便可以此为话题，谈下棋的情趣以及车、马、炮的运用等等。如果你对下棋略通一二，那肯定谈得投机；如果你对下棋不太了解，那也正是个学习机会，可静心倾听，适时提问，借此大开眼界。引发话题方法很多，诸如“借事生题”法、“即景出题”法、“由情入题”法等等。可巧妙地从某事、某景、某种情感引发一番议论。引发话题，类似“抽线头”“插路标”，重点在引，目的在导出对方的话茬儿。

5. 由陌生到熟悉

与你在宴会上刚认识的人在一起谈话，最好的办法是从一个话题到另一个话题地试着说，如果某个题目不行，再试下一个。或者轮到你讲话时可讲述你曾经做过的事情或想过的事情：修整花园、计划旅行或其他已经谈过的话题皆可。不要对片刻的沉默慌张，让它过去即可。

当你发现在聚会上坐在你身边的是个陌生人时，可以先介绍一下自已。然后有各种各样的开始方式。如果你是个很腼腆的人，在参加聚会之前就可在脑子里先想好。如果主人已经告诉你一些关于他的信息，你可以说：“我知道你喜欢的球队在上星期的决赛中获胜了。一定很精彩。”如果你对他一点都不了解，可以说：“你是住在××还是游客?”从他的回答中你可以开始话题，他也可能会问你住在哪儿、从事什么职业等。非常简单，但要注意给对方说话的机会。

另一个重要的开场白是向对方征求建议。例如，你可以问一个热心的园艺家："我想把花园中的一年生植物改种成多年生的，你建议种什么好呢?"对于一个在家或办公室办公的人，你可以问："我想买一部传真机。你有什么好的推荐吗?"如果没有反应，可以主动问他的观点。

在餐桌上另一个能提供良好开端的话题是食品和酒。你可以问旁边的人："这道菜好吃吗？我没有时间在厨房里真正地做一顿好饭。你自己做饭吗?"你也可以多留心他对什么比较感兴趣，在更多的时候可以以一个听众的角色来获取信息；如果自己也感兴趣，就多做些了解，加入谈话会比较方便。还有，可以多关心一些时事政治或是新闻，这些一般是人们普遍关注的。或者你可以主动找些你感兴趣的东西先与他们交流，当然要在适当的时候。即便你的热情没有你预期的效果，也不要灰心，这是正常的。

说服明确拒绝自己的人

在宴会上遭到拒绝不要灰心丧气，只要你运用适当的技巧，就能说服对方。

在宴会上向对方敬酒或者求助是很常见的事，但是并不是所有人都会爽快答应你的要求，遭到拒绝也是常有的事。面对拒绝，你不能灰心丧气，而是要想办法说服对方。

上个世纪，引滦入津工程正在加紧进行。担负隧洞施工任务的部队因炸药供应不上，面临停工和延误工期。部队领导心急如焚，派史连长带车到东北某化工厂求援。

史连长日夜兼程千余里赶到该厂供销科，可是得到的答复只有一句话："眼下没货！"当天晚上他就宴请了厂长。

在宴会上他向厂长提起此事，但厂长还是不为所动，冷冷地说："眼下没货，我也无能为力。"并给他倒了杯茶水，劝他另想办法。但史连长并不死心，他喝了口茶，说："这水真甜啊！天津人可是苦啊，喝的是从海河槽里、各洼淀中集的苦水，不用放茶就是黄的。"他瞥见厂长戴的是天津产的手表，就接着说："您也戴的天津表！听说现在全国每10块表中就有1块是天津的，每10台拖拉机就有1台是天津的，每4个人里就有1个人用的是天津的碱。您是办工业的行家，最懂得水与工业的关系。造1辆自行车要用1吨水，造1吨碱要160吨水，造1吨纸要200吨水……引滦入津，解燃眉之急啊！没有炸药，工程就得延期……"厂长一听，心中受到触动，就问："你是天津人？""不，我是河南人，也许通水时，我也喝不上那滦河水！"当时厂长就彻底折服了。紧接着他抓起电话下达命令："全厂加班3天！"3天后，史连长带着一卡车炸药顺利返程了。

说服一个人并非易事，在宴会上要说服一个明确拒绝自己的人那更是不易。因为这里存在着两方面的原因。一是，拒绝方已做出明确表态，为保全其颜面，不到万不得已是不会大改初衷、令自己脸面无光的。二是，被拒绝方因遭明确回绝，自尊心大受其伤，如再要厚起脸皮来进行说服，则需要鼓起万般的勇气。当然，人生在世并非处处都如意，磕头碰壁的事时常有之，有时并不能为了一时自尊而放弃努力争取的尝试。虽遭明确拒绝，还是要努力说服对方改变他（她）的决定。但说服对方还是要随机应变，采取一些灵活而有效的办法。

1. 晓以利害

当你在宴会上向别人求助遭到拒绝时，往往会发现：对方其实并没有经过深思熟虑，只不过是意气用事，或是因为其他一些细节原因而断然拒绝。这时候，我们就应当站在第三者的立场上，帮助对方分析情况并道出其决定的不明智之处。

为了强化分析的效果，我们可以先对对方的才能或成就表示赞赏，令其意识到自己的价值和重要性；然后再分析对方拒绝我方可能导致的破坏性后果，使其珍视已有的成就和声誉，不得不答应我方的请求。

例如，中国援建非洲某国一大型运动场，遇到停电的困扰，难以按期完工。工程队负责外事的陈霄女士，便找到该国电力委员会经理卡尔。她先设宴款待卡尔，谁知对方却百般推诿。

陈女士并未放弃，在宴会上她不断以外交辞令夸赞他“颇有才干”，盛赞他对双方的“支持与合作卓有成效”。

正当对方喜不自禁时，她话锋一转，以调侃的语调说：“卡尔先生，您是这个项目的总负责人。我们如果不能按期完工，不仅经济上会受损失，对您的影响恐怕就更大了。贵国运动会如果不能如期召开，那么您头上的乌纱帽没准儿也会被拿掉呢！”

短短的两三句话，在软硬夹攻中点明了要害，立即引起对方的重视，对方的态度来了个180度大转弯。卡尔只得笑道：“不会误期的，不会。”于是工地上很快就恢复了供电，工程顺利如期完成。

在宴会上，面对拒绝，陈女士正是抓住对方的要害进行说服。

2. 将拒绝理由变为求助的原因

一般来说，明确而坚决的拒绝者，要他答应是相当困难的，因为这种人有充分的心理准备，所以“请你帮忙……”之类的恳求语，会使他感到厌烦。对付这类人，要将对方的拒绝理由夸奖一番，把对方拒绝你的理由变成你之所以找他的原因，之后再提要求，也许有效。

如一个杂志的编辑，是邀作家写稿的高手。他每次只简单邀请作家吃一顿饭就搞定了。他并不属于能言善道的人，他对“我太忙了，无法写稿……”的作家，只说一句：“我知道你很忙，正因为你很忙，我才邀你写稿，太闲散的人是不会有好作品的。”他这种邀请忙人写稿的做法，从未失败过。

3. 利用对方的兴趣

利用对方感兴趣或引以为傲的话题展开交谈，在满足对方心理需要的基础上再提出自己的请求。

如一个村办小厂的厂长，希望与一家大集团公司建立协作关系，就设宴款待该公司总经理。

席间厂长向副经理提起此事，副经理委婉谢绝了。厂长就暂时停下来想招说服经理。恰巧那天厂长选的餐厅古色古香，餐厅壁纸上有许多名人书法。

厂长发现总经理在仔细端详一幅书法作品。他仔细一看，是篆书，便说：“总经理，看来您对书法一定很有研究。唔，这幅篆书写得多好，看这里悬针垂露之法的用笔，就具有一种多样的变化美……”总经理一听，感觉此人谈吐不凡，一定是书法同行，于是说：“请坐，请坐下来细谈。”

之后，他们从书法谈到经历，总经理还讲述了自己的奋斗史。小厂厂长很懂说话艺术，谈话时适时提问，使总经理得以最大范围地展开叙述。以后的事就顺理成章了，他们很快达成了协议，建立了长期协作关系。

一位受到歧视的村办小厂厂长，与大集团总经理素不相识，竟然能够说服对方与自己建立协作关系，这完全归因于该厂长能巧妙地利用那位总经理的兴趣。在交谈时，这位厂长并没有直接提出请求，而是先从对方感兴趣的话题“书法”谈起，并适时给予夸赞，最大限度地满足总经理的荣耀之心和自我价值肯定的心理。他们之间的心理距离就此拉近，之后的事自然就好沟通了。

在宴会上，说服拒绝自己的人时，切忌以一种毫不服气的口气向对方提出质问：“怎么可以这样就拒绝了呢？难道这对你有好处吗？”你这么一说，对方是断然不会再改口了。

在宴会上即使遭到拒绝也不能灰心丧气，而要努力争取。其实任何事情都蕴藏着希望和转机，更何况对方也许是一时意气用事，或因其他原因而武断对你做出的拒绝。

第九章

醉翁之意不在酒，求人办事看时机

俗话说："一个篱笆三个桩，一个好汉三个帮。"不论你是谁，生活中总是离不开要求人办事。求人办事免不了要请客，如何在宴会上通过灵活的社交术让对方爽快答应你的请求，这需要动一番脑子。在宴席上，如果你懂得抓住求人的时机和说话的技巧，对方可能会主动帮你办成事，否则你可能会碰一鼻子灰。

巧抓时机，求人办事事半功倍

在宴会上求人办事应该学会当机立断，避免犹豫不决，贻误良机。

在中国，求人办事是肯定离不开请客吃饭的，许多事都是在饭桌上办成的。离开了饭桌，求人办事寸步难行。然而，在饭桌上求人办事也并非易事，如果不懂得一定的技巧，是难以达到目的。

在宴会上求人办事，把握住时机是非常重要的。当你摸清了对方心理，并等到一个合适的时机时，应该当机立断，避免犹豫不决，贻误良机。

清光绪某年，镇江知府大人想为他的母亲做80大寿，消息传到周炳记木号，周老板愁眉顿开，高兴万分。周老板为何高兴？原来那时镇江木号的木材，大部分堆在江里。为此，清政府每年要收几千两银子的税帖。木号的老板们为了放宽税帖，只好向知府大人送礼献媚。可这位知府自称清正廉明，所赠礼品均拒之门外。

周老板正在设法寻找接触的机会，听说知府的老母要做大寿，顿时觉得这是一个机会。他知道知府大人是位孝子，对老夫人的话是百依百顺。只要打动了这位老夫人，也就等于说服了知府大人。

周老板派人打听老夫人喜欢什么，得知她最喜欢花。可眼下初入寒冬，哪来的鲜花呢？周老板灵机一动，有了办法。

老夫人做寿这天，周老板带着太太一行早早来到知府大人的后衙。周太太一下轿，丫环们就把绿色的绸缎从大门口一直铺到后厅，周太太在地毯上款款而行，每走一步，就留下一朵梅花印。朵朵梅花一直“开”到老夫人的面前。周太太祝老夫人“寿比南山，福如东海”，老夫人听了笑眯眯的，连忙请他们入席。

宴席期间，上了24道菜，周太太也换了24套衣服，每套衣服都绣着一种花，什么牡丹、桂花、荷花、杏花……看得老夫人眼花缭乱，眉开眼笑。直到宴席结束，周太太才说请知府大人高抬贵手，放宽木号税帖。老夫人正在兴头上，忙叫儿子过来，吩咐放宽周炳记木号的税帖。既然母亲开了“金口”，孝子不能不点头答应。

从此，周太太成了知府家中的常客，每次来都“借花献佛”。那孝顺的知府大人也因母命难违，就对周老板另眼相看。

有些人并不是心甘情愿地成为你的贵人，这就要想办法，让他行也得行，不行也得行。像周老板就很会想办法，他先从老太太入手，给知府大人施加压力，使知府大人不得不做自己的贵人。

当然，这种“逼人上轿”的办法，只能是不得已而为之，并非最善之策。如能在满足对方需求的前提下，找准时机让对方自愿效劳，是为上策。

慈禧太后60岁大寿这一天，宫里大摆筵席。慈禧在颐和园的佛香阁下放鸟。等李莲英让小太监搬出最后一批鸟笼时，之前那些鸟儿在空中只盘旋了一阵，又飞进笼子来了。慈禧又忙问其故。李莲英说，这是老佛爷德威天地，泽及禽兽，鸟儿才不愿飞走。

慈禧太后听后，怒斥李莲英，竟敢拿驯熟了的鸟儿来骗她。

可他不慌不忙地躬腰禀道：“如果奴才欺骗了老佛爷，就请老佛爷按欺君之罪办我。不过在老佛爷降罪之前，请先答应奴才一个请求。”

慈禧听了这番话，立刻铁青了脸，说：“你这奴才还有什么请求？”李莲英说：“天下只有驯熟的鸟儿，没听说有驯熟的鱼儿。如果老佛爷不信自己德威天地，泽及鱼鸟禽兽，就请把湖畔的百桶鲤鱼放入湖中，以测天心佛意。”

慈禧也有些疑惑了，她随即走到湖边，下令把鲤鱼倒入昆明湖。稀奇的事情真就出现了，那些鲤鱼游了一圈之后，竟又纷纷游回岸边。这下子，不仅众人惊呆了，连慈禧也有些迷惑。

李莲英见火候已到，哪能错过时机，便跪在慈禧面前说：“老佛爷真是德威天地，如此看来，天心佛意都是一样的，由不得老佛爷谦辞了。这鸟儿不飞去，鱼儿不游走，那是有目共睹的，哪是奴才敢蒙骗老佛爷，今天这赏，奴才是讨定了。”

事情到了这份上，慈禧太后哪里还能发怒，她满心欢喜，还把脖子上挂的念珠赏给了李莲英。

从这个故事我们可以看出，李莲英抓住时机讨巧的功夫实在高明至极。现实生活中，我们也应该抓住时机尽快办成自己要办的事。

比如你要升官晋职。由于本单位、本部门的领导者因为某种原因，或者是工作突出被提拔了，或者到了法定年龄而离休、退休了，或者因工作犯了错误而被解职了……总之，使原来的领导职位出现了空缺，这个空缺就为你创造了一个升迁的机会。如果这个机会来临之时，你不知道想尽办法抓住机会，甚至在工作中犯了错误，那官运就会与你失之交臂。

也许有人对此不以为然，他们总认为自己的提升仅仅是因为自己出色的才能。这种说法，带有很大的片面性。因为谁都知道，一个人被提升时，首先要有职位。没有空出的位置，任你才高八斗、学富五车，也不会被提拔到一个“悬空”的位置上。当然，我们不否认才能在提拔中的作用。可是，如果时机不出现，任你费尽九牛二虎之力，也办不好、办不成功。

因此，要想办事成功，关键还是要靠自己的主观努力来把握住时机。把握住时机，最重要的是要认清时机。所谓时机，就是指双方能谈得开、说得拢的时候，对方愿意接受的时候。一个人在车祸丧子的悲痛中还没解脱出来，你却上门托他给你的儿子保媒说媳妇，你分明是在自讨苦吃；领导正为应付上级检查而忙得焦头烂额的时候，你却找他去谈待遇的不公，那你肯定要吃“闭门羹”，甚至遭到训斥。掌握好说话的时机，才能提高办事的成功率，取得事半功倍的效果。

让关系疏远的亲戚为你办事

将有用的“远”亲变成“近”亲，这样才可以在关键时刻帮助自己解脱求助无门的烦恼。

在中国办事肯定离不了关系，所有关系中亲戚关系是比较重要的。一般来说，求关系好的亲戚办事相对容易一些。只要摆一桌宴席，请亲戚吃好喝好，礼送到位，基本没什么问题。但是请关系疏远的亲戚办事就比较麻烦。

小英在北京某学院上学，在大学四年中，她一直都知道有位关系比较远的亲戚在学院任教，但是总感到一联系的话就好像是要刻意讨好人家，所以她从来没有拜访过那位亲戚。临近毕业了，看到同学一个个找关系、走后门，她也开始着急了。没有办法，她只好硬着头皮请那位亲戚吃饭。吃饭的过程中，那位亲戚谈到了老家亲戚们的情况。其实小英已经将这些都淡忘了，只好含糊其辞。尴尬地坐了一个小时后，那位亲戚说：“小英，我今天还有事，咱们下次再聊吧。”小英一听这话，感到事情没有办就这样回去了，那这顿饭岂不是白请了？于是讲出了自己的想法。那位亲戚一听马上绷起了脸，说：“小英，学校自有分配，我也不好参与什么。”小英只好灰溜溜地回到了寝室，感叹人情冷暖与世态炎凉。

小英既然知道有比较远的亲戚在学校任教，早就应该疏通关系，临时抱佛脚，人家肯定不会答应的。假如小英在大学四年间，每逢节假日去亲戚家走动走动，事先融通一下关系，到毕业的时候再请亲戚赴宴，在宴会上再提工作的事，那么成功的几率自然会大一些。四年来小英没与亲戚打交道，毕业了才提，显得目的性太强了。再说，小英在宴会上提得也太直接了，自然会引起亲戚的反感，遭到拒绝也是情理之中的事。

俗话说：“是亲三分向。”在遇到困难的时候，人们常常能从亲戚那里得到强有力的支持与帮助。但亲戚也有远近之分，近亲之外，更多的则是远亲。在现代社会中，由于经济的飞速发展，亲戚关系也被蒙上了金色的镀膜，变得非常不确定和难以把握，特别是那些远亲。当然，亲戚间的关系是需要维持的，否则，就可能造成“远亲不如近邻”的局面。“亲戚用时方恨远”，你得将有用的“远”亲变成“近”亲，这样才可以在关键时刻帮助自己解脱求助无门的烦恼。具体方法有以下几种。

1. 真诚的许诺

在传统的亲戚交往中，往往存在着一种误区，那就是：亲戚关系是一种血缘、亲情关系，彼此都是一家人，七大姑给八大姨帮忙办事都是应该的，没必要像其他关系那样客套。其实，这种想法是错误的。血缘的关系虽说是“打断骨头连着筋”，但亲情的维护更多在于彼此之间的相互帮助上。

在求关系疏远的亲戚办事时，你可用自己的真诚去打动对方，然后做出诺言，让对方能够相信自己。这样“投桃”，才可能先得到亲戚的“报李”。

但有一点是要注意的，就是在做出“投桃”的允诺之后，就必须要对得起自己的良心，及时兑现自己的诺言。千万不要做出“小人”行径，暗中坑了亲戚一把，那时“亲情”这两字也将变得一钱不值了。

所以，有诺必践，有“报李”必有“投桃”，这是继续保持良好亲戚关系的非常重要的前提，切不可“一次性处理”。否则，在今后的社会中，再想利用亲戚办事就难上加难了。

2. 循序渐进

遇到麻烦事，一般首先想到的是利用亲戚关系来解决。亲戚有远亲和近亲：对于近亲，求其帮忙办事，人家一般都能尽力帮助解决问题；而对于远亲或关系已经疏远了的近亲，如果要求其帮忙办事，就要考虑好巧妙的对策了。

这时，一蹴而就的办法不仅起不到好的作用，反而会使人产生厌烦情绪："有事情了才来找我？"而采用循序渐进的方法，使其能够逐渐接纳你，就会收到较好的效果。

上文故事中的小英之所以失败，就在于她的要求太过突然，未给对方一个心理接纳过程。毕业分配是一件非常重大的事情，关系到一生的前途，轻易找人办事，人家在心理上还没有接纳你，又如何能够答应帮你这样重大的事情呢？不要说多年没有打过交道，即使是经常见面的亲戚，也需要慢慢商榷。

3. 主动出击，积极沾亲

中国自古就有"沾亲带故"一词，"沾"可以理解为攀附，它是利用亲戚关系的一个好方法。"沾"这一字是关键。俗话说："踏破铁鞋无觅处，得来全不费工夫。"在处于困难之中、需要就某事求助于别人时，不妨拿出"踏破铁鞋"的精神来，就不怕没有"觅处"。

4. 诉说苦痛获同情

一般来说，每个人都有同情心。只要你诉说得真切，一般都能打动对方，尤其是亲戚之间更容易产生同情。通过向疏远的亲戚诉说你的苦痛，可以促使亲戚对你产生同情之感，从而达到自己的目的。

亲戚之间要时常走动一下以防疏远，即便是疏远的亲戚，也要先拉近了距离，才能求其办事。

宴席上说好话，才能办好事

宴会上求人有多种多样的方式，同样的请求内容，不同的人，用不同的方法和语言表达出来，得到的结果常常是不一样的。

在宴会上求人办事能否成功，就看你的嘴上功夫了。俗话说："良言一句三冬暖，恶语伤人六月寒。"因此，在你开口求人之前，有些地方你是必须要注意的。

在宴会上，有许多人虽然很想请别人帮忙，但因为顾虑太多，总觉得难以启齿，甚至有人觉得求人办事是丢面子的事。比如，好多人求人时总是考虑：如果对方不赏脸，一口拒绝，或者来个不理不睬，那是多尴尬的事！因此，许多人为了避免碰一鼻子灰，宁可保持沉默，虽然明知道这是最有效的方法，也难开金口，结果许多很有希望成功的事只能化为泡影。

做事三思而行并没什么不对的，每个人求人帮忙都是有顾虑的，但最主要的就是看你怎么和别人说了。这个是最关键的，只要你会说话，就不愁办事没有效率。

明太祖朱元璋，少年时给人放过牛，交了一些穷朋友。当了皇帝后，有两个从前的穷朋友来见他。因两人的话说得不一样，两人的命运也各不一样。

第一个人被引进宫内，朱元璋设宴款待他。在宴会上，他为了讨好皇帝，指手画脚地说："皇上还记得当年的事吗？从前你和我都替财主放牛。有一天我在芦花荡里，把偷来的青豆放在瓦罐里煮。没等煮熟，大家都抢着吃。你把罐子都打烂了，撒了满地的青豆，汤都泼在地上了。你只顾从地上抓豆吃，不小心把草叶送进嘴里，卡住了喉咙。还是我的主意，叫你把青菜叶吞下，才把卡在喉头的草叶咽进肚里去。”朱元璋听了他的述说，龙颜大怒，当下喝令武士将他推出去。

这个抱头窜出的倒霉蛋，去给朱元璋的另一位旧友——昔日的同路放牛娃说了这件事。那个放牛娃抿嘴一笑，说：“你看我去，定得富贵。”过了几天，他大摇大摆走进宫来，朱元璋同样设宴款待他。席间他说：“皇上还记得从前的事吗？当年微臣随着您大驾亲征，皇上骑着青牛去扫荡芦州府，打破了罐州城，汤元帅在逃，你却捉住了豆将军，红孩儿挡在了咽喉之地，多亏菜将军击退了他。那次战斗我们大获全胜。”朱元璋对旧友吹嘘的那场战争心知肚明，但他却把丑事说得含蓄动听，让皇上面上有光。朱元璋又想起当年大家饥寒交迫、有难同当时的情景，心情激动，立即封这位旧友为御林军总管。

朱元璋不再是当年的放牛娃了，而是一国之君。故事中的第一个穷人，非但富贵没有求得，还惹了一身晦气。他的问题就出在求人不懂说话技巧。

对于同一件事，一个人是实事求是地说出了事情的真相，结果惹恼了皇帝，被乱棍打出去；一个委婉曲折地说，结果做了大官。话说得不一样，效果也会有天壤之别。因此，求人办事一定要懂得说话的技巧。

1. 诚恳礼貌地提出请求

既然是你有求于人，那么语言要做到诚恳、礼貌，不强加于人，这也是求人办事时的最基本要求。你只有发自内心地请求对方办事，对方才会重视你的请求。这是求人成功的先决条件。

同时，你应该尽量选用被请求者乐意接受的称呼，比如在问路、请求让座时，这一点就显得非常重要。问路时，称对方为“老头儿”“小孩子”，那你肯定一无所获；若改用“老人家”“小朋友”等，效果就会好些。

求人办事，不可以用命令、祈使的语气，而应多用委婉、商量的口气。例如，尽可能地使用“麻烦……”“劳驾……”“可以……吗”这类句式，即使对相识者也不妨这样。

2. 斟酌对象再开口

宴会上求人办事要看对方的文化素养再开口，一个人的文化素养往往决定了他（她）的理解水平。你如果跟一个普通老百姓讲一套文绉绉的话，对方不仅不明白你说的，还有可能引起不必要的误会。

教古代汉语的周先生的儿子要做生意，需要严先生帮忙，于是，周先生就想着替儿子打通关系。一天，周先生在家宴请严先生一家三口。当天，严先生的女儿穿着一件漂亮的裙子。宴会上，周先生想赞美一下严先生的女儿，就说："贵千金正值破瓜之年，穿着这件裙子真漂亮……"周老先生的话还没说完，严太太的脸色就变成铁青色了。虽然严太太没说什么，但至此，谈生意帮忙的事已经泡汤了。

严先生与严太太文化水平都不高。他们把"破瓜"理解错了。"破瓜"是个古代汉语的用法，指女子过了16岁。周先生说得本来没错，但当着一个文化素养不高的人，用些生僻的词语，对方自然难以理解。如果周先生选择对方听得懂且听了心里舒服的词语来说，别人肯定也会非常乐意，成功自然是水到渠成。

3. 用幽默的方式提出请求

在宴会上求人办事时，如果觉得正式提出不太合适，你不妨采用轻松幽默的方式提出。比如寻找幽默的话题，借此提出。因为幽默的话题可以引起人感情上的愉悦；而严肃的话题，通常会令人产生紧张的感觉。求人办事时，最好能将严肃的话题用幽默的方式表达出来，这样对方更易于接受。

芳芳在一家企业工作，在短短的一个月内，她连续两次向公司提出合理的建议，使生产成本降低了5%。公司老板很高兴，一次在宴会上对她说："芳芳，你在公司做得非常出色，公司不会亏待你的。"

芳芳当然知道这句话可能意义非常重大，但是她不需要口头的表扬，她想追求一点实在的东西，便呵呵一笑，说道："我想您会把这句话放到我的薪水袋里的。”老板会心地一笑，爽快地回答道：“会的，一定会的。”不久，她的工资便上涨了一倍。

面对老板的称赞，芳芳用一句机智幽默的话表达了自己加薪的愿望，老板也欣然接受。如果芳芳采用很正式的方式向老板提出加薪请求，一定不会收到满意的效果。

由此可见，宴会上求人办事如何开口是很重要的，话说得好，事情的成功率也会大大提高。

礼送到心坎儿上，事情才好办

求人办事，送礼要讲究方法，方法得当，事情定会进展顺利。

人们常说：有“礼”走遍天下，无“礼”寸步难行。在求人办事的过程中，送礼是必不可少的一道程序。所以，要想求人办事，就得首先学会给别人送礼。

求人办事，送礼要讲究方法，方法得当，事情定会进展顺利。否则，碰一鼻子灰，被人拒绝，便觉得难堪。所以，求人送礼要掌握技巧。

小张是个聪明稳重的小伙子，虽然念的不是名牌大学，但依靠父母的人脉和自己的优异成绩，毕业后进了一家福利非常好的大型国企。勤勤恳恳工作了三年后，小张坐上了运营部主管的位子。但之后的八年，任凭小张靠三头六臂解决了多少麻烦事，替领导背了多少黑锅，只要轮到晋升，小张始终离经理的位子有一步之遥。30岁不到就坐上董事长助理的小杨意味深长地对小张说：“除了学历和工作能力，还要学会做人啊！”小张顿有所悟。

经过打听，小张得知领导爱喝国酒。那年春节前夕，小张夫妇狠狠心买了三瓶精装五粮液。年后，小张找了个时间在家宴请领导。宴会上小张打开一瓶五粮液，领导一见是自己最爱喝的酒，非常高兴。小张看到了领导的表情，故意问道："陈总，这酒喝得惯吧？"领导笑眯眯地说道："不瞒你说，我最爱喝的就是这酒了。"小张便在宴会上说这几年自己在公司很努力，也希望公司能有好的发展。领导顺便说，小张的努力他看在眼里，如果有晋升的机会一定推荐小张。

宴会接近尾声时，小张说："我们夫妇也不懂得喝酒，这里还有两瓶五粮液，还是送给陈总吧。"领导开始推辞，小张夫妇一再坚持，领导就半推半就地收下了。第二年，小张就被提拔为运营部经理了。

小张夫妇设宴请领导，在宴会上拿出了领导最爱喝的五粮液，并且将另外两瓶五粮液作为礼品送给领导。小张的礼品送到领导心里去了，升职自然是指日可待了。那么，宴会上求人办事送礼要讲究哪些技巧呢？

1. 消除心理障碍

不要把送礼看做是很丢面子的事。中国自古就有"礼尚往来"的传统。好多人不善交际，送礼经验不足，在给人送礼时总觉得不自然，总是紧张兮兮的，弄得双方都很尴尬，以后见面也觉得不好意思。因此，他们把送礼看作一大苦差事，非常不愿意去做。

其实，这主要是心理障碍太大，这样送礼是很难成功的，很可能被对方当场拒绝。随之，你求人的目的也就泡汤了。求人办事，送礼是理所当然的，我们应该摆正心态，消除心理障碍，送好礼。

2. 礼物轻重得当

虽说"千里送鹅毛，礼轻情意重"，但这个标准只适合于纯粹的知心朋友之间，求人办事送礼不可按照这个标准。礼物的轻重主要看它的价值，一般讲，如果礼物太轻，对方很容易产生误解，以为你瞧不起他。礼物太轻，求人办事成功的可能性不大。

礼物太贵重，又会使对方有所猜忌，可能会引起受贿的顾虑，特别是对上级、同事更应注意。除了某些胆大贪婪的人，一般人就很可能婉言谢绝，或即使收下，也会照价付钱。如果对方拒收，你钱已花出，留着无用，便会生出许多烦恼，就像平常人们常说的："花钱找罪受"。因此，礼物的轻重选择以对方能够愉快接受为尺度，争取做到少花钱、多办事。

3. 送礼要投其所好

送礼讲究投其所好，不能盲目乱送，一定要了解对方的兴趣，有的放矢，巧妙安排，使对方愿意接受礼物，办事也就十拿九稳了。

不要按照你的喜好选择礼物，而要按照对方的喜好选择礼物，这样才能加强对方对你的好感。对方对你有了好感，就容易答应你的请求。

4. 把握送礼时机

送礼不能不分时候，不能临时抱佛脚。最好选择节日期间，或选择对方的生日，或在对方生病时送去礼物，这样就名正言顺，让对方无法拒绝，自己的目的也容易达到。

送礼的时间间隔也很有讲究，过于频繁或间隔过长都不合适。送礼者如果比较富裕，或求助心切，便隔三差五地拎包登门送礼，有人以为这样大方，一定可以博得别人的好感，其实不然。这样送礼，太过招摇，别人以为你的目的性太强，反而觉得不快。因此，送礼把握好时机，才能取得事半功倍的效果。

5. 选择关键对象

求人办事时，送礼选择对象非常关键。送礼不一定非得送给办事的人，可以送给办事人的亲人或他喜欢的人，这会收到意想不到的效果。

假如求某位先生办事，需要送礼，不要把他作为送礼对象，而要选择他的妻子作为送礼对象。道理很简单，你的礼物给他的妻子，妻子会很高兴地接受。因此，她很快就会成为你的盟友，她的丈夫不会愿意与你们俩人为敌。事实上，当你给他的爱妻送礼时，他会有一种莫名其妙的骄傲感，会显得异常轻松愉快；就算他极不愿接受，但在他的妻子面前，他也有苦难言，只好强装笑脸。这就充分利用了两个心理特点：首先，利用了女人爱虚荣的心理；二是利用了恩爱夫妻的相容心理。

送礼时，如果遇到对方不好意思收礼或不敢收礼，为了避免双方陷入尴尬，最好的办法，就是用很诚恳的态度跟对方说：“只此一次，下不为例。”说了这句话，对方十有八九就会接受。

古人云：“衣人之衣者，怀人之忧。”意思是说，穿了别人的衣服，怀里就会装着别人的心事或隐忧。换句话说，收下了别人送来的礼物，就得为别人办事。所以，求人办事必须懂得如何送礼。

送礼是一门学问，更是一门艺术，有其约定俗成的规矩。送给谁、送什么、怎样送，都有原则，绝不能瞎送、胡送和滥送。送礼包括送礼的形式、送礼的目的、送礼的场合、送礼的时机和收受礼品的礼仪等一系列内容，掌握了这些学问和技巧，在求人办事时可以减少不必要的麻烦和尴尬。送礼送到对方心坎上，你就离成功不远了。

求人办事懂分寸，切忌强人所难

在饭局上，求人办事要懂得分寸，不要强人所难。

在饭局上求人办事是很普遍的事情，但是这并不是说只要你请对方吃饭，对方就必须为你提供帮助。

强人所难是求人办事的大忌。对方应邀参加你的饭局，你求人家为你办事，有时对方出于某些原因会拒绝你，但是你如果强人所难，非逼着人家答应你，就很容易触怒对方。

张桂和刘华夫妻俩都是某学校的老师。前段时间教导主任退休了，按资格来说张桂是最有希望晋升到这个职位的，而且张桂还连续五年当选为校级模范教师。可是，一个多月过去了，校长那边毫无表示；张桂暗示了几回，校长还是没有丝毫反映。无奈之下，夫妻俩决定请校长吃饭，顺便探听虚实，也好就势争取。

席间，校长一再顾左右而言他，就是不提选拔教导主任这件事。张桂性子急，问校长说："校长，李主任退休那么久了，教务处现在都是由副校长管着，副校长一人担两职实在是劳累，这不是长久之计啊！"校长笑了一笑，说："这个嘛，校领导一直在开会讨论，可咱们学校实在是人才济济啊，还得从长计议啊！""可是，这个按照资格来说……再说，这选谁还不是校长您说了算吗？"张桂很不满意校长的话，出口反驳。校长一听张桂说这话，立马变了脸色，正要开口，张桂的妻子刘华说："哎哟，真是的，你们男人怎么吃饭也离不开公事啊！今天咱们就是吃饭。不谈公事啊！赶紧吃菜，老张，傻愣着干吗？赶紧给校长满上。"张桂明白妻子的暗示，赶紧给校长倒满了酒，三人碰了杯。

接下来，张桂和校长就学校里的一些事情交换了意见，中间不免有看法不一之处，可是妻子刘华每次都能在关键时刻以敬酒为名，避免两人起争执。最后，校长表示这顿饭吃得很愉快，并感谢张桂夫妻俩的款待。

张桂在饭局上确实有点强人所难，难怪校长发怒，幸亏妻子及时打圆场，才避免了一场口舌之争。

请客吃饭、求人办事时，切忌急功近利，一门心思只想着达己所愿而不顾及饭桌上的气氛。我们要想在饭桌上更好地成事，就要善于察言观色，眼见形势不妙，就应以敬酒的方式尽量缓和，不可操之过急。如果在对方脸色不对、情绪不佳的当口，还只顾着自己的利益，那样是很难真正成事的。

饭局上风云变幻，对方的情绪随时都在变化，你在向对方提出请求时绝不可以强人所难，甚至咄咄逼人。毕竟你是在求人家办事，人家答不答应自有人家的道理。在对方对你急功近利的请求表现出不悦或是有反感迹象的前几秒，你应迅速作出应变反应，平息对方心中的波澜，缓和现场的气氛。切忌一意孤行，甚至大吵大闹。

因此，当你在饭局上求助时，应该采用礼貌的方式，用商量的口吻跟朋友讲话，尽量在朋友方便或情愿的前提下提出所求。不然，对方可能会疏远你。

求人办事强人所难的人，往往都是从自己的利益出发，只考虑自己，根本不在乎别人有什么困难。这种人一旦有事找上门来，就要求你非答应他不可，不然，非给你闹出个好歹来不可。

2011年秋天，中国某县城曾出现一起官司。被告李某和原告赵某起初并不怎么熟，只是在一次聚会上彼此感觉不错，以后也没啥来往。谁知时隔不久，李某有个小加工厂因外面欠款太多，他就找到了在县公安局工作的赵某。

当天，李某就在一家高档酒店宴请赵某，希望他帮忙把款追回来。赵某当时就拒绝了。李某一时心急说，你是公安你怕啥，要回后我给你30%回扣。赵某说："我是公安不假，可不能违法，债权债务是你们二人之间的事，我去有涉嫌之说。如果通过法律，我可以帮你找律师。"但李某不同意，一场宴会不欢而散。

此后他多次到赵某的家中、办公室等地去找他，以致赵某不能正常工作和生活。于是，在推脱不开后，赵某以干扰自己正常工作和家庭生活为由把李某告上了法庭。正是因为强人所难，李某把自己变成了被告。

李某的做法实在太霸道了，对方明明已经提出帮助他的方法，他还是不肯罢休，最终落得个干扰他人正常工作和家庭生活的罪名。

因此，求人办事，不要对别人的要求过高，千万不要穷追猛打。也就是说，求人办事要知足，别人能办多少就办多少，不要勉强别人办做不到的事。

在饭局上，你在求人办事时一定要懂点分寸，彼此要谅解。每个人都有自己的难处，你如果能分担、理解这种难处，就不会感到求人办事太难。要理解对方，让人有思考的余地；不要强人所难，意气用事。即使人家办不到，如果你态度诚恳，人家也有认识的朋友，如果他有心帮助你，他会向其他的朋友求助，这样你的事情也就办成了。你若听到人家说办不到就翻脸，以后你求人家办事，即使人家能办到也不会答应你了。

以情感人，让对方主动帮忙

一般的人都是感情型动物，只要你能博得同情，你的目的就可达到。

所谓“以情感人”，是指在宴会上求人办事时要用真情感动对方，激发对方的同情之心，对方受到你的感染，就会主动帮助你。

大多数人都具有同情心，即使铁石心肠的人也不例外。同情能够增进别人对你的理解，因此求人办事不妨“利用”一下别人的同情心。

在宴会上，用感情打动别人、激起别人的同情心，比一味滔滔不绝地讲大道理会更有效果。

一家公司想解雇一位高大魁梧的领班。在过去的12个月当中，人事部经理与这位领班约谈了4次，但每次经理都会听到领班谈起家里如何艰难、自己身世如何悲惨……领班每每说到伤心处不禁潸然泪下。也许他有演戏的天分，但是对这位人事经理已经达到了绝佳的效果。每次人事经理都对公司领导者说：“如果必须开除他，你们自己去说吧，我办不到。”就这样，领班一直在那家公司做了下去。

这位领班在“鱿鱼”饭局上向经理诉说自己的痛苦，引发经理的深切同情，经理也不好意思提开除他的事了。

要想得到别人的帮助，可以让对方对你的行为和经历表示同情和怜悯，并由此生出好感，这样总有一天会攻克对方心中的堡垒，让他为你办事。当你向别人讲述你自己的遭遇的时候，不妨用你凄怆的神情和眼泪来博得对方的同情，让对方的感情之水随着你的感情一起波动，这样就会促使对方伸出热情之手，帮助你把事情办成。

宋朝太宗年间，将军曹翰因罪被罚到汝州。他并不甘心就此失去前程，于是苦思返京之策。一天，宫里派了一位使者到汝州办事，曹翰决定抓住这个机会让太宗回心转意。

他想办法请使者吃饭，席间他流着泪说：“我的罪恶深重，就是死也赎不清，真不知该如何报答皇上的不杀之恩。现在只想在这里认真悔过，来日有机会一定誓死报效朝廷。我在这里服罪尚可勉强度日，只是可怜那一家老小，衣食没有着落。我这里有几件衣服，请您帮我抵押换些银两，交给我家里人换点粮食，好使一家老小暂且糊口。”

说到伤心之处，曹翰越发泪流不止。

使者深受感动，回到宫中如实向太宗做了汇报。太宗打开包袱一看，里面原来是一幅画，画题为《下江南图》，画的是当年曹翰奉宋太祖旨意，任先锋攻南唐的情景。

太宗看到此图，想起曹翰当年浴血奋战、拼死杀敌的场景，心里十分难过，怜悯之情油然而生，于是决定把曹翰召回京城。

求人办事时，要想把事情办成，必须在人之常情上下工夫，必须把自己所面临的困难说得合情合理，令人痛惜和惋惜。曹翰正是抓住这点，才使太宗重新把他召回京城的。所以，越是给自己带来遗憾和痛苦的地方，越要大加渲染。必要的时候，还可以声泪俱下博取办事人的同情。这样，所求之人才愿意以拯救苦难的姿态伸出手来帮助你办事，让你终生对他感恩戴德。

巧言妙语诱使对方为你办事

在饭局上，对方肯不肯为你办事，关键是看你会不会“引导”。

饭局上求人办事如何开口是讲技巧的，如果你不懂得巧言妙语，对方很可能就会推诿，毕竟多一事不如少一事。有时候，对方肯不肯为你办事，关键在于你的引导。

某中学老师悉心钻研中国古典文学，出版了一本近20万字的有关诗歌的书籍，当年销售逾百万册。出版社一见此书有如此好的市场前景，经过一番精心策划，打算向他约稿，再写一本关于“中国诗歌发展史”的书。

出版社的编辑应社长的要求特地向该老师约稿。这位编辑为了能顺利谈妥，不负社长之托，就选了一家酒店宴请这位老师。

席间编辑向老师提起约稿的事，只见那位老师面带难色，说自己又要教学又要写书太忙了。

编辑心非常细，他发现这位老师不时在看酒店墙壁上挂的一幅书法作品，心里断定这位老师一定对书法很感兴趣。

编辑便抬起头，望着墙上的隶书说：“老师，您对隶书挺有研究的吧？”

老师说：“研究谈不上，我只是很喜欢隶书，平时喜欢写几笔！”

编辑说：“我也对隶书很感兴趣，您可以给我讲讲隶书的发展史吗？”

这正是老师感兴趣和愿意谈的话题。作者与编辑之间的感情逐渐变得融洽起来。

这时，编辑不失时机地说：“老师，您对隶书很有研究，我们以后还要请您多加指导。不过，我们现在十分想听听您对‘中国诗歌发展史’这一书的看法。”此刻，老师深感盛情难却，也就只好答应了。

案例中的编辑正是抓住对方的兴趣点进行循序渐进的引导，最终使对方接受了约稿。如何诱导对方为你办事？你可以从以下几个方面入手。

1. 有理有据，使对方无话可说

“动之以情，晓之以理”，这是说服别人帮忙时最根本的两条原则。有理有据，才会使对方无话可说。以理服人就是摆事实、讲道理，让人从你讲的道理中领悟到其正确性，从而接受你的意见，按照你的意见行事。需要注意的是，说理要对准要害。大凡被劝者往往对某一问题想不开，结成了疙瘩，怀有成见。要说服之，非对准这个要害不可。否则喋喋不休，磨破嘴皮，也如同隔靴搔痒，不能解决问题。再就是劝导说理要具体实在，不能讲空话、套话、大话，需要的是实实在在的论证说理。

以理服人最重要的一点是摆事实：出言有据，事实确凿，对方的观点才会不攻自破。这是在求人办事时需要特别注意的。

2. 先在心理上满足对方

宴会上求人办事，如果能感动别人来帮助你，这是最好的办法。但要感动别人，就得从他们的需要入手。你必须明确，要一个人帮你做任何事情，唯一有效的方法就是使他自己情愿。同时，还必须记得，人的需要是各不相同的，各人有各自的癖好偏爱。只要你认真探索对方的真正意向，特别是与你的计划有关的，你就可以依照他的偏好去与他打交道。

你首先应当使自己的计划能适应别人的需要，然后你的计划才有实现的可能。比如说服别人最基本的要点之一，就是巧妙地诱导对方的心理或感情，以说服他人。如果你特别强调自己的优点，企图使自己占上风，对方反而会加强防范。所以，可以试着先点破自己的缺点或错误，使对方产生优越感。

此外，有些被求者，以为帮助了你便有恩于你，心理上会不自觉地产生一种优越感，说不定还会数落你一番。当你认为自己可能会被人指责时，不妨先数落自己一番，当对方发觉你已承认错误时，便不好意思再指责你了。

美国著名政治家帕金斯30岁那年就任芝加哥大学校长。有人怀疑他那么年轻是否能胜任大学校长的职位，他知道后只说了一句："一个30岁的人所知道的是那么少，需要依赖他的助手兼代理校长的地方却是那么多。"就这短短一句话，使那些原来怀疑他的人一下子就放心了。人们遇到了这样的情况，往往喜欢尽量表现出自己比别人强，或者努力地证明自己是有特殊才干的人，然而一个真正有能力的领袖是不会自吹自擂的，所谓"自谦则人必服，自夸则人必疑"就是这个道理。

在办事过程中，你要努力做到这点——先在心理上满足对方，如此事情就会变得简单、顺利多了。

3. 适当转移话题，调动对方谈话的兴致

在宴会上求人办事有时会遇到不顺，这时你适当转移话题，调动对方的谈话兴致，就有可能"柳暗花明又一村"。比如，有些事通过直言争取对方的应允已告失败，或在自己未争取之前就已经得到对方不肯允诺的明确态度，在这种情况下，就应该采取委曲隐晦、转移话题的办法了。"委曲"就是不直接出面或不直取目的，而是绕开对方不应允的事情，通过另外一个临时拟定的"命题"做幌子，让对方接受下来，当对方进入自己设定的规划之中后，自己的真实目的也就达到了。所谓"隐晦"就是掩藏自己的本来目的，以虚掩实，让对方无从察觉。表面上好像自己没有什么企图，或者让对方感到某种企图并非始于自己，而是另外一个人。这样，对方可能就不再有戒备和顾虑，而要办的事情处在这种无戒备和无顾虑的状态中，显然就要好办得多了。

委曲隐晦的最大特点就是含而不露，或露而不显。在具体运用时有些小窍门，需要认真领悟。

在运用这种技巧时，说话者首先要了解听者的心理和情感，这是说话者必须掌握的说话技巧的基础。我们也只有在了解听者的心理和情感的基础上，才能正确地选择某个场合该讲什么、不该讲什么，知晓哪些话题能够打动听众的心，能使听众产生共鸣。

人的情感是一种内心世界的东西，一般是捉摸不定、较难把握的。但是，在有些场合，人的内心的东西又常通过各种方式而外露。如果我们善于观察听者的一举一动，并能据此加以分析和推测，那么，我们基本上是可以掌握听者的心理和情感的。

当某个话题无法引起对方的兴趣时，要有针对性、有选择地挑选新的话题，以激发对方的兴致。如跟运动员谈心理与竞技的关系，跟外交人员谈公共关系学，两人肯定会一拍即合，谈兴大发。

值得注意的是，换题以后，你还要注意在适当时机及时将话头引入正题。因为换题只是为了给谈正题打下感情基础，而非交谈的真正目的，所以，当所换之题谈兴正浓、双方感情沟通到一定程度时，你就要适可而止，将话锋转入正题。

因此，在宴会上，当你与别人办事进入某种僵局时，你最好适当采取转移话题的办法，从另一个角度同对方谈话，以此调动对方的谈兴。在不知不觉中，你再把话题拉回来，顺利办成你想办之事。

用“激将法”让对方出手办事

请将不如激将，这种求人方法往往能激发起对方巨大的潜能。

在宴会上，如果你求吃硬不吃软的人办事，采用正面的技巧往往起不到作用。这时你不妨采用逆向思维，来个“激将法”，将对方一军，对方反而会爽快答应你的请求。

所谓“激将法”，就是利用别人的自尊心和逆反心理中积极的一面，以“刺激”的方式，激起对方不服输的情绪，将其潜能挖掘出来，从而得到不同寻常的说服效果。

激将法是一种很有力的口才技巧，在使用时要看清楚对象、环境及条件，不能滥用。同时，运用时要掌握分寸，不能过急，也不能过缓。过急，欲速则不达；过缓，对方无动于衷，无法刺激对方的自尊心，也就达不到目的。

当年，裴旻是大唐开元盛世时期东都洛阳的一位将军，剑法超群，酷爱书画。

裴旻母亲亡故，为表达对亡母难以磨灭的怀念与敬意，他想请人在天宫寺绘制一幅壁画，一来让母亲可以在阴间享福，二来也暗合了自己的喜好。于是遍访各地，但一直未找到合适的画师。

一日，裴旻来到天宫寺，巧遇画家吴道子和书法家张旭。

他热情迎上前去，主动报上姓名，盛情邀请二位艺术家到一家酒店吃个“便宴”。他们也不推辞，口呼“幸会”，脚已毫不犹豫地迈向酒店。

席间，裴旻虚心请教画坛之事。吴道子像是遇到知己般大谈画坛境况。裴旻连连点头，大呼深刻、精辟，很受启发。

酒过三巡，裴旻道出自己的心事，并分别给他们二位送上玉帛十四、纹银百两，作为作画、题字的酬礼。

哪知二位艺术家笑意全消，立刻冷若冰霜，拂袖而去。

裴旻见状，心想大概是两位艺术家嫌这报酬太低，有羞“大师”的名声。

他赶忙拦住二位，诚恳地赔礼道歉说：“二位先生莫嫌钱少，等画做好之后，我再补齐。”

吴道子听罢，怒从心起：“裴将军这不是太小看人了吗?”说罢，气呼呼地转头就要走。

裴旻觉得十分难堪。他想，论社会地位，我不比你们低，我是将军；论本事，也是各有所长，说不上谁高谁低。你画画得好，字写得棒；我的剑术亦堪称一流。今天我屈尊求画，反在这公共场合受到冷落，好生尴尬。裴旻不由怒气上升，一时难以压下。

裴旻有个“毛病”，一怒就要舞剑，一边舞剑，一边口中念念有词：“什么大师！什么书圣，画圣！我看是欺世盗名，徒有其表！光会舞文弄墨，描些香草美人，于世道无补，甚至不能助我尽一份人子孝心……还不如咱手中这把剑，可以斩妖驱邪，换来人间太平！有能耐就来呀，是骡子是马，牵出来遛遛！”

吴道子、张旭听着，面面相觑，不禁汗颜。看罢舞剑，上前对裴将军说：“刚才不是我们故意使你难堪，实在是我们太厌恶铜臭味。我们绝不为了钱而出卖艺术。”

说罢，吴道子灵感大发，挥动大笔，在画壁上舞墨作画，一口气绘成巨型壁画。

吴道子和张旭比较清高，裴旻起初用重金聘请二人为自己作画，二人却不顾一屑，最终裴旻采用“激将法”，才求得吴道子和张旭的字画。

在宴会上，用“激将法”求人办事时，可从以下几个方面做起。

1. 利用对方的声誉作为“激将”的理由

求人办事，如果直求、婉求都没有效果，不妨采用“激将法”激对方出手。人的声誉就可以作为“激将战法”中的武器。

上述案例中，裴旻采用的就是这种“激将法”。裴旻盛怒之下说吴道子和张旭徒有其名，怀疑他们是否真称得上是书圣、画圣。吴道子和张旭听完后当然感到自己的声誉受损，因此就毫不犹豫地挥毫泼墨。

所以，在求人办事时，不妨以他人的声誉作为激将的理由，激对方出手相助。

2. 戳到对方的痛处，激对方出手

每个人都有自己的痛处，求人办事时，戳到对方痛处也可能成为激发他人办事的巨大力量。戳到对方的痛处，可以根据人性的弱点，从道义的角度去刺激他。让对方感到不再是自己愿不愿意去干，而是义不容辞必须去干。

这种戳痛对方的“激将法”，在求人办事的过程中要好好地加以利用，它能让你收到意想不到的效果。

3. 煽风点火，以此达到办事的目的

根据人的心理特点，使对方在某种情绪的感染或鼓励下，做出一定的举动，从而达到为自己办事的目的。这是求人的一种高超技巧。具体地讲，此法就是就某一事情给对方煽风点火，使对方感情冲动，从而去做一些他在平常情况下——比如请求他或同他商量时——可能不会去做的事。这样，被求者在激动之中来不及考虑太多就答应下来，造成了这样一种结果：这些事不是你求他，而是他自己要做的。

当你求人办事时，也不妨巧妙地煽把小风，点股小火，激起对方的好胜心，那他就会很自然地帮你办事。

俗话说：“请将不如激将。”在交谈中，正确运用巧言激将法，一定能收到积极的效果。

值得注意的是，巧言激将，一定要根据不同的交谈对象，采用不同的激将方法，才能收到满意的效果。犹如治病，对症下药，才有疗效。如果把药下错了，于人无益，或是置人于死地，反而使事情向更坏的方向发展。

“激将法”的用法很多，这里略举几种。

(1) 直激法。就是面对面地贬低对方，刺激之，羞辱之，激怒之，以达到使他“跳起来”的目的。

(2) 暗激法。有意识地褒扬第三者，暗中贬低对方，激发他压倒、超过第三者的决心。

(3) 导激法。激言有时不是简单的否定、贬低，而是“激中有导”，用明确的或诱导性的语言，把对方的热情激发出来。

“水激石则鸣，人激志则宏”，说的就是这个道理。请将不如激将，这种求人方法往往能激发起对方巨大的潜能，为你所用。

求人办事少碰钉子有秘诀

如果我们懂得相关的技巧，在求人办事过程中就可以少碰钉子甚至不碰钉子。

饭局上，求人办事不是一件容易的事。既然有求于人，免不了要看人脸色，听人数落。然而，求人办事最尴尬的莫过于满怀希望去求人帮助，却不料遭到对方拒绝，碰了一鼻子灰。这时你不仅把事情耽搁下了，而且会感觉很丢面子。

因此，求人办事之前，要对所求对象和自己提出的要求进行一番考虑。你要考虑自己提出的要求是否在对方的能力范围内。如果你的要求脱离实际，对方根本无法办到，这样的要求就不要提出了。

求人办事过程中，即使你事先作了充分估计，也难免遭遇意外，或出现意料之外的情况。这样，尴尬场面仍然可能降临到你的头上。下面介绍几种避免尴尬场面发生的技巧，希望对你有所帮助。

1. 反复权衡

求人办事之前，你首先要问自己这事到底该不该办，你要反复权衡一下。倘若事情合情不合理，合理不合法，违背政策和原则，不仅自己不要做，更不能去为难别人。只顾自己的利益，把所求的人逼上错路、罪路、绝路，是不道德的。而且，凡事不可“知其不可为而为之”，如果你不顾客观条件，站在个人立场上异想天开，自作多情地勉为其难，“碰壁”恐怕也就在所难免了。

2. 揣摩对方心理

求人办事要善于揣摩对方的心理。通过对方无意中显示出来的态度及姿态，了解他的心理，有时能捕捉到比语言表露更真实、更微妙的思想。

例如：对方抱着胳膊，表示在思考问题；抱着头，表示一筹莫展；低头走路、步履沉重，说明他心灰气馁；昂首挺胸，高声交谈，是自信的自然表露。

如果我们通过观察，得知对方的心里在想什么，我们就可以针对对方的心理调整自己的思路，顺着对方的心理说；同时，也可以有效避免与对方的冲突。

3. 以诚相见

求人办事一定要诚恳，这也是得到别人帮助的基本原则。与所求之人一定要以诚相见，跟对方实事求是地说明事情原委、症结所在，以唤起对方的同情、热情，对方才肯助你一臂之力，帮助解决问题和困难。如果你去求别人，却又不说明怎么回事，对人不诚恳，藏着掖着；使人觉得你不是信任他，而只是一种利用，这就很容易让人反感；弄不好，你得到的便是“委婉拒绝”。

4.“投石问路”法

求人办事时，有些想法你觉得不便直接提出。因为如果直接提出，对方可能因难以接受而直接拒绝，导致双方陷入尴尬。这时，你可以先提一个与自己本意相关的问题，请对方回答。如果从其答案中自己已经得出否定性的判断，那就不要再提出自己原定的要求想法，这样可以避免尴尬。

5. 恭敬有礼

求人办事，态度是非常重要的。一般说来，求人者的态度应该是恭敬有礼、诚恳真挚的。其实，这可以从与“求”相关的词语中看出，如“请求”“哀求”“祈求”“恳求”“央求”。有两种态度是不可取的：一是思想僵化，对人比较死板，不善周旋。特别是有地位有权势的人，或背后有靠山的人，总摆出一种居高临下、非办不可的架势。二是过于卑琐，毫无骨气，为达到目的，丧失身份，摇尾乞怜，任人奚落，事情虽然办了，但人格丢失殆尽。

6. 顺便提出

有时用郑重其事的方式提出你的请求并不妥当。因为这种方式显得过分严肃、至关重要，一旦被否定，自己会感到下不来台。

你可以在做其他事情时，利用适当时机顺便提出自己的问题，给人的印象是并未把此事看得很重。即使对方拒绝了，心理也不会太失衡。

实际上，顺便提出问题不仅使自己变得更主动一些，有退路可走；同时，也可以使对方进退自如。

7. 要有耐心

求人办事，无疑会给对方带来麻烦。对方可能会因此而面露难色、态度冷淡，也可能细询原委、与你互诉甘苦等等，各种情况都有可能出现。这种情境下，有人会觉得自尊心受到伤害，是很没面子的事；甚至感到是被人侮辱，遭受嘲弄。于是他们或拂袖而去，或口吐怒言，或耿耿于怀。事没办成，反倒造成隔阂。

在饭局上求人办事造成尴尬的原因很多，有些是我们无法避免的，然而，只要你谨慎小心，运用适当的技巧，有些尴尬是可以避免的。从交际的角度来看，避免尴尬也是交际能力的组成部分。懂得并力争避免不必要的尴尬场面的出现，是每一个求人办事者应掌握的。

第十章

看对象下菜碟，巧妙应对难应酬的人

饭局上，并不是每个人都好打交道，遇到一些刁钻的客人也在所难免，例如笑里藏刀的人、自私自利的人、深藏不露的人、自以为是的人、尖酸刻薄的人。刁钻的客人往往心机重重，故意使你在饭局上难堪、在众人面前丢脸。应对刁钻客人要随机应变，看对象下菜碟。

滴水不漏应对笑里藏刀的人

应对笑里藏刀的人，最好的办法是表面上跟他维持友好关系，暗地里却要防范他。

“笑里藏刀”原意是指那种口蜜腹剑、两面三刀、“口里喊哥哥，手里摸家伙”的做法。笑里藏刀的人外表和气，说得好听，唱得好听，一切都未必出自真心，或许他正在计划怎样害你。

宴会上不乏笑里藏刀的人，他们一见你就跟你“甜哥哥”“蜜姐姐”地叫着，等取得你的信任，当你放松戒备的时候，他们会在暗处狠狠地捅你一刀。笑里藏刀的小人在与人交流的过程中，往往显得温和谦恭，很是大度，但实际上并非如此，他们大都心胸狭窄、喜欢猜忌、阴险狠毒。总之，小人们利用此计，目的是想让对手服从自己，在自己设计好的圈套里行事，以此达到获得利益的真正企图和目的。

经过一番努力，王超的一个重要项目获得了圆满成功。为此王超心里很高兴，就选了一家五星级酒店大摆庆功宴。为表示自己的大度，王超还特地邀请自己的竞争对手参加宴会。

庆功宴上大家都围着王超祝贺，都说王超实力雄厚，取得这样的成绩是理所当然的。王超心里自然乐开了花。

这时，这个项目的竞争对手走上前来向王超敬酒，并对他恭维了一番。他很“恳切”地说，自己的实力确实比王超逊色多了。虽然他在这次竞争中失败了，但是最大的收获是认识了王超，很佩服王超的能力，希望以后能多向王超请教。

王超本来担心竞争对手在宴会上会觉得没面子，想不到竟然如此谦虚地说出这一番话。王超当时也很感动，承诺以后肯定多帮忙。

但酒宴中途，王超感觉周围的气氛开始有些异常，大家都在悄悄

地议论着什么。等了解到真相时，他的怒气简直要冲破天。原来是那位对他说了一大箩筐好话的竞争对手，无中生有地传播了许多对他不利的谣言，诸如“道德败坏”“暗箱操作”等。在“舆论”的压力下，王超的处境尴尬无比。笑里藏刀的人在背后给了他一刀，结果本来光芒四射的王超，一下子成了人人防备的阴险小人。

这就是笑里藏刀的人，当面对你说尽好话，背后踩你一脚。王超险些被他的花言巧语迷惑了。

饭局如战场。席间，当你决定要相信一个人之前，一定要先对他进行全面的观察和考验，不要一味地给自己一个“对方是善良的”这样的假设。因为每个人都有私心，你无法阻止他们可能利用你的善良去达到自己的某些目的。所以千万不可掉以轻心，被小人利用。

那些喜欢笑里藏刀的人，在宴会上一般喜欢低着头，不太去正视别人的眼睛，目光躲闪不定，说起话来总是会有诸多修饰之词；而且笑起来的时候显得很紧绷，不够放松。通常情况下，他们举止都显得很轻浮。比如，一个会利用你的人，他可能对性、邪恶等有超乎常人的兴趣。如果你在宴会上发现有下述几类人围绕在你的身边，就一定要加倍小心了，因为他们十有八九是笑里藏刀的人。

(1) 他（她）说自己的经历曲折动人，甚至就像电影里的情节一样，波澜起伏。比如苍凉的身世、婉约而凄美的爱情故事、遇人不淑的人生际遇等。

(2) 他（她）常常自称跟你的经历出奇地“相似”，每当你说到一件事他（她）就会应和，总是给你一种“同是天涯沦落人”的感觉。

(3) 他（她）处处总要跟你一样，比如，本来你们从外在到内在，都有着显而易见的差异，但他总是殷勤地说：“咱们相似得就像双胞胎啊!”或者他（她）的口头禅是：“我跟你简直是一模一样……”

(4) 他（她）总是对你表现出过分的热情，喜欢给你一些小好处。当你说想认识宴会中的某个人时，他（她）会不顾你需不需要便

提出帮助你引荐，却从没付诸到实际行动中。

(5) 他（她）没来由地拉拢你、依赖你，甚至为你安排一些活动。这类人喜欢说："咱们下次一起去……"表面听上去好像很热心，但实际上，如果你真的去做了，他就会变着法子排斥你了。

俗话说："害人之心不可有，防人之心不可无。"应对笑里藏刀的人，最好的办法是表面上跟他维持友好关系，暗地里却要防范他。与他的交往只限于公事上的交流，个人隐私甚至其他事都一概守口如瓶。只要你能做到滴水不漏，他就对你无可奈何，不再纠缠于你了。

对自私自利的人敬而远之

应对自私自利的人，最好对他们保持一种敬而远之的态度，切忌将他们一棍子打入"冷宫"。

俗话说："各家自扫门前雪，不管他人瓦上霜。"这句话的本意是教人不要管分外的事，要专心做好自己分内的事。但这在很大程度上反映出人自私的一面。在宴会中，难免遇到自私自利的人，这种人心中只有自己，凡事不肯牺牲，总是把自己的利益放在首位，甚至为了自己的利益不惜牺牲他人的利益。自私自利的人是最招人讨厌的人。

自私自利的人在没有利益冲突的情况下，其自私自利的一面不易被人发觉。但只要在生活上、交往或工作中涉及一些利害问题，其自私的本质就会暴露无遗。比如他们在饭后结账时总爱和别人斤斤计较，或拿着单据逐项核对。在宴会上，自私自利的人最喜欢拿关乎自己利益的事来说事儿，别人听了感到厌烦，他们却津津乐道。

刘军与关树在同一家公司工作，二人分别是两个部门的负责人。

在一次饭局上，刘军坐在关树边上，因为他们没有上下级关系，所以两人聊起天来也比较随意。刘军似乎对关树部门的情况比较感兴趣，提了很多关于关树部门的问题，关树虽然不感兴趣，但也维持着交谈的状态。刘军的问题无一不是围绕着待遇、地位之类很物质的东西展开的，关树能感觉到这是一个掉进钱眼中的“孔方兄”。

当刘军问到关树的房租补贴时，对于关树部门领导自己在北京买下房子而关树却享受不到房贴之事，发出了类似于“惺惺相惜”的感慨，并且由此及彼地引申到他自己。他也在北京买了房子，供房压力是如此的大，但是按公司的规定，凡是自己在工作所在地购房的，一律不享受租房补贴。关树的脸上虽然还带着笑容，但是很明显地，他不想对这个问题再深入讨论下去，便有意将话题引向“大城市的生活成本比较高”这样一个泛泛的话题。但是刘军似乎意犹未尽，在说了几句之后，又话锋一转，将话题引了回来：“你们部门领导为什么不把他自己的房子出租给自己呢？那样每个月就可以有房租收入了！”他似乎很为自己的创意而得意，关树却有点忍不住要发笑：“房产证跟房客是同一个名字的，公司会接受么？”

接下来，刘军开始声讨公司的这个规定，一副对此很耿耿于怀的样子。对这样索然无味的话题，关树很有点想逃离的感觉，无奈饭局还没有结束，谈话仍将继续。关树觉得，作为职场人士，讲究物质是没错的，因为连伟人都说过，物质是精神的基础嘛，没有一定的物质就谈不上追求精神世界。但是一味讲物质，就让人觉得很是乏味，不但乏味还很庸俗。看着他的嘴巴一张一合，关树看到了一个市井小人在为了几毛钱斤斤计较。

自私自利的人总是斤斤计较，他们很善于算计。一般来说，这种人在职场上是“工作中的讨厌虫”，原因在于他们失去了“人缘”，别人都对他们敬而远之。

自私自利的人除了斤斤计较，有时眼见别人犯错，只会在一旁偷笑，绝不会提醒别人，更不会拔刀相助。一旦有人跟你嘲笑某人犯错也不自知时，你便要小心这个人了。

小竹和小梅在同一家公司做业务员。岁末年终，公司举行晚宴，

小竹和小梅一起进场。参加晚宴的除了公司人员，还有一些重要的客户。过了一会儿，小梅见到一个熟识的客户便走过去交流，小竹留在原地与几个同事聊着天。这时，同事小佳走过来对小竹说：“你怎么跟她一起来啊？”

“哦，我们在楼下碰到了，就一起上来了。怎么了？”小竹不以为意地说。“啊？你都没注意啊？她的内衣肩带系反了，她肯定不知道，还跟客户有说有笑呢！等她发现了，一定哭死，呵呵！”小佳幸灾乐祸地说。小竹听了，表面不动声色，但她心里明白，以后对于自私自利的小佳该敬而远之了。

原来小佳在公司自私自利是出了名的，作为一名业务员，她经常与同事抢客户。客户一来，小佳总是抢先与客户搭讪，有时甚至将同事的客户硬拉过来。最令人难以接受的是，小佳经常在客户面前说同事的坏话，告诉客户不要同其他同事打交道。

同事们之所以讨厌小佳，就是因为她太自私。这种人看到别人发财她就眼红，时刻不忘揪着别人的错冷嘲热讽一番，这样她才觉得心理平衡。

因此，你要知道自私自利的人心中只有他们自己，你大可不必对他们抱有太高的期望，也没有必要希望他们能够像朋友那样以义为重、以情为重。与这类人的交往关系可以是一种交换关系。人们之所以普遍地对这种自私自利的人感到厌恶，在很大程度上是因为人们往往按道德标准去衡量别人，以此标准作为社会交往的准绳。不过，如果换个角度、换种眼光来看待这种人，你会发现他们常常有不同于别人的特点——精打细算。

与自私自利的人打交道，最好的办法就是敬而远之，但切忌将他们一棍子打入“冷宫”。这种人虽惹人反感，招人讨厌，但如果不害人，对整个宴会也没什么妨害。况且，每个人都有自己的优点，使其发扬优点，也可以给人带来收益。因此，你完全可以利用宴会这一特定的场合，巧妙地利用这种人助你成事。

谨慎应对深藏不露的人

应对某些城府较深的人，最好的办法就是凡事谨慎，然后再决定自己该怎么做。

在宴会现场，你往往会遇到深藏不露的人，你很难猜到他们心里在想什么，而他们也不会轻易让你知道他们在想什么。他们总是说着不着边际的话，一谈到正题就顾左右而言他。

其实，在宴会上深藏不露的人并不少见。因为在中国的处世哲学中，很提倡深藏不露。好多人认为这是奠定“立于不败之地”的良好基础。好多人都有这种心理：如果把自己的实力毫不隐瞒地展现无遗，很容易遭人算计，岂不是自讨苦吃？因此，这种人深知“木秀于林，风必摧之”的道理，宁可韬光养晦，安然度日。

俗话说“树大招风”，因此，深藏不露的人有能力并不表现，还喜欢伪装成没有本领的样子。例如，酒量大的人，在宴会上不轻易表现自己能喝；有地位的人，不轻易在宴会上暴露自己的身份。这样做比较省力省事，否则敬酒和求你办事的人就会蜂拥而至，稍有不慎厚此薄彼，就会得罪人。深藏不露的人喜欢保留实力、不强求出头，在一定程度上表现了这种人的奸诈、不实在。

这种人，我们看不透他们的心思，但在宴会中有时又不可避免地要和他们打交道。那么，该如何应对呢？

其实，这种深藏不露的人防范心理极强，他可能是一个工于心计的人，为了在与别人打交道时获得主动，或者出于某种目的不愿让别人了解自己，而把自己保护起来。这种人还希望更多地了解对方，从而在各种矛盾关系中周旋，使自己处于不败之地。所以他在宴会中多会扮演老好人、和事老的角色。

概括地说，深藏不露之人的心理主要有三个要点：

第一，人怕出名，猪怕壮。他们认为人越出名，遭遇的麻烦越多。越有能力，承担的责任越重。他们认为人们一般比较喜欢打击有能力的人，同情没有能力的人；能者必须多劳，没有人会感激，而且容易招人嫉妒。因此，不如隐藏实力，凡事量力而为。

第二，不夜郎自大。深藏不露的人对那些自我膨胀、把自己看得很伟大的人，大多抱着敬而远之的态度。背后则嘲笑他们夜郎自大，不自量力，十分看不起。

第三，慎防人上有人。他们认为即使自己的本领高强，也要慎防人上有人，强中更有强中手。所以要深藏不露，以免暴露自己的实力，招来对手的攻击，对自己不利。

对这种人，你应该有所防范，警惕不要为其所利用，成为他的工具；也不要让他得知你的底细，从而对你产生不利影响。

小谭的女儿满月，大家都去喝满月酒。小历发现宴会上有个人，和所有人都聊得来，可是当他跟自己交流时，小历明显感觉到他的防备。他的眼睛深邃得仿佛看不见底的湖水，遇到什么事都波澜不惊。可是，他对每个人都很友好，对餐桌上的每个人都照顾有加，仿佛是个“好好先生”，但小历就是觉得他不是表面看到的那样，是小历想得太多了吗？

事实上，小历遇到的这个人很可能是个深藏不露的人，这样的人总是不显山、不露水，但那不过是他们自我保护的手段罢了。造成他们自我保护的原因有很多，也许他是一位曾经经受过挫折、打击和伤害的人。过去的经历使这种人对社会、对他人有一种强烈的敌视态度，从而对自己采取更多的保护。

对于深藏不露的人，你应该选择与其坦诚相见，以真诚感动他。这种人并不是为了害人，而是为了防人。你对他不应有什么防范，为了真正达到沟通的目的，甚至可以对他敞开你的心扉，让他对你放松戒备甚至对你产生好感。

或者他可能对某些事情缺乏了解，拿不出更有价值的意见。在这种情况下，为了掩饰自己的无知，以不置可否的方式或含糊其辞的语气与人交往，装出一副城府很深的样子。对这种人你不必有什么太高的期望，也不必要求他提供某种看法或判断。

事实上，在宴会上人际交往的目的是为了了解彼此的情况，以利于相互的合作或问题的解决。因此，彼此都会挖空心思去刺探对方的情报，以期使对方露出他的“庐山真面目”来。但是与深藏不露的人交往，你只有把自己预先准备好了的资料拿给他看，让他根据你所提供的资料，作出最后决断。

深藏不露的人大都城府很深，应对这种人，如果不得不与他们交往，最好的办法就是凡事谨慎，然后再决定自己该怎么做。千万不要冒冒失失，断了与其交流的途径。

对猜疑心重的人要坦诚

对猜疑心重的人，要巧妙解开对方的疑团，让对方放下心理包袱，这样才能赢得对方的信任。

在宴会上，你是否遇到过这样的人：他们处世往往非常小心谨慎，他们很少信任他人，对人和事总持怀疑的态度，甚至有的人始终认为别人随时都会攻击、侮辱甚至伤害他。为了保护自己，他们惶惶不可终日，心里老嘀咕着：到底有哪些事情别人知道而他们不知道。他们老是担心自己会失去或错过什么而一败涂地。在他们的眼中，别人都有问题，都是可疑之人，都是两面派或者告密者。

如果你的周围也有这样的人，那么他们就是疑心过重的人。这时，你应学会与他们相处的艺术，不要成了他们心中的那个可疑的对象。

心理学家认为，猜疑心重的人有这样的特点：他们看似在怀疑别人，实际上也是对自己有所怀疑，至少是信心不足。他们总以为别人在议论自己，算计自己。还有的人可能是因为曾经过于轻信他人，交往后却蒙受欺骗，事后不再信任任何人。怀有猜疑心理的人一般总是从某一假想目标出发，脱离考查，进行封闭式思维，最后又回到假想的目标上来。就像画圆一样，越画越粗，越画越圆，最后“越看越像，越看越真”。

宴会上我们常会碰到一些猜疑心很重的人，他们特别留心身边的人对自己的态度，有时别人随意说的一句话，他们可能琢磨半天，努力发现其中的“潜台词”，甚至还会怀疑，是不是别人在想什么坏主意“算计”他？时间一长，这样的人就掉进了猜疑的陷阱，事事捕风捉影，对他人也失去信任。

因此，同猜疑心重的人来往不可急于求成，需以诚相待。不要奢望在短时间内取得他们的信任，你需要较长的时间去慢慢说服对方，让他们相信你的真诚，而且是不带任何个人目的的，只是为了帮助他们解决问题而已。

1921 年，美国百万富翁哈默听说苏联实行新经济政策，鼓励吸收外资，就打算去苏联做粮食生意。当时苏联正缺粮食，恰巧美国粮食大丰收；而苏联有的是美国需要的毛皮、白金、绿宝石。如果让双方交换，会是一笔不错的交易。哈默打定了主意，来到了苏联。

哈默到达莫斯科的第二天晚上，就参加了列宁为他举办的晚宴。宴会上，列宁和他进行了亲切的交谈。粮食问题谈完以后，列宁对哈默说，希望他在苏联投资，经营企业。因为西方对苏联实行新经济政策抱有很深的偏见，搞了许多怀有恶意的宣传。哈默听了，心存疑虑，默默不语。

聪明的列宁当然看透了哈默的心事，于是耐心地对哈默讲了实行新经济政策的目的，并且告诉哈默：“新经济政策要求重新发展我们的经济潜能。我们希望建立一种给外国人以工商业承租权的制度来加速我们的经济发展。”经过一番交谈，哈默弄清了苏维埃政权的性质和苏联吸引外资企业的平等互利原则，于是很想大干一番。

但是不一会儿，他又动摇起来，想打退堂鼓。为什么？因为哈默听说苏维埃政府机构人浮于事，手续繁多，尤其是机关人员办事拖拉的作风，令人吃不消。当列宁听完哈默的担心时，立即又安慰他道："官僚主义，这是我们最大的祸害之一。我打算指定一两个人组成特别委员会，全权处理这件事，他们会向你提供你所需要的帮助。"除此之外，哈默又担心如果在苏联投资办企业，苏联只顾发展自己的经济潜能，而不注意保证外商的利益，以致外商在苏联办企业得不到什么实惠。当列宁从哈默的谈吐中听出这种忧虑，马上又把话说得一清二楚："我们明白，我们必须确定一些条件，保证承租的人有利可图。商人不都是慈善家，除非觉得可以赚钱，不然只有傻瓜才会在苏联投资。"列宁对哈默一连串的疑虑，逐一进行释疑，一样一样地都给他说清楚，并且斩钉截铁，干脆利落，毫不含糊，把政策交代得明明白白，使哈默的心好像一块石头落了地。没过多久，哈默就成了第一个在苏联租办企业的美国人。

假如当初列宁不是很巧妙地解开哈默的疑问，那么哈默很有可能就不会在苏联投资了，那样无论对哪一方都将会是一种损失。

因此，你若在宴会上与猜疑心重的人打交道，尤其是想求对方帮忙，而对方又心存疑虑时，你最好采用上述方法，巧妙解开对方的疑团，让对方放下心理包袱，那么就会赢得对方的信任。

在宴会上，难免与猜疑心重的人相处。这种人对某一事物不理解，想不通，很容易疑虑重重，这就需要你善于以情定疑，把道理说透。疑虑消除了，自然就取得了对方的信赖。但消除别人的疑虑并不是一件很容易的事情，需要一点一点地层层递进，穷追不舍，把道理讲明白、讲透彻，这就是层层释疑的方法。

对自以为是的人要谦虚

对于自以为是的人，你要谦虚礼貌，才能和他们处理好关系。

所谓“自以为是”是指总以为自己是对的。有些人总认为自己的观点和做法都正确，不接受他人意见。

自以为是其实是一个带有普遍性的人性弱点，甚至于可以说是人自我肯定的心理基础和认识根源。再笨的人也会找到自己比别人聪明的地方，再丑的人照镜子时也会找到自己比别人漂亮的地方，否则人们找不到活下去的理由和信心。区别只是在于，有人习惯于自以为是，孤芳自赏、骄傲自大、故步自封；有人则在自以为是之余，也会自以为“非”，反躬自省，见贤思齐。而一个人的地位越高、权力越大，自以为是的危害就越大。

自以为是的人，自认为老子天下第一，把任何人都不放在眼里，很难听取旁人的意见和看法。这种人语言行为比较偏激，总认为自己是对的，并且考虑问题总是从自己个人的喜好判断出发，先入为主。

在宴会上，常常会遇到自以为是、倚老卖老的人。他们办起事来，就像在从事一项神圣的使命，别人不能打扰，他们对别人提供的任何有效方法也毫无反应。尤其是那些年纪很大但一直没有升迁的老同事，他们心里一直愤愤不平。当你做完一件事时，他们总是能挑出刺来，并把他的想法强加在你身上；若你提出新的意见，他们便大为不满。

假如你是一位新上司，你的部下中有一位老下属自恃资格老，不服管束，你又该如何应付呢？

小朱刚从某名牌大学毕业，就被聘为一大型国企的业务主管。面对新的工作，当务之急就是尽快融入部门组织，适应环境。所以他决

定从部门里的几个不听调遣的老员工开头，首先和这些喜欢倚老卖老的同事搞好关系。

经过一番详细了解，小朱决定从部门最有资历、业绩最好、说话最有分量的老陈下手。从此，小朱就经常向老陈请教一些问题，而且请教他的时候都是一副毕恭毕敬的样子，这样反倒让老陈感到有些不自在。

一天中午，小朱宴请几个重要同事，讨论一个活动策划。席间，同事们对该活动谁先发言产生了分歧。小朱在席间提议："这个活动由厂商赞助，是不是让他们先发言比较好？"别人还没有说话，老陈就不高兴了，说："原来活动也是这么做的，有什么问题？你才来没多久，可能不太了解吧！"老陈的这些话直接指向了小朱。

听老陈这么说，小朱心里当然不是滋味了。但是，小朱忍住心中的不满，继续说："厂商出了钱，让他们在活动开始前跟媒体见面，不仅能够加深他们在消费者心目中的印象，也是对他们的一种尊重。"他说话的时候丝毫没有表现出一点儿不满的情绪，而且也没有让老陈下不了台的意思，老陈见此情形也就不说话了。

一周后，活动策划方案出来了。小朱一看，他的建议已经被加上去了。下班以后，他找到老陈，真心实意地说："谢谢你采纳我的建议，以后还得靠你多多支持！"老陈向他露出了罕见的笑容："谢什么！大家都是为了工作。一起出去吃顿饭怎么样？"

此后，有了老陈的支持，其他"职场老人"当然是"莫敢不从"，小朱就稳稳地坐牢了部门主管的位置。

对于倚老卖老、自以为是的人，你要善于和他们处理好关系，从他的言谈中获取有效信息。如果你在工作中遇到了一些棘手的情况无法解决，也可寻求他的帮助；如果能获得他们主动帮助的话，那最好不过了。

跟自以为是的人打交道，言谈中一定要表现出对他们的尊重和向他们学习的意愿。在交谈中，尽可能多地了解有用的信息。在原则问题上不妥协，要保留自己的意见。要顾及他们的面子，不要当面否决他们的看法，尽量避免正面的冲突，最好采用谈心的方式私底下来表达不同看法。

面对自以为是的“卖老族”，你一定要保持礼貌，做出洗耳恭听的样子。但是，你不能因此就顺从这种人的想法，做事还是要有主见，还得按照自己的想法去做。取得了成绩，不要忘向“卖老族”表示一下感谢。尽量努力工作，用自己的工作能力和业绩来减少他们对自己的成见，获得对方的认可，让他们自认理亏。

对尖酸刻薄的人保持距离

在饭局上与尖酸刻薄之人交谈，一看话头不对，马上收住，不要多说。

所谓“尖酸刻薄”是指说话带刺，待人冷酷，不给人丝毫回旋的余地，使人感觉没有人情味。宴会上，常常有人会莫名其妙不让你高兴，情不自禁说刻薄的话。“待人处事挑剔、无情”的人，特别是言语上，总带锯齿。

尖酸刻薄型的人，是饭局上较不受欢迎的人。他们的特点是和别人争执时，往往挖人隐私不留余地，同时冷嘲热讽无所不至，让对方自尊心受损，颜面尽失。

这种人平时以取笑他人、挖苦领导为乐事。你被老板批评了，他会说：“这是老天有眼，罪有应得。”你和他人吵架了，他会说：“狗咬狗一嘴毛，两个都不是好东西。”你去纠正部下，被他知道了，他也会说：“有人恶霸，有人天生贱骨头，这是什么世界?”

尖酸刻薄型的人，天生伶牙俐齿得理不饶人。由于他的行为离谱，因此在生活中也没有什么朋友。他之所以能够生存，是因为别人怕他，不想理他。

如果你在宴会上遇到这种人，和他保持距离，不要惹他。万一吃亏，听到一两句刺激的话或闲言碎语，就装没听见，千万不能动怒，否则是自讨没趣，惹鬼上身。

《红楼梦》里的林黛玉是尖酸刻薄出了名的。一天，贾宝玉与林黛玉在薛姨妈家做客。薛姨妈设宴招待他们，席间贾宝玉要饮酒。于是说道："这个须得就酒才好。"薛姨妈便令人去灌了最上等的酒来。宝玉的奶娘李嬷嬷便上来劝说不可饮酒。

薛姨妈说服李嬷嬷让她也到一边饮几杯，李嬷嬷只好走开。

席间薛姨妈劝宝玉把酒暖一下再喝，宝玉说："不必温暖了，我只爱吃冷的。"宝钗就说，酒性最热，若热吃下去，发散得就快；若冷吃下去，便凝结在内，以五脏去暖它，身体会受害的。宝玉听这话有情理，便放下冷酒，令人暖来方饮。

林黛玉听了这话心里很不舒服。一会儿，黛玉的小丫鬟雪雁走来与黛玉送小手炉，黛玉便含笑问她："谁叫你送来的？"雪雁说："紫鹃姐姐怕姑娘冷，使我送来的。"黛玉一面接了，抱在怀中，笑道："也亏你倒听她的话。我平日和你说的，全当耳旁风，怎么她说了你就依，比圣旨还快些！"宝玉听这话，知道是黛玉借此奚落他，也无回复之词，只嘻嘻地笑两阵罢了。

宝钗素知黛玉是如此惯了的，也不去睬她。薛姨妈说："你素日身子弱，禁不得冷的，她们记挂着你倒不好？"

黛玉就说："姨妈不知道。幸亏是姨妈这里，倘或在别人家，人家岂不恼？好说就看的人家连个手炉也没有，巴巴的从家里送个来。不说丫鬟们太小心过余，还只当我素日是这等轻狂惯了呢。"弄得薛姨妈也不知如何回答了，只好说："你这个多心的，有这样想，我就没这样心。"

酒过三巡。李嬷嬷又上来拦阻。宝玉正喝得开心，坚持还要喝几盅。李嬷嬷便拿贾政来吓唬他。黛玉先忙说："别扫大家的兴！舅舅若叫你，只说姨妈留着呢。这个妈妈，他吃了酒，又拿我们来醒脾了！别理那老货，咱们只管乐咱们的。”那李嬷嬷便求黛玉劝劝贾宝玉，别助着他喝酒。林黛玉冷笑道：“我为什么助他？我也不犯着劝他。你这妈妈太小心了，往常老太太又给他酒吃，如今在姨妈这里多吃一口，料也不妨事。必定姨妈这里是外人，不当在这里的也未可定。”李嬷嬷听了，又是急，又是笑，说道：“真真这林姐儿，说出一句话来，比刀子还尖。你这算了什么呢。”

一顿饭的工夫，谁跟林黛玉说话谁就碰一鼻子灰，就连薛姨妈也难躲过。因林黛玉是贾府的贵客，连贾宝玉也得让她三分，其他人也只好敬而远之了。

在宴会上，如果你碰上这样的人，就应该放松心态，不跟他们计较。像例子中的李嬷嬷与薛姨妈，只答复了几句话，便引来了林黛玉的讽刺，虽然嘴上不好说什么，心里必定是不舒服的。

其实，在宴会上，遇到尖酸刻薄的人，完全可以弃之而不顾。跟刻薄的人较真，你的话是很苍白无力的。还有，不必对他们的言行举止特别在意，那对你来说没有任何意义。而且，你完全可以与其他客人说话，让自己不至于在关键时刻感到孤独无助。最好是不要时刻在意那些刻薄之人，在饭局上你可以大方地与之交谈，一看话头不对，马上收住，不要多说。

第十一章

收局要精彩，买单是门大学问

一场饭局进行到最后是很不容易的，如果在最后一个环节——买单上出了问题，那就前功尽弃了。因此，饭局越是接近尾声，越要更加小心，买单的礼节一定要到位，力争为整个饭局画上一个完美的句号。

究竟谁来结账最合适

结账是请客吃饭的最后一个环节，也是一个重要的环节。处理不好，可能会前功尽弃。

在中国，人际交往总离不开请客吃饭。好酒好菜下肚，生理和心理都得到了满足，每个人都得到了很多。但既然有得到就要有付出，待到要“买单”之时，便是付出的时候了。结账是请客吃饭的最后一个环节，也是一个重要的环节，处理不好，可能会前功尽弃。

宴席结束结账，也叫“埋单”或“买单”。“埋单”一词最初产生于香港，意为在饭店用餐后结账付款；“买单”指的是金融市场作为买进凭证的单据。作为方言，“埋单”在传入北方地区后一开始也称“买单”。后来把“埋单”列为首选词条，同时也作“买单”，因此出现了“买单”与“埋单”混用的现象。不过，在遇到“餐后结账付款”这层意思时，还是应该用“埋单”为好。

1. 男士结账

一般来说，男士结账是请客吃饭的习惯，也是餐饮的基本规则。结账时，如有女士在场，特别是一男一女的场合，依礼貌，付账的应是男士。女士不必坚持付账，也不用因别人付了账而心怀歉意。一般一对男女朋友，不但应由男士结账，连召唤服务员过来都要由男士来做。即使你们这次是由女士请客，或男男女女大家平均分摊消费额，女士亦应将钱交给男士，由男士招请服务人员结账。

如果双方正在谈恋爱，男人买单是爱意的体现。在男女的交往中，其实是很难把爱情和金钱截然分开的。你爱一个人，就会愿意为对方付出一切，包括爱情、关心甚至生命，当然也包括金钱。女人希望男人买单，并不都是存心想占便宜，只是喜欢被宠爱的感觉，只是想证明自己在男人心中的地位。若是男士吃完饭大大咧咧地往那一坐，剔牙喝茶毫无掏钱之意，那女士对他的印象绝对会大打折扣。

已婚夫妻一起用餐，男人买单是幸运和幸福的体现。在结婚后还能为女人买单的男人，一方面说明他在家中的地位比较高，妻子给了他较多的自由和权力（很多已婚男人工资奖金全部上缴，钱包瘪瘪，根本没有买单的经济实力）；另一方面说明他还保持着爱情的热度，还有一颗浪漫的心，把妻子当成女人来宠爱，对妻子为家庭的付出表示肯定和慰劳。这样的男人女人都很幸运。

陌生男女或者同事、朋友聚会吃饭，男人买单是风度的体现。当然这种情况也并不一定非要男人买单，女士主动点儿也无妨。但如果在座有好几位男士，有人抢着买单，有人却视而不见甚至借故开溜，你会对谁印象更好呢？买单付账这类事，虽然琐碎，却能从细微之处体现出一个人的性格和品行。主动买单的男人，多半慷慨宽厚，不会算计得失、斤斤计较。跟这样的男人打交道会更舒服。

女人不介意男人买单，也不介意为男人买单，但绝对介意男人不买单。男人买单固然需要底气，不买单却更需要勇气。

2. 女士买单

许多女士认为请客吃饭男人买单是天经地义，这种认识是片面的。女士不要在吃完饭后心安理得地等男人付账。处于情感世界中的男女双方，买单时更需要一种默契。有时候是男士付账，体现出一种大度、一种关爱；有时候是女士解囊，巾帼不让须眉，表达了一种体贴、一种追求男女平等的自信。当女人可以随意为自己买单的时候，那种感觉一定会好过让任何一位男士为你买单。

如今的女人经济地位独立了，已经越来越有能力为自己买单，并且能够把男人的单买掉。但是女人在与男人的相处当中，仍然还是会很在意买单时男人的表现。这倒并非是每个女人都想花男人的钱，只是女人觉得，从这种情况中比较容易看出这个男人是不是有实力，是不是有风度，是不是善解风情。虽然金钱不是爱情的杠杆，但男人肯不肯在你身上花钱，绝对可以掂量出他爱你究竟有多少。反过来，在买单时，男人也可以借此“打量”一下女人，看看她有多少善良厚道，有多少分寸尺度，有多少善解人意。

3. 主人结账

谁请客谁结账这也是一条很重要的原则。例如请客户吃饭，主人结账是应该的。但主人方有上下级不同的人参加，要由下属完成结账工作。而主人又分“当然主人”和“临时东道主”两种。“当然主人”指进餐厅之前就已决定了的，比如召集并表示自己请客的人。“临时东道主”指临到结账之际争着做东的人。对于前者，主人早已确定，付账问题比较简单，而后者就比较麻烦。如果你有意要做东，应先选好一个靠近外边的有利位置，也可付账前悄悄交给服务员或账房。反正以诚相见，既然有心请客，就要学会避免结账时的一番争执。

4. 各付其费

所谓“各付其费”，又称“AA 制”，它是指就餐结束后，由全体用餐者平均分摊账单，各人支付各自所应支付的费用。在国外，商界人士在共进工作餐时，更多的是以此种方式付费。采用此种付费方式，需要有言在先。在算账时，做东者所要做的，主要是动手算账、伸手收钱、跑腿交费而已。

5. 谁有能力谁买单

“发小儿”“生死交”聚会及家庭宴会是最让人放松、令人羡慕的饭局。在这种场合，没有那么多的清规戒律，感情胜过一切。“满汉全席照拿下，咸菜萝卜也香甜”，谁有能力谁买单。

相亲饭局谁买单

男女双方秉着真诚的态度见面约会，礼尚往来才更能彰显彼此的诚意。

关于相亲，男女双方初次见面一般会将地点选在餐厅，因此，男女之间的第一印象往往产生在饭桌上。通过一顿饭的时间，双方得以用轻松自然的方式互相了解，深入沟通。男人们为了体现自己的大方、经济状况良好，习惯出手买单；而女方则习以为常，认为相亲掏饭钱就该是男方的责任。但有时候未必如此。

李小姐年轻漂亮，在姑姑、阿姨的操心下，开始和男士约会相亲。第一位男士是在政府部门工作的公务员，因为不是周末，第一次约会的李小姐选在了离公司比较近的餐厅。点菜时，男士把菜单放在李小姐面前，让她点自己喜欢吃的菜，李小姐照做了。席间，他们谈得很愉快，买单的时候，价格似乎高了些，但男士很爽快地把单买了，然后问了她的联系方式。

第二次约会是周末下午。在茶坊坐下后，不知不觉又到了晚饭的时间，李小姐心里想着要回请他，就提议一起吃晚饭。菜还是李小姐点，可结账时，李小姐还没来得及开口，那位男士就掏出皮夹把账结了。李小姐当时还想，和他争着买，说不定会伤他的自尊，等以后熟了，再来买单。没想到的是，她却再也没有这样的机会了。因为自那天后，男方的介绍人转弯抹角地说了一大堆他不适合她的理由。最后，她听出来了，是男方嫌她太会用钱、太不体谅男士。

有了第一次教训，当李小姐遇到第二个合眼缘的男士时，不管去哪里、去干什么，每次她都抢着买单，有时双方几乎到了争执的地步。她想："这样做，别人就不会说我了吧？"可人家又不高兴了，在交往了一个多月后，她收到了男士发来的邮件："我知道，我的收入没有你高，但你也不用这样不给我面子，我觉得你太主观，和你在一起有压力。"

李小姐感到很困惑，买单也不对，不买单也不对，究竟该怎么做呢？

李小姐因为买单不当而失掉了良缘。那么，相亲饭究竟是不是必须男人买单？面对这个"相亲潜规则"，男人和女人又都怎么看？

据调查，大多数男士认为，如果男方第一次见面饭钱都不付的话，那将来俩人肯定也没戏。而且就算双方没有后续发展，男人也应该把饭钱付了，要不传出去就没法混了。

他们认为：首先，男人应该主动结账，这是风度的表现，男人不应该在此事上斤斤计较。其次，男人签账单是为了两个人的将来。合，那当然最好；不合，就当请客吃饭了。

而大多数的女士则认为：相亲是男女双方寻找幸福伴侣的一个起点，应该是双方的事情，不要认为就应该男人一直买单。初次见面，如果男士主动付费，她会把机会让给他，不让他在服务员面前有损面子；但第二次见面，她会主动买单，至少表示她的诚意。

人们常常把男人会不会买单当做一把衡量今后能否继续交往的尺子，但事实上，男女双方只有秉着真诚的态度见面约会，礼尚往来才更能彰显彼此的诚意。

“男主外女主内”的传统观念延续到现代，再加上女方在传统相亲中稍显被动，因此男人为了彰显风度与实力，常常主动买单。事实上，相亲作为一种普遍交友方式，男女双方的目的都是为了愉快交流、和谐相处，那么，实行 AA 制也未尝不可。一方面可以减少男士的经济压力，另一方面也能彰显女性的气度以及对对方的尊重，让双方更容易彼此深入接触。另外，在相亲见面之前，建议双方多通过网络、电话等方式彼此了解，加强沟通，减少不必要的盲目相亲。一方面避免浪费时间和金钱，另一方面也更容易为约见后的继续深入交往打下良好的感情基础。

随着相亲的兴起，在相亲过程中的不良现象也时有发生。相亲的男士应该注意一点，要仔细揣摩对方是否有诚意。因为很多的女士本无诚意，她参加相亲只是为了应付父母、应付朋友而为之。所以有些人选择叛逆的行为，大点食物，然后大吃，因为她的心里只有一个念头，就是把那个男人吓死，吓不死他吓跑他也好。当然，还有其他更严重的相亲骗招，有的甚至骗钱。男士在相亲时一定要多加注意。

如果是双方都比较有诚意，在相亲时如果感觉还可以发展，那么让男人买单倒也无所谓。但是，如果自己觉得对对方毫无兴趣，不可能会再发展，甚至连见面都不太可能了，那么还是彼此 AA，这样吃得踏实、心安。俗话说："吃人家的嘴软。"更何况你是吃一个此前素未谋面的男人的白食呢？

从经济的角度讲，男士也不能只一味要面子。相亲男女可以按照彼此的经济状况来买单。选择的地方可以根据实际需要来选择，而不必一定要选择高档的地方用餐，最后苦的是自己。女人也不要习以为常，认为让相亲的男人掏钱买单是天经地义之事。作为一个女人，应该知道礼尚往来的道理。

买单不当，友情受损

只要你懂得付出与回报的道理，应该就会避免因为买单有失礼仪并伤害友情的事情发生。

饭局上觥筹交错，朋友们亲密无间互诉衷肠，而在服务员拿来账单之时，有人借机溜走，有人高声吆喝却不见行动……于是买单成了众生众相的最佳表现方式，也由此产生了很多积怨纷争。

每个人恐怕都无法回避"买单"这个词。因为买单，友情受损的事例并不鲜见。

不久前，有一位朋友要来看小王，于是好客的小王打算尽地主之谊。来之前，朋友说还有一位同窗要来，小王也欣然同意。但在开饭时，小王却发现朋友带来的不是一位同窗，而是一群人。在饭桌上，这群人彼此间相谈甚欢，前来招待的主人家却似乎成了多余。饭后，这群人无一表示要去结账，小王在结账时心情分外郁闷，感觉自己有被"涮"之感。

朋友相聚本来是件愉快的事，因为买单最后弄得很生疏，日后的友情也就无从谈起。按照常理，这位朋友来小王这里做客，小王做东

并没有什么错。这种情况下，如果没有主人的特别要求，最好不要带外人。如果非要带，一定得向主人请示，绝对不可以随意带一大帮人。

而和小王有同样经历的刘女士，就因为买单的问题和一位朋友终止了友情。刘女士说："我前一段时间认识了一位朋友，我们两个人特别能谈得来，兴趣爱好也很相似，我当时大有遇见知己的感觉。因为都是女人，就约着一起逛街游玩，结果在出去了很多次后我发现，我们两个一起吃饭、喝茶、坐车等等消费，她从来都不会买单。刚开始觉得没有什么，次数多了，我心里多少就有些不开心了。"刘女士说后来她就很少约这个朋友了，两人也就慢慢疏远了。刘女士说："我也不是花不起那个钱，但是总觉得如果她多少有一些表示，我心里会舒服一点。"

著名作家萧乾主编的《货殖札记》一书中，就有篇崔显昌先生写成都茶馆旧事的文章，将"买单文化"淋漓尽致地表现了出来。书中写道："某个头面人物刚一迈进茶馆，茶馆里登时乱成一团，'这儿给了'，'算我的'，此起彼伏，攥着钱的胳膊森森然举成一片。这个时候，收谁的不收谁的，大有学问。堂倌遵循的原则共四条：一曰收富不收穷，这个不用多说。二曰收生不收熟——熟客的利益要照顾。三曰收小不收大，即小钞不用找补。再说，挥舞一张百元大钞满茶馆喊着要替别人买碗茶的，作秀成分居多，你真收了他的，多半心里会恼。这最后一条，就是收真不收假。"

饭局结束时的买单相可谓千奇百怪，有人也将时下人们在买单之时的表现总结成了五类：

第一类："双手擒王"。即两只手全用去拉别人，口称"不准收，不准收！算我的，算我的！"慷慨激昂，手忙脚乱，好像无暇掏自己的腰包而又很着急的样子，其实自己并不想掏钱。

第二类：打太极拳。嘴上喊"这儿拿去！"手却把钞票攥得紧紧的，还直"挽圈圈"。

第三类：走为上策。就是专挑买单的时候去厕所。

第四类：假痴不癫。就是一到买单就人事不省装醉耍酒疯的，瘫倒在桌子上起都起不来；而一旦有人买单，精神头儿马上好起来。

第五类：无中生有。趁人不注意猛地掏出电话，“喂，小娟啊，出什么事情了？别急别急，慢慢说。”表情肃穆，疾步朝门外走去……

饭局上，经常会遇到躲避买单的人。这种躲避买单的情况，看似和中国人好客热情的传统并不相符。对于友情，中国人都讲究的是“管鲍之交”，讲的是为了朋友一掷千金、两肋插刀的情谊，而现在的这种“买单文化”是不是和我们的传统有所背驰了呢？

对于目前的买单现象，有关专家认为，中国人比较好客，这是中国文化的一种特性。在商业时代，这种好客的特性还在，只是心理上会有一些改变，对于一般的人来说，花钱请人吃饭，还是一种利益受损的情况。买单时，大家都会表现得很热情，这是传统文化和礼仪的一种表现——好客和有面子；但是真正掏钱的时候，很多人还是会在心里有个衡量，掏这个钱对于自己来说到底划算不划算。这也可以说是我们传统文化和商业时代价值观的一种矛盾和冲突。

那么，既然已经有因为买单事件而损害友情的事情发生，人们为什么还会这样做？这样难道不害怕会伤害友情？

中国人对于友情看得很高，但是友谊和任何东西一样，它的形式都会随着社会的发展而发展。在古代，人们的友情模式最看重的是“情”；而在现代，友谊的模式除了“情”，还会有一些物质的东西在里面，物质有时候也是情谊的一种载体。这也是不同社会环境下人们对友情的不同需要。我们不能说哪种友谊模式更好，因为它们存在的社会环境是不一样的。现在的买单现象是一种社会文化和现象，也会有一个发展的过程。大家之所以真真假假都会表现出来要抢着买单，其实还是为了面子好看。而现在的“80 后”“90 后”就很习惯 AA 制或者轮流买单。也许社会再发展一段时间，更多的人会习惯这种方式。

买单是人和人交往中间产生的事件，也是人和人交往礼仪的一种体现。而针对这种买单现象，礼仪专家认为：礼仪是人和人交往时获得愉悦的一种规律。在和人交往中，要尊重对方，让对方舒服，不给对方造成麻烦，这是最基本的要求。

如果有人要单独邀请我们，尽量不要带人；如果要带人，就得和朋友提前沟通带几个人，并简单介绍所带之人，如果朋友表示有兴趣再带，这样大家才会都觉得舒服。而在买单的问题上，虽然我们现在引进了AA制，但是这毕竟是国外的产物，并不一定适合每个中国人。所以如果大家愿意AA制最好，如果不是很能接受，那就让活动发起人买单，或者大家轮流买单。

人们一般都喜欢用“管鲍之交”来说友情，其实友情是需要付出的，所以付钱买单只是一个方面。你和朋友在相处的时候，如果有人买了单，那么你就可以在别的方面给予朋友帮助，对友情给予付出。买单体现了朋友相处的一些礼仪，其实友情是需要真诚的，所以只要你懂得付出与回报的道理，应该就会避免因为买单有失礼仪而伤害友情的事情发生了。

结账时对服务员要礼貌

结账也要遵循礼节，不可以对服务员大呼小叫，否则显得你没有教养。

一般来说，宴会结束准备离去时，要利用服务人员经过你身边的机会，轻声唤住他，很有礼貌地告诉他：“请帮我们结账。”如果一时没有服务人员走近，不妨耐心地多等一两分钟。

结账时，主人千万不要高声呼唤服务员，或吹口哨，或敲打餐具。这会使你显得没有教养，甚至会让餐厅的管理人员误会，以为招待不周。另外，坐在你餐桌四周其他桌的客人，他们也是消费者，如果你大声吼叫，就会影响其他人用餐的情趣与安宁。

如果你等买单已经等了十分钟，那就尽管站起身来穿上外套。马上就会有服务人员主动现身。

今年三十几岁的余某因酒驾被交警查获并处以拘留15天的处罚。看守所里吃的是粗茶淡饭，养尊处优惯了的他感到嘴巴有些难受。半个月后，余某一出看守所，想到的第一件事是找个酒店，邀上几个朋友聚一聚。

当日中午，余某和邬某等几位朋友在一酒店聚餐，酒桌上大家觥筹交错，开怀畅饮，十分尽兴。朋友邬某看酒喝得差不多了，就来到服务台找20岁左右的安徽籍女服务员小汪买单，并对余某说，这桌酒席算是他为余某接风洗尘。有点喝过头的余某急了，顿足大嚷："是我请大家吃饭，你买啥单！服务员过来，他买的不算，我来买！"见小汪一副迟疑的样子，余某走过去想买单，不料一个踉跄，手中的手机脱手甩了出去，正好砸到小汪的后脑勺，小汪的后脑勺肿起了一个疙瘩。酒店老板听到小汪的哭声，把她送到医院进行了检查。经医生诊断，只是轻微外伤无大碍，检查费用花了500元。酒店老板与余某沟通后，余某答应予以赔偿并致歉。

第二天一大早，小汪的老公怒气冲冲地带了七八个打工的安徽籍亲戚找到余某，要求他赔偿1万元且保证3个月内小汪脑部安全无恙。余某表示只能作出适当赔偿，双方因此发生争执，差点动起拳脚。派出所民警接到报警，了解情况后进行了耐心调解。

经民警几次调解，这场争买单争出的意外纠纷终于尘埃落定，由余某赔偿小汪3500元。

做生意的常说："顾客是上帝。"但是作为顾客的你，在结账时对服务员要有礼貌。服务员对顾客要有礼貌，这是她的工作职责，而顾客也要尊重服务员。

另外，买单应该坐在自己位子上买。因为跑到柜台前面掏出钱来结账，既不雅观，也不合乎餐厅礼节的规定。特殊情况下，做东者应当先与服务员通通气，独自前往收款台结账，或是在自己送别客人之后，再回过头来结账。尽量不要让服务员当着客人们的面口头报账，更不能让服务员将账单不明主次地递到客人手里，以免造成客人的尴尬。

账单算好交来时，主人要迅速拿起来看数目，不要让客人知道数目。你有权用足够的时间复核一下账单数目。但不要一项项地念出来，并加加减减一番，使客人觉得你有些吝啬、不爽快。最好的办法是：预先估计一下吃了多少东西，心中有了一个大概的数目，当账单交来时，看看差不多就迅速付款好了。这样一则可避免账单有误吃亏，二则看起来很大方。

如果账单上的数目开多了，主人有权请服务员重新核算一下。当服务员送来账单，经你查对无误而准备付账时，你要把钱放在结账的夹子或盘子中，再用账单将钱盖住。这样做的目的，主要在于不使客人看到你所付的金额，以免引起对方的尴尬。

总而言之，我们在餐厅用餐完毕之后，服务员送来账单，意即询问“哪一位结账”，即意味着除了主人之外，不愿让其他人过目账单。因为客人不看账单、不问付账的金额，乃是餐桌上最基本的礼貌。

付完账，不必急着离开，可以逗留一会儿，再聊聊天，吸支香烟或喝杯茶。但如果当时餐厅很忙，或者时间已经很晚，而你们又是最后一批客人时，那还是早走为妙。离开餐厅前，如果席中有男女主人的话，应由女主人用征求意见的语气对客人说：“我们现在走好吗?”如果席中只有男主人的话，男主人一旦站起来了，这就意味着可以走了。如果一对男女去餐厅，离开时服务员不在，男士应协助女士穿上外套，并在前面开路。出门时要让女士先行，除非外面太黑或正在下雨，男士要先到外面撑开雨伞。如果有服务员招待的话，男士要走在女士后面，不管在餐厅内外，都把开路和开伞的责任交给服务员。

买单有陷阱，结账要注意

结账时要保持清醒的头脑，以防掉进商家设计的“陷阱”。

有些餐厅或酒店为追求利益，设置有许多账单陷阱。一旦你大意了，很可能就会吃哑巴亏。

首先，结账是一定要看账单的。看账单的目的在于，先找自己所点的菜是不是都上齐了，然后再检查每道菜的单价和菜单所列是否相符，以及总金额是否有误。等一切确认无误，才掏钱或信用卡付账。别人不会认为这样做是小气，服务人员也会把客人此举动视为理所当然。

因此为了避免吃亏，买单付账时，最好应先检查账单。倘使发现其中计算有误，可先招呼附近的服务人员前来，轻声地告诉他哪些地方算得可能有误，请他帮你到柜台再查核一下。直到所有疑点都弄清楚了，再付账也不迟。

在某些状况下，账单和你的消费有时会有很大的出入，这时候你不应恶声恶气地一味指责服务人员，因为账算错，不一定是他们的责任。你可以委婉地请服务人员帮你到柜台更正。如果心中实在不痛快，顶多以后不来这家餐厅用餐就是了。

消费者在酒店用餐时，点菜前一定要详细咨询折扣，特别是特价菜及海鲜，更要注意。买单时，别忘看价格；买单后别忘记索取发票，一旦发生纠纷，方便维权。

1. 虚假打折

有些酒店推出的打折广告有一定的欺骗性，最好事先问清楚，否则容易上当。

钟小姐和朋友在一家酒店就餐，看见酒店布告称菜肴全场 7.8 折

优惠。吃饭时钟小姐发现其中一个菜里有头发，向酒店方面反映后，对方表示歉意，并表示对他们实行8折优惠。钟小姐当场指出，布告宣传菜肴为全场7.8折优惠，为何还对他们提高收费。没想到酒店称，“全场”并不包含包厢。

吴女士在一家酒店就餐时，服务员介绍菜肴为7折，在其推荐下，吴女士没看菜单便点了菜。但买单时，吴女士发现酒店收款没有任何折扣，服务员对此解释称，吴女士点了4个特价菜，不能打折。吴女士只好自认倒霉。

有些饭店宣传菜肴打折，但结账时却不打或少打；有些饭店则以特价菜招徕消费者，但特价菜往往摇身一变成了高价菜。消费者在买单时一定要注意。

2. 恶意诈单

少数酒店利用消费者一般不注意核对账单的情况，故意多收、多算消费金额。假如消费者发现了，就以算错为由推脱责任。

刘先生在一家酒店请客，共点了4个菜。在结账时，除去酒水，刘先生估计需付120元左右，但账单上却为140元。当刘先生提出异议时，酒店以“电脑结账不会出错”为由，坚持要求按此账单结算。刘先生要过账单仔细一看，发现多出了一个菜，原来其中一个菜被重复计费了。

因此，在结账时务必看一下账单，以防出现重复计费的情况。

3. 模糊菜价

一些酒店菜单的菜肴不标注价格或只标注部分价格，在结账时胡乱加价，蒙骗消费者。

李先生和朋友在一家小饭店吃饭，点了1个荤菜、4个素菜。由于菜单上没标明价格，结账时李先生就拿出100元买单。但饭店却要求收取120余元。据饭店账单显示，一盘香菇青菜的价格竟为20元，而一盘红烧大肠的价格达40元。

在餐厅吃饭，如果菜单上没标明价格，一定要问清楚价格，不要觉得不好意思，否则你就中了餐厅的圈套。

4. 菜肴只标“时价”

根据有关规定：餐饮业在提供餐饮服务时，应主动向消费者提供消费服务结算清单，清单上应写明菜肴、点心、汤类等项目的品名、数量、单位、折扣及合计金额。结算单上需标明消费日期、时间和投诉电话。这样就能避免算错账，饭店很难再“浑水摸鱼”。

看见菜肴标着“时价”两字，可以拒绝付费。因为据有关规定，未经明码标价的项目，不得计入消费结算清单。所以店家惯用的“先斩后奏”法也就行不通了。至于设“最低消费”标准的餐饮企业，应当在醒目位置标注最低消费的内容和标准，并在提供消费服务前告知消费者。

5. 不要忘记索要发票

田先生一行4人在一家饭店吃饭，回家后不久，这四人的双眼便出现失明症状。经医生检查，确诊为工业酒精中毒。找那家饭店理论，却因拿不出发票而无法向饭店提出索赔，结果落得个终身残疾。

在餐厅结账后索要发票好处很多。首先，从《消费者权益保护法》来看，主动索要发票是对自身权益的积极保护，如果出现问题，可作为诉讼证据。而不索要发票，就等于放弃了法律赋予的权利。其次，从税收上说，消费者作为间接纳税人，不索要发票，销售或服务就无法在发票上得到体现，税务机关在核定商家实际销售额或营业额时，往往得不到真实的数据，直接造成国家税收的流失。其三，可以刮开兑奖联，可能会有意外惊喜。另外，饭店不向顾客提供发票，不仅是偷税漏税的问题，还有一个原因就是关乎顾客的健康问题。客人离开饭店后，一旦出现食物中毒现象，或因喝了饭店提供的假酒而引起不良后果时，如果没有发票，就无法证明自己确实是因饭店的酒菜而致病，想让饭店承担责任是不可能的。

不会买单的人，不懂得机会是什么

买单既是一种付出，也是一个细节，它更多的是培养一个人积极付出的习惯。

现在吃饭非常流行AA制，尤其年轻人把这当成一种潮流，不管跟谁一起吃饭，他们都愿意只拿自己那份钱。在这里需要提醒你的是：除非那是对方的真实想法，否则你应该学会主动买单！

其实，在饭局上，大多数人的想法都是将钞票死死摁在钱包内。他们这样想："我为何要当冤大头？凡是大家吃的，凭什么我一个人掏钱？"即使真的约定了AA制，吃饭时他们也要找借口早走一步，让别人替付。看上去这种人占了便宜，但他们没有想过，自己的人生总在原地踏步，得不到贵人相助，原因也许就在这里。

对中国人来说，吃饭就是交际。"饭德"的背后是一个人的气度与胸怀。尤其在你年轻时，一次不经意的大方，可能就会给你埋下未来能够长成参天大树的种子。该大方时要大方，该买单的时候一定要主动！主动买单并非就是吃亏上当做傻瓜，而是必要的人情投资。这笔小小的投资就像是一次下注，在你需要的时候，一定会给你可观的回报。

某大型公司开拓美国西部市场时，曾跟旧金山的一家电视台合作，帮助他们做一档《唐华寻访录》的华人节目。公司赞助20万美元，条件是节目冠名和中间的广告插播。那时小冯在该公司是最年轻的营销经理，西部分区的营销总裁史密斯先生点名让他去帮助他处理华人区业务。

下午结束讨论会，史密斯叫上小冯与电视台的节目负责人詹姆斯·刘一起去吃饭。刘是美籍华人。在路上以及吃饭过程中，小冯就想，两个职务都比自己高的人邀请吃饭，肯定是他们中间有一个人请客，自己只需跟着享用美餐好了。所以小冯心情舒畅，放开肚皮大吃大喝，吃完抹抹嘴，什么都不管。只见他们两个人为了这顿饭钱争了半天，最后还是“当仁不让”的詹姆斯·刘将饭钱付了。他还带着愉悦的表情对小冯说：“下次还是我请，你们远道而来，又是出资方，是贵客嘛，可不能怠慢。”

听上去，中国人的热情好客真不是吹出来的。但是回到公司，史密斯立刻把小冯叫过去，很不爽地问：“你为什么不买单？”小冯愣住了：这顿饭该由我买单吗？完全想不通的逻辑。论职务和收入，他们都比我高；论工作事务，并非我有求于他们；更何况，这顿饭是他们主动邀请。无论如何，小冯都找不到由自己买单的理由。

“你们都是富人，我可请不起。”小冯有点赌气了，“下次若想让我付钱，请事先告知！”

史密斯是除了克威尔先生之外非常提携小冯的另一位公司高管。他并没有真的生气，而是对小冯讲了很重要的一段话：“我知道你很不理解，并且有些愤怒。但我今天告诉你，每个圈子都有它的游戏规则，如果你只接受不付出，就很难找到你的位置——至少，容纳你的屁股的那张椅子是不稳固的，随时会被踢走。放下你那可怜的自尊心吧，别人不会在乎你请吃什么，在乎的是你的态度和诚意，明白吗？今天这顿饭你没有买单，詹姆斯先生就只会当你是我的司机、小跟班、不起眼的人、无所谓的人、没有价值的人，而不是公司重要的一员。所以你要记住，今后只要你参加的酒席，都要养成主动买单的习惯。如果确实不需要由你来买单，别人一定会把钱给你塞回去！所以不必担心会花冤枉钱。如果需要，哪怕你一个月的工资只有600美金，而这顿饭要花掉其中的500块，你也要毫不犹豫地展现你的大方！”

这次经历对小冯的人生意义非凡，史密斯先生为小冯上了一堂生动的“买单课”：无论何时你都要积极买单，才能落脚生根，扎下自己的人脉基础！以前小冯总是认为强者和对强者有所求的弱者才是最该买单的人。但从这时起，小冯纠正了旧有观念，在脑海中强化了

“要想成功，就先付出”的奋斗价值观。

与旧金山电视台的节目合作结束后，史密斯又把詹姆斯·刘和小冯一起叫出去吃饭。小冯没有再次放过机会，结账时主动地把单买了。这时小冯发现，詹姆斯·刘看小冯的眼神顿时有了变化。如果说此前在饭桌上的交流纯属喝酒碰杯的需要，现在则是亲近了许多。后来小冯与詹姆斯·刘借此机会就成了不错的朋友，一直至今。正是这次主动买单的行为，为今后小冯与詹姆斯·刘之间友情与合作的双轨并进，打开了一个窗口。

因此，许多情况下，你一定不能把 AA 制的消费时髦当做交际规则。特别是当你的事业刚开始发展时，你很需要积累人脉。即便对方在吃饭之前向你提出来 AA 制，你也要主动去结账。

你还应该记住以下几个提醒：

（1）穷人和富人一起吃饭，穷人最应该买单；

（2）穷人买单，是买的尊严，买的平等，买了一份投资；

（3）不会买单的人，他不懂得机会是什么；

（4）买单既是一种付出，也是一个细节，它更多的是培养一个人积极付出的习惯。

在饭局上，有时你不妨吃点“亏”，主动买单。因为许多成功者交朋友，有时都会看一看对方是不是善于买单的人，观察他们在日常接触中的这些交际细节，从而判断他是否肯于付出。一个不喜欢付出的人，谁也不愿意跟他交往。所以当你开始为自己的未来谋划时，一定要培养自己先付出再收获的心态。